经济学学术前沿书系
ACADEMIC FRONTIER
ECONOMICS BOOK SERIES

中国国际扶贫中心
IPRCC International Poverty Reduction Center in China

中国贫困发生机制研究

谭卫平 张 琦 徐丽萍 沈扬扬◎著

INTERNATIONAL
RURAL DEVELOPMENT
AND POVERTY
国际乡村
发展与减贫
研究系列成果
REDUCTION
RESEARCH SERIES

经济日报出版社

图书在版编目（CIP）数据

中国贫困发生机制研究 / 谭卫平等著 . -- 北京 :
经济日报出版社 , 2021.10
ISBN 978-7-5196-0949-8

Ⅰ . ①中… Ⅱ . ①谭… Ⅲ . ①贫困—发生机制—研究
—中国 Ⅳ . ① F124.7

中国版本图书馆 CIP 数据核字 (2021) 第 194385 号

中国贫困发生机制研究

作　者	谭卫平　张　琦　徐丽萍　沈扬扬
责任编辑	胡子清
助理编辑	秦　茜
责任校对	徐建华
出版发行	经济日报出版社
地　址	北京市西城区白纸坊东街 2 号 A 座综合楼 710(邮政编码 :100054)
电　话	010-63567684（总编室）
	010-63584556（财经编辑部）
	010-63567687（企业与企业家史编辑部）
	010-63567683（经济与管理学术编辑部）
	010-63538621 63567692（发行部）
网　址	www.edpbook.com.cn
E - mail	edpbook@126.com
经　销	全国新华书店
印　刷	北京九州迅驰传媒文化有限公司
开　本	710mm×1000mm　1/16
印　张	17.75
字　数	250 千字
版　次	2021 年 10 月第 1 版
印　次	2021 年 10 月第 1 次印刷
书　号	ISBN 978-7-5196-0949-8
定　价	58.00 元

感谢比尔及梅琳达·盖茨基金会对课题研究的资助，感谢比尔及梅琳达·盖茨基金会北京代表处对课题成果出版的支持。

课题组成员

李　昕　卢立群　张　涛　杨铭宇

序言

改革开放以来，我国减贫事业取得巨大成就。2020年底，我国实现现行标准下农村贫困人口的全部脱贫，中国的扶贫成就是人类减贫历史上的一个奇迹，中国为世界的减贫事业做出了巨大的贡献。

然而，绝对贫困消除并不意味着贫困的终结。党的十九大报告指出我国社会的主要矛盾已经转化为人民日益增长的美好生活需要和不平衡不充分发展之间的矛盾。中国特色社会主义进入了新时代，这个新时代是承前启后、继往开来的，是在新的历史条件下继续夺取中国特色社会主义伟大胜利、逐步实现全体人民共同富裕的时代。

从我国的中长期发展目标来看，到2035年基本实现社会主义现代化，全体人民共同富裕迈出实质步伐；到2050年全面建成社会主义现代化强国，全体人民共同富裕基本实现。在上述发展征程之下，探索低收入人口的贫困发生机制问题，将成为一个持久性课题。

带着新时代、新征程的历史使命，本书重点围绕与低收入群体治理和贫困发生机制相关的三大问题进行讨论。

一是对低收入标准设定的研判。结合我国城乡区域发展差距和居民生活水平差距显著缩小、基本公共服务均等化基本实现等奋斗目标，我们在研究中以低收入发生机制和低收入治理机制为经验与理论前提，结合我国现实情况研判低收入群体确定门槛，并利用现有数据进行低收入群体规模的评估。在这部分分析中，我们分别从全国整体、城镇整体、农村整体、分省份四个角度来考虑低收入群体门槛线的设置方式，在上千条备选标准中，从数据结果结合了城乡比较、区域和省份对比、低保线参照评估，并融合地方实践经验和国际实践做法，科学设定适合我国低收入群体的界定标准，并基于经验数据测算出了低收入群体的规模和分布特点。

二是对欠发达地区的遴选标准和遴选依据做讨论。这个部分旨在回答一个重要问题，即在新发展阶段下，是否仍然要框定欠发达地区？本书立足国家区域发展战略、乡村振兴战略和国家主体功能区建设需求等现实情况，结合数据分析，对此给出了肯定回答。同时，本书提出国家的开发式扶贫政策应该逐步由侧重个人向侧重重点区域转变，解决整体性、区域性贫困问题，达到缩小区域差距的目标。

三是细化分析低收入人口的结构性特征。鉴于我国社会的主要矛盾已经转化为人民日益增长的美好生活需要和不平衡不充分发展之间的矛盾。为此，切实从低收入群体最迫切的需求入手去“因人制宜、因地制宜”地提供精准化政策帮助是未来提升我国低收入群体获得感、幸福感、安全感的重要依据。据此，本书结合经验数据，对低收入人口的规模、空间分布和结构性特征做定量描述分析，为国家切实出台合宜政策，缩小差距，实现共同富裕的奋斗目标提供必要的经验依据。

综上所述，将对基于上述核心建议得出的理论依据、国内实践经验结果、国际方案比较等方面做综合性分析。本书希望能够为未来的低收入发生机制和低收入治理提供一定参照依据。

摘要

本书重点围绕低收入群体治理和贫困发生机制相关重要问题进行了研究。全书共由九章构成，分成了五个篇章。第一篇是理论研究，由三章构成，主要讨论了贫困内涵，中国扶贫政策演进历程，以及扶贫治理的理论范式。第二篇为对低收入线设置的探索，全篇共分为三章。主要结合了城乡比较、区域和省份对比、低保线参照评估，并融合地方实践经验和国际实践做法，科学设定适合于我国低收入群体的界定标准。在此基础上，基于经验数据测算出了低收入群体的规模和分布特点。第三篇是对我国欠发达地区制定的讨论，全篇由一章构成，旨在对欠发达地区的遴选标准和遴选依据做讨论。第四篇由一章构成，结合低收入人口的结构性特征，分析了现阶段我国贫困发生机制。结合经验数据，本篇对低收入人口的规模、空间分布和结构性特征做定量描述，经验测算结果为国家切实出台合宜政策，缩小差距，实现共同富裕的奋斗目标提供必要的经验依据。第五篇由一章构成，为全书的总结和政策启示。本书的几个核心发现或主要建议包括：

第一，在对低收入人口识别的方式——即低收入线设置上的整体性建议是：分城、乡设置低收入指导线，将2021—2030年作为“绝对—低收入标准过渡期”。低收入标准设计在城镇/农村居民中位收入的30%或40%，全国农村低收入发生率在13%—17%之间，人口规模在7200万人—9500万人左右；全国城镇低收入发生率在10%—14%之间，人口规模约为6200万人—8000万人。在城镇、农村低收入指导线基础上，有条件、有能力的省份可以适当上调省内低收入救助标准，但经济发展程度较弱的省份不可以随意在省内降低此全国指导线。在低收入标准基础上，每隔五年提升一次低收入标准，到2030年前后稳定在居民中位收入的50%，实现国际接轨。

第二，在欠发达地区的识别上，考虑到在中国各阶段的减贫措施中，设立国家级贫困县是一项非常重要的政策，这对于国家级相对落后与贫困地区的发展与居民福利提高的效用尤为关键。结合本研究的前三部分，本书提出了四个层面的政策建议，分别是：在欠发达地区的识别标准上，提出了三套备选方案的建议；从支持欠发达地区长远发展的目标上，提出了尊重市场规律、产业发展规律、人口流动规律和推动优势产业升级的核心建议；提出调整中央政府对欠发达地区财政支持力度的建议；在欠发达地区的开发评估方面，提出针对贫困县不同类别的扶贫资金分配和使用效率的研究，并基于此进行评估机制设计的政策建议。

第三，在对低收入人口特征的细化分析和初步判断上，我们发现：一、低收入人口与低收入群体的特征共性大于差异，绝对贫困仍然在未来阶段值得重视。从区域分布上看，一个较为明显的趋势是，即便将贫困标准从绝对转换为相对，低收入人口的区位分布也并未发生转变。二、分布在经济欠发达区域的低收入人群占比提高，低收入人群的空间分布相对更为分散。三、在低收入人口内部，超过35%的人口收入介于绝对贫困和1.5倍绝对贫困线区间内，这部分群体尽管从收入水平上看超越了极端贫困线，但收入水平并不高，仍然有较大的概率返回到绝对贫困状态，因此为相对脆弱人口。四、两类人群的结构特征差异主要体现在三个维度：低收入人群的劳动能力略强于绝对贫困人口；低收入人群的技能状况略优于绝对贫困人口；低收入人群的健康状况优于绝对贫困人口，患病和残疾的比例均较低。五、低收入人口的主要致贫原因包括因病、因残、缺技术、缺劳力和缺资金，其中因病、因残比例约占一半以上，若考虑次要致贫原因则更高。六、工资性收入是低收入人群共同的首要收入来源，份额均占一半以上。七、欠发达地区仍存在大量具有劳动能力和劳动意愿的人力资源未得到有效利用。地理劣势和劳动力偏低的技能水平互为因果，增加脱贫难度。八、收入略高于绝对贫困线的低收入群体的收入增速低于其他群体，处于收入增-收入水平U形曲线底部区域。

基于上述分析视角，本书得到了一系列重要的结论，并据此对新发展阶段下切实提高欠发达地区和低收入群体的发展质量提供了政策思考。

目 录

第一篇

理论研究

第一章　从绝对贫困到低收入：理论演进

一、绝对贫困与相对贫困的基本概念

（一）绝对贫困的基本概念

从收入贫困的发展历程看，学术界对绝对贫困人群的系统性研究始于19世纪末（Rowntree，1901；Booth，1902）。通过对伦敦和约克地区的社会调查，两位学者将因为物质资料的匮乏[①]而无法维系生计的状态视为贫困，并将能够购买到上述基本物质资料所需要的货币总金额作为贫困线。目前来看，以绝对贫困线为计算基础的方法，仍是发展中国家常用的绝对贫困设定方式，包括中国、美国、俄罗斯联邦、意大利（兼用相对贫困线）、波兰[②]、瑞士（兼用相对贫困线）[③]、荷兰[④]、印度[⑤]、南非（2014年兼用多维贫困标准）、智利（兼用多维贫困标准）、秘鲁、韩国（兼用相对贫困线）、菲律宾、马来西亚（2015年极端贫困消除后，使用多维贫困标准）、泰国、越南（2016年胡志明市转而使用

① 比如，Rowntree（1901）将贫困定义为家庭总收入不足以支付维持家庭成员身体正常功能所需最低数量的生活必需品的状态，包括食品、衣服、住房等。

② 波兰采用世行方法，将每人每天收入低于4.3美元视为贫困人口。

③ 瑞士使用绝对贫困标准，将贫困定义为“无法负担维持社会生活所需的必需产品和服务”（或社会救济标准）。例如，2015年单身成员的月收入在2239法郎，两个成人两个孩子月收入低于3948法郎即为贫困，等等。

④ 荷兰社会文化办公室（SCP）指出，贫困线综合考虑到满足衣、食以及参与社会活动的基本收入。贫困线因家庭构成而异。

⑤ 贫困线标准考虑的最低生活水平支出，不包括教育和健康，后者的支出提供应该根据国家宪法以及其他承诺执行，考虑城乡差距和区域要素。

多维贫困标准）[①]、印度尼西亚等国。此外，在国际应用方面，世界银行自1990年以来一直使用绝对贫困线进行国际贫困的测量和比较[②]。

（二）相对贫困的基本概念

从概念上看，与独立于收入分配格局的绝对贫困不同的是，相对贫困主要反映“经济差距”[①]。贫困线设定方式是：选取居民中位收入的一个固定比例作为相对贫困线，常用标准是50%或60%居民收入中位数标准。多数欧盟和OECD国家使用相对贫困线。例如英国在1950年代废除了“购物篮子”方法，转而使用60%中位收入相对贫困线。目前，使用相对贫困线的国家主要有OECD国家，如日本[④]、韩国[⑤]、澳大利亚；欧盟国家如英国、意大利、法国[⑥]、德国、瑞典、奥地利[⑦]、希腊[⑧]、芬兰。此外，巴西也使用相对贫困线。

---

① 越南的贫困标准分阶段、分年度。2005-2010年分城乡各有一个标准；2011-2015年则更新了标准，此外还增加了城、乡地区的亲贫困标准(pro-poor)。

② 2008年，世界银行根据15个最穷国家(马拉维、马里、埃塞俄比亚、塞拉利昂、尼日尔、乌干达、冈比亚、卢旺达、坦桑尼亚、几内亚比绍、塔吉克斯坦、莫桑比克、乍得、尼泊尔和加纳)的平均国家贫困标准，确定每天1.25美元的标准（“基本温饱水平”的极端贫困标准）。同时，世界银行根据其他发展中国家的国家贫困标准的中位数，确定每天2美元的标准（“稳定温饱水平”的高贫困标准）。2015年，世行将1.25美元的标准提高到1.9美元，后者被调整为3.1美元。

① 相对贫困有时还会被赋以“适度贫困（moderate poverty）”内涵，将那些满足基本需求（饮水、食物、衣着、住房、健康保健），却仍然显著低于所考察的整体样本平均生活水平的状态，也视为相对贫困。

④ 日本目前还没有颁布官方贫困线，但一般测算选取中位家庭收入的一半作为标准。

⑤ 使用家庭中位收入的一半。

⑥ 法国参照法国国家统计及经济研究局（INSEE）标准，以中位收入的一半作为相对贫困线。

⑦ 一些OECD国家并没有官方贫困线，如奥地利、加拿大、比利时、丹麦等。以奥地利为例，尽管2012年政府开始重视贫困的概念，但始终没有官方标准，且贫困度量方式在政府中具有争议性。左翼认为相对贫困是合理的，将收入低于50%或60%中位收入的群体视为相对贫困人口；但右翼政治家认为绝对贫困依然存在，应该予以重视。

⑧ 希腊将收入不足全国家庭平均收入一半的家庭，视为贫困家庭；此外，他们也关注失业和物质资料不足的剥夺情况。

二、绝对贫困与相对贫困的比较

（一）绝对贫困的主要优势与不足

绝对贫困的优势是在相当长一段时间内在不同地域之间是统一和不变的——这令贫困的度量与比较更为简单化。同时，绝对贫困线也是“经济的”，在衡量落后国家或发展中国家极端贫困状况时，无需过多考虑其他发展条件。对应地，绝对贫困的劣势也体现在此。首先，绝对贫困线设定具有较强的主观性；其次，在选取维持基本生存和生活标准的替代变量方面，对异质性强的国家和地区则很难做到“放之四海而皆准”；第三,一个挑战是来自区域间价格指数的差异。最典型的例子是世界银行的“1天1.9美元”标准，饱受争议的一方面就在于不同地区或国家之间、不同时间序列内，以绝对货币标准很难进行横向比较；此外，从贫困救助角度，由于货币体现的是贫困的结果而非根源，从而令“消除贫困变得过于简单”。

（二）相对贫困的主要优势与不足

相对贫困的优点在于：可操作性强、计算简单、节省评估成本（已知国民收入便可得到相对贫困线）；体现特定发展时期社会对公平正义的追求。后一理念与很多经济学家对贫困理念的理解不谋而合。但是，相对贫困也存在局限，主要在于，第一，相对贫困的内核并不是贫困的本质，而是一个不平等的子课题；第二，相对贫困依赖收入分布的中位数值（或平均值）结果，因而会造成两类来自于整体收入水平不正常变动而形成的误导。我们称第一类误导为“虚假繁荣下的被贫困”。Celtic Tiger 时期的爱尔兰便是真实例子。该时期爱尔兰由于大规模境外直接投资而出现飞速经济增长，尽管同期中低和相对贫困居民收入水平并没有实质改善，但受到高收入群体在泡沫经济时期收入虚假增长的影响，人均可支配收入中位数水平提升，相对贫困线上移，很多非贫困群体被识别为贫困群体，增加了财政负担。第二类误导被称为“萎靡经济下的被脱贫”，往往发生于经济倒退期。例如，2008年国际金融危机之后，欧洲许多国家遭受重创，经济在一段时期内难以复苏，甚至出现负增长。此时，中位（或平均）收入水平下降，相对贫困标准伴随下降。由此产生的后果是，很多原本被识别为贫困的人口被剔除出去，无法享受相应的扶贫救助待遇，产生贫困人群的“被脱贫”问题。

第二章　政策回顾：我国乡村发展与扶贫体系的历史嬗变

中国作为世界上最大的发展中国家，经过数十年的探索和努力，实现了大规模人口脱贫，摸索出了符合中国特色的扶贫开发道路，为全面建设小康社会奠定了坚实基础，为世界减贫工作做出了巨大贡献。20世纪70年代末实行改革开放政策以来，我国始终致力于经济和社会的全面发展，在全国范围内实施了以解决农村贫困人口温饱问题为主要目标的有计划、有组织的大规模扶贫开发工作。到2000年，基本实现了到20世纪末解决农村贫困人口温饱问题的战略目标。进入新世纪以后，我国根据形势制定了新的扶贫战略，决心继续大力推进扶贫开发。到2013年，我国提出精准扶贫战略，以全面建成小康社会为落脚点实施新的扶贫机制。按照现行农村贫困标准（2300元，2010年不变价格），我国农村贫困人口从2012年年末的9899万，及至2020年底脱贫攻坚战完美收官，贫困发生率从10.2%变为零。本章主要对我国乡村发展与缓解贫困所制定的政策进行梳理和总结。

一、中国贫困发生机制与扶贫政策体系演进

从新中国成立之初的土地改革到现阶段的打赢脱贫攻坚战，我国的农村扶贫开发历经70年，围绕扶贫开发制度变革进行了多阶段和多领域的探索创新，为全面建成小康社会提供了科学的指导，为实现共同富裕的社会主义建设目标提供了良好的制度体系和基础保障。历经70多年的政策调整和开发实践，我们实现了扶贫制度的变革和完善、探索出了符合新时代中国特色社会主

义的扶贫开发道路。

（一）农民土地所有制改革背景下的乡村发展（1949—1956年）

1950年6月，《中华人民共和国土地制度改革法》颁布实施，废除了封建土地剥削制度，实行农民土地所有制，农村生产力得到大幅度提高，极大缓解和改善了农民物资匮乏、生活困苦的贫困局面。数据统计显示，1949—1955年，粮食每公顷产量从1035公斤增长到1425公斤，年均增长6%。新中国成立之初的土地农民所有制改革是以破除封建落后生产关系、发展社会主义生产力为目标的制度变革。一方面，它是通过变革土地所有制，建立与先进社会主义制度相适应的经济基础保障；另一方面，通过实行农民土地所有制使广大被剥削者拥有生产资料和发展基础，极大提高农业生产要素的产出效率，保障了农民的生存基础。

（二）人民公社时期的"平均主义"扶贫阶段(1956—1977年)

1956年，随着社会主义三大改造完成（农业、手工业和资本主义工商业），我国的扶贫开发和农村发展进入新的历史阶段，即人民公社治理下的"平均主义"时期。这一时期的主要特征表现为两个方面：一是农村土地由农民所有制变为集体所有制，主要是将农民直接拥有的土地无偿入股、统一经营，改造为集体所有制，实施集体所有、集体经营的生产队发展模式；二是实行人民公社制度下的平均主义分配方式，农民的生产经营所得归集体所有，成果按照平均主义和共同富裕的模式进行均分。"政社合一"的农村乡村振兴和发展模式、"生产队为基础"的管理体制以及劳动生产的集体化、军事化特征，在一定程度上降低了贫困群体规模的相对比重，却造成了平均主义下的普通贫困状态。

（三）体制改革推动的扶贫阶段（1978—1985年）

1978年，党的十一届三中全会确立了“对内改革、对外开放”的战略方针，邓小平提出：“整个社会主义历史阶段的中心任务就是发展生产力，这才是真正的马克思主义。就我们国家来讲，首先是要摆脱贫穷。”中国的改革将农村放在了突出位置，摆脱贫困和发展生产是这一时期的重要议题。在实施农村土地联产承包责任制后，中国农村的贫困温饱问题基本解决。制度的变革就成为缓解贫困的主要途径。土地经营制度的变革，即以家庭承包经营制度取代人民公社的集体经营制度，极大地激发了农民的劳动热情，从而极大地解放了生产力，提高了土地产出率。与此同时，在农村进行的农产品价格逐步放开、大力发展乡镇企业等多项改革，也为解决农村的贫困人口问题打开了出路。这些改革，促进了国民经济快速发展，并通过农产品价格的提升、农业产业结构向附加值更高的产业转化以及农村劳动力在非农领域就业三个方面的渠道，将利益传递到贫困人口，使贫困农民得以脱贫致富，农村贫困现象大幅度缓解。

（四）实施有组织的贫困县专项扶贫阶段（1986—1993年）

1986年，国务院扶贫开发领导小组及办公室成立，中国农村扶贫开发工作进入了大规模开发式扶贫的阶段，国家开始安排专项资金，制定专门的优惠政策，并对传统的救济式扶贫进行彻底改革，确定了开发式扶贫方针。自此，中国政府在全国范围内开展了有计划、有组织和大规模的开发式扶贫，中国的扶贫工作进入了一个新的历史时期。第六届全国人大第四次会议将如何帮助“老、少、边、穷”地区脱离穷困落后状况作为一项重要议题。与上一阶段以全方位改革来带动扶贫事业的方针不同，这一阶段的扶贫工作更具有针对性，提高了工作效率，有助于改善区域经济发展不平衡的问题。1986年，中国第一次确定了贫困县标准，以县为单位来分配使用扶贫资源，提高了农村扶贫的有效性和针对性。

（五）以贫困村为重点推进开发式扶贫（1994—2000年）

随着农村改革的深入发展和国家扶贫开发力度的不断加大，中国贫困人口逐年减少，贫困特征也随之发生较大变化，贫困人口分布呈现明显的地缘性特征。这主要表现在贫困人群向西部和中部地区集中，贫困人口集中分布在西南大石山区、西北黄土高原区、秦巴贫困山区以及青藏高寒区等几类地区。导致贫困的主要因素是自然条件恶劣、基础设施薄弱和社会发育落后等。1994年3月，《国家八七扶贫攻坚计划（1994—2000年）》的颁布标志着综合性扶贫攻坚战略的展开，我国计划用七年时间基本解决剩余的8000万农村贫困人口的温饱问题。经过七年的扎实工作和不懈努力，我国在2000年基本完成了《国家八七扶贫攻坚计划》的既定目标，解决了贫困人口的温饱问题。

（六）以实施整村推进为重点的扶贫开发阶段（2001—2012年）

进入二十一世纪后，我国的经济发展步入了一个全新的阶段。党的十六届三中全会提出了全面建设小康社会的奋斗目标，并指出“全面建设惠及十几亿人口的更高水平的小康社会，使经济更加发展、民主更加健全、科教更加进步、文化更加繁荣、社会更加和谐、人民生活更加殷实”。2001年和2011年，国家先后颁布了第一个十年扶贫纲要即《中国农村扶贫开发纲要（2001—2010年）》和第二个十年扶贫纲要即《中国农村扶贫开发纲要（2011—2020年）》。我国新世纪扶贫攻坚以整村推进、农村劳动力转移培训和产业化扶持为三大重点，推进促进就业、小额贷款、自愿移民、以工代赈等扶贫模式，进一步完善农村立体化扶贫系统，推动扶贫事业的发展。

（七）实施精准扶贫精准脱贫方略阶段（2013年至今）

2013年11月，习近平总书记到湖南湘西考察时提出了“实事求是、因地制宜、分类指导、精准扶贫”的重要指示，自此我国形成了以“精准扶贫”为主的扶贫脱贫顶层设计。《关于创新机制扎实推进农村扶贫开发工作的意见》强调“建立精准扶贫工作机制”，深入分析致贫原因，逐村逐户制定帮扶措施。这一阶段出台了《中共中央国务院关于打赢脱贫攻坚战的决定》和《十三五脱贫攻坚规划》，主要针对“扶持谁”“谁来扶”“怎么扶”“如何退”四大问题，提出了贯彻落实“六个精准”和“五个一批”的具体要求及实践路径。

二、扶贫政策体系的主要经验梳理

（一）改革开放初期中国农村的快速发展经验

1978年12月党的十一届三中全会召开，农村率先开始进入制度改革推动乡村振兴的阶段：一方面，确立了农村土地经营的家庭联产承包责任制，中国广大农村通过以家庭联产承包责任制为主的土地经营体制改革打破了过去集体劳作、平均分配的制度模式，极大地调动了农民耕种土地的积极性；另一方面，对农产品统购统销的制度进行改革，通过提高农产品价格、赋予农民农业生产自主权等多种形式进行农业制度创新，大幅度提高了农业劳动生产率和农民收入水平。农村全方面的制度改革改善了制度性缺陷引发的贫困状态。具体来看：

一是，实施家庭联产承包责任制。农村原有的人民公社集体经营制度制约了生产力的提升与经济社会的发展。1979 年，中国开始推动以家庭联产承包责任制代替人民公社集体经营体制的改革。在家庭联产承包责任制中，土地所有权仍归集体，但“分田包产到户，自负盈亏”使农民享有了农业生产的自主权，极大激发了农民的生产积极性，解放了农村生产力，提高了粮食产量，增加了农民收入。粮食产量的提高解决了农民最基本的温饱问题，大量农民摆脱了“吃不饱、穿不暖”的困境，更多的劳动力投入到生产活动当中。劳动力的投入又进一步刺激生产力的发展，直接推进了经济的复苏与发展。

二是，实行多项经济改革举措。除了实施家庭联产承包责任制，中国政府还在农村开展放宽农产品价格、发展乡镇企业、开放劳动力输出限制等多项经济改革，直接或间接地促进了农民增收。中国政府建立起以市场化为取向的农产品交易制度，放宽了对农产品的价格约束，提高农副产品的收购价格；鼓励发展乡镇企业，促进了农村第二、三产业的发展，为农民就业提供了岗位；放宽农村劳动力输出限制，允许农村劳动力自筹资金、自理口粮，进入城镇务工经商，扩大了农村贫困人口的就业途径和就业辐射范围。这一系列举措都有利于提高农民收入，减轻农村贫困。

三是，重点关注“老、少、边、穷”地区。这一时期，中国的扶贫政策主要关注“老、少、边、穷”地区的贫困问题。1980 年，中央财政设立“支援经济不发达地区发展资金”，支援经济不发达的革命老根据地、少数民族地区、边远地区以及穷困地区，这是中央财政设立的第一笔财政专项扶贫资金。1980—1984 年，中央财政累计安排扶贫资金 29.8 亿元，年均增长 11.76%。1982年，国务院启动实施“三西”地区（甘肃河西地区、定西地区和宁夏西海固地区）农业建设扶贫工程，设立“三西”地区农业建设资金，开启了中国区域性扶贫开发的先河。1984年，中共中央国务院出台《关于帮助贫困地区尽快改变面貌的通知》，进一步明确要集中力量解决十几个连片贫困地区的问题。

（二）开发式扶贫推动的减贫政策经验

一是，扶贫体制改革和贫困县开发式扶贫的探索。1986年，以国务院扶贫开发领导小组及办公室成立为标志，中国农村扶贫开发工作开始进入了有计划、有组织的开发式扶贫新阶段。这个阶段的扶贫工作机制主要有三个方面明显变化：一是建立了扶贫协调动员机制和组织机制，由中央多个部门组成的扶贫开发领导小组作为协调机构实现扶贫工作制度化和规范化，并且对地方扶贫工作进行有序指导；二是初步完善了扶贫制度体系的瞄准性，将资源下沉到贫困县，帮扶精准性得到了提高，通过划定18个集中连片贫困地区和331个国家贫困县，开始了以县为基本扶贫单位来分配使用扶贫资源的制度模式；三是开发式扶贫对传统的救济式扶贫进行了改革，通过探索实施“以工代赈”的开发式扶贫机制，让贫困人口通过基础设施建设和产业务工等方式获得劳动报酬，改变了过去“输血式”的低效率扶贫机制。

二是，综合性目标任务下的区域瞄准性扶贫开发。1994年3月，《国家八七扶贫攻坚计划》（1994—2000年）的颁布标志着综合性扶贫攻坚战略的展开。这个阶段，以“八七攻坚”为标志的扶贫治理制度具有明显的创新特征:既有扶贫目标任务，又有治理方式。首先，创新了扶贫责任机制，通过安排资金、任务、权利、责任“四个到省”的扶贫工作责任制，带动了各级部门和地方政府的扶贫热情；其次，探索了区域协调发展战略，在中央层面，制定了机关定点扶贫的具体细则，同时也探索了东西扶贫协作机制，通过跨部门帮扶、跨区域协作探索了“东中西部”区域协调发展机制和区域发展战略；最后，探索了金融扶贫等政策组合合力，不同部门通过出台不同的信贷优惠、财税优惠及其他优惠政策，使扶贫政策体系得到进一步完善。

三是，整村推进的创新。进入二十一世纪后，农村贫困问题为由普遍性贫困逐渐转变为贫富差距的日益扩大、由收入性贫困为主转变为多元贫困为主、由区域性贫困发展到阶层性贫困等。2001年《中国农村扶贫开发纲要（2001—2010年）》颁布实施，提出将未来时期的扶贫开发重点从贫困县转向贫困村，更加注重群众参与，提出利用参与式方法自下而上地制定和实施扶贫开发规划。扶贫机制主要有两大变化：一是创新了以整村推进为重点，以产业项目和就业培训等内源扶贫机制模式，将扶贫的行政单位进一步下移到村，探索了整村提升和扶贫机制，并在全国范围内确定了14.8万个贫困村，扭转了贫困县以外的贫困人口享受不到扶贫政策和资金的状况；二是农民参与扶贫机制得到落实，创新了贫困户与扶贫项目、资源等的利益联结机制和自下而上的参与式扶贫模式，整村推进过程中让农民参与基层的乡村振兴决策过程，将农民的意愿贯穿在发展扶贫产业、乡村基层治理领域中；三是开始推广新农合、农村低保、“雨露计划”等一大批农村社会保障政策，探索了农村社会保障体系的乡村振兴作用。

（三）精准扶贫期间的主要政策体系与经验

2011年，国家颁布了《中国农村扶贫开发纲要（2011—2020年）》，将扶贫开发的总体目标确定为“两不愁三保障”，不仅重视贫困户的收入水平，还突出强调贫困人口的社会福利和保障水平。2013年，习近平总书记在湖南省十八洞村调研时，首次提出了“精准扶贫”思想。我国的扶贫开发工作正式进入了开发式扶贫与保障式扶贫相结合的精准扶贫时期。

一是，五级书记抓扶贫。《中国农村扶贫开发纲要（2011—2020 年）》指出，要坚持中央统筹、省负总责、县抓落实的管理体制；充分发挥贫困地区基层党组织的战斗堡垒作用，把扶贫开发与基层组织建设有机结合起来。打赢脱贫攻坚战必须坚持党的领导和政府主导，落实党政一把手的政治责任。在全面建成小康社会的攻坚阶段，各级党委和政府层层落实脱贫攻坚责任，做到省市县乡村五级书记一起抓扶贫工作。同时，重视村级“两委”建设，向贫困村派出第一书记和驻村工作队，将村级党组织建成精准扶贫的攻坚堡垒，把脱贫攻坚任务落实到“最后一公里”。

二是，构建“三位一体”大扶贫格局。《中国农村扶贫开发纲要（2011—2020年）》明确要求，要广泛动员社会各界参与扶贫开发，鼓励先富帮后富，实现共同富裕。《中共中央国务院关于打赢脱贫攻坚战的决定》进一步强调“健全东西部扶贫协作机制、健全定点扶贫机制、健全社会力量参与机制……构建专项扶贫、行业扶贫、社会扶贫互为补充的大扶贫格局”。在“三位一体”大扶贫格局下，政府、市场、社会等多元主体为乡村振兴注入了多种资源，满足了贫困人口多元化、差异化的现实需求，实现了“资源”与“需求”的有效衔接，提升了扶贫工作的精准性和有效性。

三是，推进建档立卡信息化建设工程。2014年4月，《国务院扶贫办关于印发<扶贫开发建档立卡工作方案>的通知》（国开办发〔2014〕24号）下发，全面启动建档立卡工作。2014年7月，《国务院扶贫办关于印发<全国扶贫开发信息化建设规划>的通知》（国开办发〔2014〕42号）下发，完成了扶贫开发信息化工作的顶层设计。2014年8月，国务院扶贫办筹措资金200多万元，开发建档立卡扶贫对象信息采集软件。由于当时尚未建立全国扶贫开发信息系统，以及受网络带宽限制，2014年采取离线采集的方式采集录入信息，逐级上报到国务院扶贫办，导入全国扶贫对象基础信息数据库中。在数据导入过程中，我们在国家行政区划代码基础上，整理形成了覆盖有贫困人口的省、市、县、乡、村的行政区划及其代码，为构建全国扶贫开发信息系统奠定了基础。截至2014年底，全国共采集录入了8962万贫困人口、2946万贫困户、12.8万个贫困村的基础信息，形成全国扶贫对象基础信息数据库。

四是，实施“五个一批”工程。《中国农村扶贫开发纲要（2011—2020年）》执行期间，中国政府围绕“两不愁三保障”的目标，运用产业扶贫、易地搬迁扶贫、科技扶贫、就业促进等措施，帮助贫困地区、贫困人口摆脱贫困。党的十八大以来，在精准扶贫战略思想的指导下，各级政府根据贫困地区和贫困人口的具体情况，实施“五个一批”工程。“五个一批”工程的实施体现了中国在扶贫开发中既注重通过产业发展促进贫困人口就业创业，又注重为特殊群体提供社会保障；既注重改善贫困人口生产生活条件，又注重保护贫困地区的生态环境；既注重提升贫困人口的经济收入，又注重提升贫困人口的人力资本和内生动力。

五是，构建完整的监督考核机制。按照不同的扶贫责任和目标，我们将定点帮扶、东西协作等帮扶方式和扶贫开发成效考核、贫困退出评估等减贫成效纳入考核评估范围，促进扶贫方式不断丰富、减贫效果评估内容不断扩展。具体来讲：一、定点帮扶机制的考核评估。按照《中共中央办公厅、国务院办公厅关于进一步加强中央单位定点扶贫工作的指导意见》，国务院扶贫开发领导小组统一组织考核工作，组成考核工作组。二、东西协作机制的考核评估。国务院扶贫开发领导小组从2017年到2020年，确定中央组织部、中央统战部等国务院扶贫开发领导小组成员单位组成考核工作组，对东部9省和13个大城市对口帮扶的西部12个省份和14个市州开展双向考核评估。三、扶贫开发成效考核。从2016年到2020年，由国务院扶贫开发领导小组组织，每年度对中西部22个省份党委和政府扶贫开发工作成效进行考核。按照省级总结、第三方评估、数据汇总、综合评价、沟通反馈等程序，国务院扶贫开发领导小组根据考核结果对省级党委、政府主要负责人进行约谈，提出限期整改要求。四、脱贫退出专项评估。2017年，国务院扶贫开发领导小组办公室出台《贫困县退出专项评估检查实施办法（试行）》，对全国832个国家扶贫开发工作重点县和集中连片特困地区县进行退出专项评估，贫困县退出专项评估检查按照省级报告审核、实地评估检查、综合评议及结果运用等步骤进行。按照制定实施方案、实地评估检查、问题沟通核实、提交实地评估检查报告等程序，将申请退出贫困县的综合贫困发生率、脱贫人口错退率、贫困人口漏评率和群众认可度等四项指标进行综合测量计算，重点评估县级检查脱贫攻坚部署、重大政策措施落实、后续帮扶计划巩固提升工作安排等情况。五、第三方评估。第三方评估是扶贫成效考核和贫困退出评估的核心内容，第三方的独立性是保证评估结果公正的起点，其专业性和权威性是保证评估结果公正的基础。因此，第三方评估区别于政府机构的“内部评估”，独立设计扶贫评估指标体系、评估内容和评估机制，形成科学、合理的考核评估方法，通过定性与定量相结合的方式，形成其独立的评估结论。第三方评估因其评估结果的客观性和公正性，已成为贫困县退出评估的关键环节。

三、从绝对贫困到相对贫困：后2020时代中国践行相对贫困的重要意义

建立解决相对贫困长效机制的新时代，应有新的扶贫目标。新阶段的贫困将综合表现为包含收入但不限于收入的、超越收入的多种维度不均衡发展状

态。在相对扶贫阶段，应该以巩固扶贫成果、提高发展能力和缩小差距为目标，由此构成“保收入、促发展、缩差距”的良性扶贫助贫模式。具体来讲：

（一）将缓解相对贫困作为缩小差距的重要政策工具

相对贫困以实现共同富裕为奋斗目标，以解决“发展不平衡不充分”矛盾为主线，将缓解相对贫困作为缩小差距的重要政策工具。其一，消除贫困、改善民生、逐步实现共同富裕，是社会主义的本质要求。相对贫困的缓解和长效扶贫机制的建立，成为在实现共同富裕道路上的一大切实和重要政策的工具；其二，在发展中缓解相对贫困，建立解决相对贫困的长效机制，从结果上看，必然与解决“发展中的不平衡和不充分问题”形成合力，推动提升发展质量和效益，推动人的全面发展，实现社会的全面进步。

（二）更有效的评估乡村发展与乡村振兴成果

虽然国家统计局主要公布收入或消费贫困人口发生率，但实际扶贫的工作目标和所转化的成果并不局限于收入或消费贫困。相对贫困时代，政府和社会力量所构成的反贫困职能将不局限在单一收入观测，而是以相对贫困为监测手段，将重心放在多维贫困的缓解和救助中，关注包括儿童入学率、新农合参保率的快速提高，安全饮水、卫生厕所覆盖率的显著提升等领域的问题。由此可见，相对贫困监测体系能够更有效地评估综合性乡村发展与乡村振兴成果。

（三）更为国际化的发展目标

改革开放初期，中国贫困标准很低，原因在于国情是贫穷落后的。经历了改革开放及经济腾飞，中国减贫成效举世瞩目，但很多专家学者质疑中国贫困标准过低，以至于高估了部分减贫成效（张全红，2010）。2011年，国家出台新的贫困标准，不仅从数值上高于世界银行1.9美元标准（王萍萍，2015），并且引入了多维理念。可见，我国正不断改进对于贫困界定和救助贫困层面的理解，并在乡村发展与乡村振兴政策制定中承担了更多责任。2015年，中国从中低收入国家步入中等偏上收入国家行列（世行标准），经预测2020年人均国内生产总值可能超过3000美元，2025年中国有望跻身高收入国家行列（王一鸣，2017）[①]。在这一发展过程中，中国必然需要更为充分的履行大国责任，在保持中国发展特色的同时，开阔国际视野，有效吸收国际发展经验，引入相对贫困理念，缓解我国相对贫困问题，向我国实现共同富裕的目标迈进。

① 参见http://www.guancha.cn/economy/2016_03_20_354435.shtml。

第三章　扶贫治理的理论范式

一、从乡村发展与乡村振兴到社会治理

（一）贫困治理的逻辑起点

贫困是一种社会物质生活和精神生活条件缺乏的现象。在研究贫困问题的过程中，可以发现虽然不是所有的社会问题都起因于贫困，但许多社会问题都与贫困息息相关。贫困本身就是一个重大的社会问题，它与许多其他社会问题形成交错的因果关系。它们相互影响、相互推动，贫困引发一系列社会问题，其他社会问题又加深了贫困。

认识和把握贫困与其他社会问题之间的因果关系，有助于贫困和各种社会问题的解决，贫困的减轻或消除，可使一些社会问题得到缓解或解决；其他社会问题的缓解或解决，也能减轻或消除贫困，贫困与人类的治理行为相伴相生。在贫困问题的研究中，最为直接的表现人类对乡村振兴的一组概念是“减贫”和“扶贫”，学术研究和实际治理中这两个概念经常混淆使用，未作出实际区分，但实际之中存在一定的区别。

“扶贫”的基本内容与特点包括以下几点：第一，有近期、远期的规划和明确的目标，并有为实现规划要求而制订的具体计划、步骤和措施，把治标和治本有机地结合起来，以治本为主；第二，不仅帮助贫困户通过发展生产解决生活困难，更重要的是帮助贫困地区开发经济，从根本上摆脱贫困，走勤劳致富的道路；第三，把政府各有关部门和社会各方面的力量全面调动起来，互相配合，共同为贫困户和贫困地区开发提供有效的帮助。

“减贫”从字面而言，可以解释为减少贫困人口或是降低贫困发生率，我

们可以从四个方面来理解减贫的含义：其一，减贫问题实质是发展问题，减贫追求的是共同富裕和公平正义，帮助补齐一国（地区）发展的短板，使得发展兼顾公平与效率，更加平衡、包容和可持续；其二，减贫行动实质是民生行动，解决贫困群体的“两不愁三保障”问题，改善生产生活条件和提供基本公共服务；其三，减贫工作实质是群众工作，从关心贫困群众具体利益做起，凝聚起贫困群众的力量；其四，减贫治理实质是社会治理，解决群众温饱问题的基础上，促进补齐社会治理“短板”，促进夯实社会治理“地基”，促进变革社会治理方式，促进提升社会治理效率，促进维护社会治理公正。

（二）“减贫”和“扶贫”是反贫困事业的一体两面

“减贫”和“扶贫”是反贫困事业的一体两面。“减贫”偏向于政策目标性，强调反贫困事业与经济发展、社会进步等宏大事件的关联性；“扶贫”偏向于治理手段和治理过程，注重反贫困过程中各参与主体的行动与联动，例如帮扶贫困采取的实际措施、各部门在资金落实和信息共享等方面的配合情况等，更为偏重反贫困中的细节和微层次的行动。

毋庸置疑，“减贫”和“扶贫”皆是有益于乡村振兴的，从封建王朝开仓赈灾的扶危济困，再到现阶段的精准扶贫，国家对于贫困问题的治理可谓孜孜不倦。乡村振兴的性质是社会资源的创造与分配；贫困是国家治理过程中有限的社会资源总量与超大规模社会对国家治理资源大规模需求之间的矛盾。乡村振兴不仅仅是减少贫困的问题，更是“大国治理”的问题，要解决有限资源与大规模需求的矛盾。在大国的社会治理视野下，乡村振兴与社会治理因其目的相同，互为条件、互相依存，其间关系应是“互嵌”，即良好的社会治理和乡村振兴都需要多主体协同参与，良好的社会治理是顺利减贫的重要条件，顺利减贫有助于达致良好的社会治理。具体说来，乡村振兴建构着和谐的社会关系，形成不同地区、不同群体间多方面的相对均衡；若要形成均衡，需建构良好的社会治理以及适宜的减贫制度安排、乡村振兴结构等。社会治理以公平和正义的宗旨取代效率为先的目标，乡村振兴正是社会治理的目标之一，如若乡村振兴效果不佳，则社会治理目标难以达致，换言之，乡村振兴目标与社会治理目标同构。

（三）扶贫与社会治理

把反贫困概念与治理结构概念结合起来是近些年国际社会在研究反贫困中提出的新概念，它是指为了实现社会经济发展和消除贫困的双重目标，反贫困主体运用权力和手段对社会经济资源实行支配、协调、控制、管辖；同时，有贫困人口的高度参与，并有效提高他们获取资源和平等分享经济增长的能力，用法治原则规定政府、各种社会组织和贫困人口自身的权、责、利关系，由此而形成的反贫困目标和战略、组织管理体系、政策和制度规范及行为模式的有机整体。

俞可平等人认为社会治理主要包含两个方面：一是政府治理社会，如培育、管理社会组织，增强合作等；二是社会自治。国家的乡村振兴亦是其道。新中国成立初期贫困问题的治理多以政府的救济式扶贫为主，为贫困群体提供基本生活所需的物质，这种传统的乡村振兴模式是一种“家长式”“政府独揽”及“责任独担”的“单中心”政府包办模式，其在决策、组织、政策执行、信息传递等多方面存在功能缺陷问题。进入到改革开放时期，家庭联产承包责任制变革和农产品价格制度改革等一系列措施极大地激发了市场在资源配置中的功能，农户家庭主体的确立和农户财产权利等的解放和革命性的变革，大大调动了农民的积极性和创造性，多年蕴藏在农村的生产力得到了超前性的集中释放，此阶段我国推行开放式扶贫，公司等市场主体逐步参与到反贫困事业中来，但并未能改善政府在扶贫工作中的独揽地位。20世纪90年代治理理论在国内开始兴起，就治理视角而言，乡村振兴过程的基础不是控制，而是协调；治理既涉及公共部门，也包括私人部门；治理不是一种正式的制度，而是持续的互动。乡村振兴体系的创新要求改变以往由政府主导的单中心、项目制的治理方式，构建多中心的协同治理体系，不断总结实践中出现的新模式和新思路，而在当前精准扶贫背景下，要想消除这种弊端，就需要不断探索构建政府、社会、非营利组织、贫困者积极参与的“府际合作”反贫困与“政府—社会”协同反贫困和多方联动的多中心协同治理体系。

关于国家乡村振兴体系的研究已颇具成果。当前的精准扶贫工作以十八大提出的五大发展理念为导向，力图建构全面和全程精准化的乡村振兴机制，不断完善政府主导下多元参与的乡村振兴格局。实现乡村振兴方式的转型，推动新一轮扶贫攻坚，须构建政府、市场、社会协同推进国家治理体系创新的重要内容。学界对乡村振兴体系的创新性方面亦做出了诸多总结，左停等人的研究中认为中国政府在乡村振兴需要在乡村振兴重心的下移、贫困协作治理框架的形成、反贫困中不同利益主体参与的扩大、乡村振兴工具措施载体的多样化等四个方面，进行创新，以提高乡村振兴绩效。汪三贵和郭子豪从完善精准识别机制、完善精准扶贫考核机制、探索和建立贫困户的受益机制、改革扶贫资金管理体制和加强资金整合及金融到户机制创新等方面对精准扶贫工作机制创新进行了探讨。冷志明等人认为扶贫治理体系建构要依托“互联网+”技术，发挥第三方专业化服务、资源整合转化和双边市场支持的优势，尽量降低“信息不对称”程度，发挥大数据的创新作用。赵武等人认为包容性创新是乡村振兴体制机制的创新，通过将社会底层人群纳入创新系统，挖掘金字塔底层民众的自身需求、动力、创造力，通过体制机制创新减少社会排斥，向贫困者提供公开参与、公平享受经济、科技发展成果的机会。

二、基于贫困发生机制下的中国乡村振兴治理体系范式

贫困问题的成因是多元的，因而有效的乡村振兴，应系统地看待贫困的成因，采取综合性的治贫策略。大致而言，以各类政策供给为代表的政府减贫行动，以市场经济发展为根本的市场策略减贫，以及以社会参与、合作互惠为特点的社会机制，对于全面的乡村振兴具有各自的优势。一个国家乡村振兴体系

的完善程度和乡村振兴能力的高低，很大程度上取决于协调运用政府、市场和社会三种机制的能力。实践中，三种机制共同构成了支持贫困地区、贫困社区和贫困农户内生发展动能的力量。

（一）政府主导的范式

从国际经验来看，在乡村振兴领域取得突出进展的国家，一个共性的特征是将乡村振兴视为国家战略的重要组成部分，通过专门的政策支持，改善贫困地区的基础设施和公共服务，并着力通过面向贫困地区、贫困人口的特殊金融政策、补贴政策、能力建设等综合的手段，形成一揽子政策支持体系，从而为贫困地区和贫困人口改善生计水平提供条件。从我国乡村振兴的实践来看，同样遵循着此种路径。

乡村振兴的政府主导范式是指以政府这一制度供给主体为核心的乡村振兴政策与实践体系。在这一范式中，乡村振兴政策与实践以“政府科层组织”为主体，以资金投入、技术输入和人力资本提升作为制度化工具，通过“自上而下”的政策落实和社会动员，解决贫困人口的脱贫问题。从物质援助的制度输入上，对贫困群体实施确保其基本生活的经济救济。如图3-1所示，政府主导范式的治理目标是物质贫困，主要治理方式是救济式扶贫。

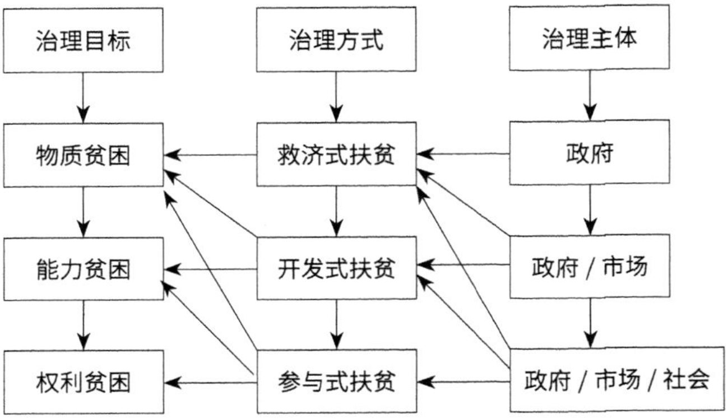

图3-1　乡村振兴范式演变图

我国扶贫实践中政府主导的范式大致经历了两个阶段，其地位也从救济式扶贫的完全主导向开发式扶贫非完全主导的转变。从新中国成立到1985年，我国政府对贫困人口实行单纯的救济政策，当它刚出台时，遵循简单的直线思路——“缺啥给啥”，十分奏效。但是，任何事物的发生、滋长和消亡都不会沿着绝对笔直的路线进行。由于没有把救助与增强贫困者自立能力联系起来，久而久之，救济就成为一种穷人习惯了的获取，失业者不再积极渴望拥有一份谋生的职业，城市“底下层”的涌现成了发展的讽喻，其结果只能是越救越穷。从1986年起，国家的扶贫转为由发展区域经济、改善农村产业结构来达到使贫困人口脱贫的目的，这种区域带动战略在80年代发挥了积极作用，实现了大面积贫困人口的减少。从“七五”开始，中国政府在总结新中国成立以来把生产救助与生活救助相结合进行扶贫的经验的基础上，开始实施以开发式扶贫为主的反贫困战略。

开发式扶贫是典型的发展援助，即通过经济开发，使贫困地区和贫困人口在生产中脱贫。在扶贫方式上，改变单纯生活救济的办法，致力于在贫困地区进行基础设施建设，改造生产条件，帮助贫困地区形成新的生产能力；在扶贫主体上，强调调动贫困地区干部群众发展经济的积极性，扬长避短，发挥优势，增强自我发展能力；在扶贫资源的管理体制上，改变单纯由财政渠道拨款救济，扶贫资金无偿使用的方式，转向以财政支付和银行贷款相配合，无偿与有偿相结合的扶贫资金投放方式；在扶贫资源的分配与使用上，改变平均、分散使用资金的方式，强调把各种渠道发放的扶贫资金捆起来，统筹安排、合理使用，以集中人力、物力、财力，一片一片地改变连片贫困地区的面貌；在扶贫途径上，把扶贫作为一个系统工程，改变单纯的经济扶贫，进行科技、教育、物质生产等综合性投入。

这里面特别值得一提的是在中国乡村振兴的实践中，专项扶贫模式逐渐成熟和完善，成为推动贫困人口脱贫增收的主导力量。尤其是“八七扶贫攻坚战”以来，整村推进、连片开发、异地移民搬迁、“雨露计划”等专项扶贫模式的形成和扩散，对中国乡村振兴事业做出了巨大的贡献。开发式扶贫不再意味着政府包办，而是将市场竞争机制引入政府内部和扶贫工作领域，市场主导的乡村振兴范式开始逐步展露头脚。

遗憾的是，政府主导的范式在实践中却往往陷入“效率悖论”和“公平悖论”，即通过层层节制的政府科层体系，理论上本应该在推行扶贫时实现扶贫资源的高效率利用，却在实践中走向了效率的反面，产生了资金使用效率不高等问题；本应该实现扶贫资源的公平配置，却在实践中产生了扶贫资源向“明星村”累积的马太效应，而真正贫穷的村庄却得不到帮扶。例如，供需结构失衡问题、政绩亮点问题、以“示范村”或“整治村”强者愈强而欠发达村弱者愈弱为表征的马太效应问题、扶贫项目因被地方利益关系绑架而难以真正惠及民生问题，等等。

（二）市场主导的范式

随着以解决物质贫困为导向的救济式扶贫逐步退出历史舞台，市场作为资源配置的手段走进人们的视野，从家庭联产承包责任制到价格改制，市场经济体制日臻完善，在贫困等领域中发挥积极作用。以1994年3月《国家八七扶贫攻坚计划》的颁布实施为标志，开发式扶贫（又称扶贫开发）开始成为我国乡村振兴的主流模式，其核心意涵在于通过市场机制来开发欠发达地区的资源禀赋，进而推动地区发展并实现脱贫。随着开发式扶贫与市场经济的深入结合，产业扶贫逐步成为开发式扶贫的主导政策实践形态，其理念是为低收入人口建构参与市场化的基础，通过产业发展和扶植来推动地区发展并脱贫。近几年来，产业扶贫到户成为精准扶贫的有效载体，市场机制在其中发挥着主导作用，因而被称之为市场主导范式。

由于扶贫的根本性质决定了政府在扶贫中始终处于支配性地位，因此，依据市场主导范式中政府与市场关系的不同，乡村振兴的市场主导范式在实践中往往转换为两种不同的模式：一是较为单纯的市场主导的模式，典型体现为

“公司+农户”“公司+合作组织+农户”“公司+基地+农户”等模式，主要依靠干部承揽、“大户”或“公司”主导，农户合作来推行，这种模式中，政府的作用往往在于提供制度性激励措施；二是政府通过项目的形式来吸引市场主体参与，在实践中往往体现为招商引资的方式，例如，常见的有“项目找资金，资金找项目，项目资金找落户”“建设一个项目，壮大一项产业，带富一方群众；开发一方资源，致富一方百姓，带动一方发展”等实践方式。尽管模式不同，市场主导范式的制度选择目标均为效率，并强调扶贫绩效评估。绩效评估体系往往由资金使用效率、项目收益和成功率、低收入人口的减少数量等可量化指标和可看得见的结果构成。

尽管取得了辉煌成就，但乡村振兴的政府主导范式和市场主导范式均存在着难以克服的隐患，导致乡村振兴效益边际递减和效果持久性弱化。从目标动力看，政府主导范式遵循行政逻辑，实践中往往演化为地方政府对自身利益或短期政绩的追求而削弱了乡村振兴所应具有的公共性；市场主导范式遵循市场逻辑，实践中往往演化为市场主体对利润的追求而忽视其所肩负的乡村振兴社会责任。仅仅依靠单纯的行政机制和市场机制均难以推动乡村振兴实现量变基础上的质变，因此需要推动农村乡村振兴范式向公共治理范式转型。

（三）公共治理的范式

由于市场或政府在公共事物的治理过程中失灵，奥斯特罗姆夫妇基于长期的社会实证调研认为，公共事物的治理应该摆脱市场或政府“单中心”的治理方式，建立政府、市场、社会三维框架下的“多中心”治理模式，以有效地克服单一依靠市场或政府的不足。“‘多中心’意味着有许多在形式上相互独立的决策中心从事合作性的活动，或者利用核心机制来解决冲突，在这一意义上大城市地区各种各样的政治管辖单位可以以连续的、可预见的互动行为模式前后一致地运作。多中心治理理论的核心是，主张采用分级别、分层次、分阶段的多样性制度设置，加强政府、市场、社会之间的协同共治。该理论的价值在于通过社群组织自发秩序形成的多中心自主治理结构，以多中心为基础的新的‘多层级政府安排’具有权力分散和交叠管辖的特征，多中心公共论坛以及多样化的制度与公共政策安排，可以在最大程度上遏制集体行动中的机会主义，实现公共利益的持续发展。”①

以多元中心为理论基础的公共治理范式，旨在吸纳公民、社会组织等社会力量参与到乡村振兴之中。事实上，社会组织从事扶助低收入群体的工作由来已久，在工业社会萌蘖之初，剧烈的社会转型中出现了众多的低收入人群，教会最早承担起了济贫的责任。19世纪中期，出现了最早的NGO②，在相当长的一个时期里，这些NGO的活动都与低收入问题相关。随着现代福利国家体系的建立，乡村振兴更多被视为国家的社会保护职能，非政府组织更多活跃于政府济贫体系所难以涵盖的领域，发挥补充作用。二战以后，一些国际NGO和发达国家的非政府机构，为发展中国家提供发展援助，包括直接的资金支持、技术支持，以及基础设施建设等。20世纪70年代以后，主要西方福利国家在公共政策向右转的过程中，政府行政部门出现了一股强劲的去官僚机构化趋势。以此为契机，社会组织参与减贫掀起了新的浪潮，各种门类的非营利机构纷纷建立起来，在低收入群体的福利供给中扮演着举足轻重的角色。首先，社会组织参与乡村振兴，能够吸纳社会资源，扩展乡村振兴的资源总量。其次，社会组织在响应低收入人口多元化、差异化需求方面，更具灵活性和适应性，能够与关注普遍性问题的国家政策形成互补，从而建立普惠政策与特殊关怀相结合的体系，有效回应低收入问题。最后，市场机制无疑是具有高效率的，但低收入人口参与市场的能力，以及在市场中获得公正回报的权益，并不必然得到很好的保障。社会组织通过多种形式的社会创新，在提升低收入人群自我发展能力、捍卫其经济社会权益方面形成了众多宝贵的经验。

---

① linor Ostrom，Lary Schroeder & Susan Wynne.Institutional Incentives and Sustainable Developmet Infrastructure Policies in Perspective. Boulder[M].CO:Westview Pres，1993.

② NGO,Non-Governmental Organizations, 非政府组织。

公共治理范式何以兴起？其背后的动力在于社会发展对于低收入的新认知，在物质低收入和能力低收入的基础上衍生出权利贫困。权利贫困是指一群特定的群体和人应享有的政治、经济、文化权利和基本人权的缺乏导致的贫困。权利贫困与脆弱性、无发言权、社会排斥以及社会边缘化等概念存在较大的渊源。脆弱性包括易遭受外在冲击和内部自身打击，当风险来临时，相较于非贫困群体，贫困群体缺少抵御风险冲击的手段，更容易遭受损失；从社会排斥的角度而言，权利贫困不仅仅限于物质的和伤及人体的剥夺，它也损害人们的自尊、尊严和自我认同，堵塞他们参与决策过程、进入各种有关机构的途径，使得若干群体易受伤害的程度上升①。概而言之，权利贫困导致贫困群体遭遇社会排斥，难以参与到经济社会发展中。

西方的参与式发展理论被扶贫实践所采用，就形成了参与式扶贫。参与式扶贫以政府为扶贫主体，以欠发达村为扶贫单元，通过相应的赋权增能机制，使低收入户能够参与到扶贫项目的决策、实施、监控与评估过程之中，以此激发低收入户的参与热情和参与意愿，提高低收入户自我发展和自主脱贫的能力，从而解决低收入问题②。参与式扶贫作为一种旨在重构扶贫权力结构和扶贫资源配置的创新型扶贫模式，其不仅仅是扶贫技术层面的改变，也是对传统自上而下的救济式扶贫和开发式扶贫思路的变革。其理念主要表现为：一是把扶贫对象视为扶贫主体。参与式扶贫认为欠发达地区的当地人最了解自身和当地的情况，强调以扶贫对象为主体，以满足扶贫对象的需求为目的，让扶贫对象直接参与扶贫项目的决策，在扶贫项目的选择上实现了群众充分参与的民主决策机制③。二是强调参与双方的共赢。参与式扶贫承认扶贫对象在长期的生产生活过程中积累了丰富的乡土知识，这些乡土知识有助于其在外界的帮扶之

---

① 唐钧.社会政策的基本目标:从克服贫困到消除社会排斥[J].江苏社会科学，2002(03):41-47.

② 刘俊生，何炜.从参与式扶贫到协同式扶贫:中国扶贫的演进逻辑——兼论协同式精准扶贫的实现机制[J].西南民族大学学报(人文社科版)，2017，38(12):205-210.

③ 楚永生.参与式扶贫开发模式的运行机制及绩效分析——以甘肃省麻安村为例[J].中国行政管理，2008(11):48-51.

下解决自身的低收入问题。三是注重扶贫对象能力的培养。参与式扶贫把扶贫对象视作参与主体，只有扶贫对象具备了一定的参与能力，才能更好地参与到整体扶贫项目的过程之中。因此，参与式扶贫除了传统的物质帮扶之外，也注重扶贫对象能力的培养，在扶贫项目实施过程中，通过一些能力提升项目，提高扶贫对象的发展能力。

参与式扶贫将低收入群体纳入到乡村振兴主体中，低收入群体既是扶持对象也是参与主体，成为多元中心论的重要部分。公共治理范式中的参与主体包括政府、社会组织、企业、低收入群体等多元主体，此治理模式摆脱市场或政府“单中心”的治理方式，建立了政府、市场、社会三维框架下的“多中心”治理模式，即协同式乡村振兴和发展模式。该模式凭借多元参与主体的知识、技术和资源等优势，可以为低收入户提供多样化的帮扶，满足低收入户多元化的需求，能更好地解决农户的权利低收入问题。

乡村振兴的公共治理范式中，制度供给主体为政府、市场和社会，尤其是低收入人口的协同，制度选择目标为多元价值整合。具体而言，较之政府主导范式和市场主导范式中所形成的“中心—边缘”结构，公共治理范式中的主体结构处于以低收入人口为核心的协同状态；较之政府主导范式所单纯强调的公平目标和市场主导范式所强调的效率目标，公共治理范式强调基于过程的公平、参与和基于结果的效率、满意度等多元价值的整合。公共治理范式的兴起具有必然性，这种必然性不仅源于政府主导范式和市场主导范式的缺陷，更源于乡村振兴中低收入人口的主体地位。

公共治理范式的形成揭示了治理道路逐步以低收入群体的实际需求为导向，事实性扶贫代替政治性扶贫。中国乡村振兴道路的一个基本经验在于，将中国农村低收入问题，置于中国农村改革与发展的宏大历史语境中认识，坚持对致贫因素的结构分析与个体分析相结合，在推动农村整体层面制度改革和政策供给的同时，强调对于欠发达地区和低收入人口差异性的理解和尊重，保持国家乡村振兴体系对各个时期农村低收入问题时代特点，以及不同地区、社区、低收入人口多元化、差异化需求的良好回应性[①]。2000年以来，中国国家乡村振兴体系逐渐形成了“大扶贫”的工作格局，政府、市场与社会协同的体制机制正在逐渐完善和成熟。通过“大扶贫”的理念，整合最为广泛的行业投入和政策资源，以此为基础开展综合性的扶贫开发。综合性的帮扶措施满足了基础设施、基本公共服务、基础产业、基层组织能力建设以及劳动力素质等多方面的需求，从而缓解了农村多维要素匮乏的要求。

① 吕方,梅琳.“精准扶贫”不是什么?——农村转型视阈下的中国农村乡村振兴[J].新视野,2017(02):35-40.

第二篇

对低收入线设置的讨论

第四章　低收入线的设置

一、低收入线的设置方案

（一）低收入标准的设置

如何结合我国的现实情况和扶贫目标，设置相对合宜的低收入线，目前政策界和理论界仍在讨论，不同的学者之间有不同的看法，但大多是基于居民收入水平进行度量。具体来看:国内的一些学者建议采用人均收入中位数的概念进行相对度量（张立冬等，2009；王朝明和姚毅，2010；李实等，2018）；还有一部分学者建议采用人均收入的概念作为低收入标准，如程永宏等（2013），其建议采用人均收入的50%作为低收入标准。然而，平均收入的概念并不能反映出不同群体之间发展的差异，其理由在于中位数度量的是分布中处于中间的数据，在社会结构尚未进入到“橄榄形”分布之前，相较于平均数更加能够消除多数人“被增长”的效应。本部分将结合我国发展实际情况，通过实证分析和测算，给出政策建议。

（二）低收入线的具体设置方案

结合国际经验并为了细化研究目的，分别以居民人均可支配收入的均值和中位数为低收入线取值标准。在考虑低收入标准选取问题的过程中，每五个百分点为一个间隔区间，从5%到100%的标准，分别计算低收入线，以便在后文中通过做出更加细致的低收入标准比较来讨论低收入线设置的合理性。另外，与国际国情不尽相同的是我国幅员辽阔，城乡之间、省份之间经济发展差异大，为充分考虑区域间的差距，我们分别从全国整体、城镇整体、农村整体、分省份四个角度来考虑贫困线的设置方式。综合上述考虑，可以得到如下六类低收入设置具体形式及其适用的度量群体（参见表4-1）。结合本书所选取的全国15个省份的子样本，这六类低收入设置方式下可进一步细分出48个区域子项目，再结合从5%到100%每隔五个百分点所设置低收入线的思路，共计可以得到960条低收入线。

表4-1　六类低收入的具体设置方式

相对线名称	设置参照系、取值方式和标准设置方式	适用群体
1. 全国一条线	将农村和城镇住户合并到一起，按照每五个百分点为一个间隔区间，计算 5% 到 100% 标准下全国居民人均可支配收入以及中位可支配收入的具体数值，作为“全国一条线”	全国、城镇、农村、各省份
2. 农村一条线	单独考虑农村常住户，按照每五个百分点为一个间隔区间，计算 5% 到 100% 标准下农村常住居民人均可支配收入以及中位可支配收入的具体数值，作为“农村一条线”	农村、各省份农村
3. 城镇一条线	单独考虑城镇常住户，按照每五个百分点为一个间隔区间，计算 5% 到 100% 标准下城镇常住居民人均可支配收入以及中位可支配收入的具体数值，作为“城镇一体线”	城镇、各省份城镇
4. 全国各省线	单独考虑各省份（但不分城乡）常住户，按照每五个百分点为一个间隔区间，计算 5% 到 100% 标准下各省份（不分城乡）常住居民人均可支配收入以及中位可支配收入的具体数值，作为“全国各省份线”	（不分城乡）各省、各省农村、各省城镇
5. 农村各省线	单独考虑各省份农村常住户，按照每五个百分点为一个间隔区间，计算 5% 到 100% 标准下各省份的农村常住居民人均可支配收入以及中位可支配收入的具体数值，作为“农村各省线”	各省、各省农村
6. 城镇各省线	单独考虑各省份城镇常住户，按照每五个百分点为一个间隔区间，计算 5% 到 100% 标准下各省份的城镇常住居民人均可支配收入以及中位可支配收入的具体数值，作为“城镇各省线”	各省城镇

资料来源：作者整理。

二、不同方案下低收入线取值范围的设置依据

（一）区域间异质性与低收入标准的设置

上述测算方式能够提供足够多的信息用于比较合宜低收入线设定区间。附录中的附图2和附图3为分别按照均值和中位数标准绘制出的六类低收入设置方式下共计360条低收入线的比较结果。

从数据结果本身看，两幅图所显示出的最重要信息在于在不同参照系下设置的低收入线的显著差别。一是体现在从5%—100%间隔下（以均值为基数或以中位数为参照系）的结果性差异；二是体现在“全国一条线”“农村一条线”“城镇一条线”“全国各省线”“农村各省线”和“城镇各省线”之间的巨大差异。

第一个差距是最好理解的，其差距范围是以中位数或均值为基数的等距差距，其低收入线的设置值分布的趋势为：城镇低收入线高于全国低收入线，全国低收入线又高于农村低收入线。例如，选取50%均值低收入线，（在样本所列十五个省份中；参见图4-1）得到以“农村各省线”设定形式下甘肃省内农村低收入线是最低的，仅为3451元；最高的是以“城镇各省线”得到的北京城镇低收入线，为28134元，“农村各省线-甘肃”与“城镇各省线-北京”的低收入标准差距高达8.2倍。即便我们对比同一个省份内部不同低收入标准，城乡差距也不容忽视。例如，对甘肃省分别测算“农村各省线”、“甘肃省线”和“城镇各省线”，其对应数值分别为3451元、5267元和12291元，三者之比为1:1.5:3.6。这意味着短期内“城乡统筹”低收入标准的时机尚未成熟。由此看出，未来对低收入线的设置，必须要充分考虑到地区之间的居民生活水平的差异性问题。比如简单的将同一条低收入线同时应用于北京城镇和甘肃农村的贫困监测与贫困救助工作，就是非常不妥当的做法，要警惕统一标准设定低收入线所带来的上述问题。

城镇低收入线高于全国低收入线，全国低收入线又高于农村低收入线，这种趋势是由城镇常住居民收入水平高于农村所决定的；另外一个明显趋势是发达省份的省内低收入线高于欠发达省内的低收入线，这是由省际之间居民收入水平差异所决定的。为了更直观地理解这一问题，以图4-1为例给出以居民中位收入50%设低收入线，并参照前述表4-1所列六类低收入线计算方式列出包括全国、城乡和各省份的共计48条低收入线。图4-1显示“城镇一条线”的具体结果为14822元，“全国一条线”为10270元，“农村一条线”为

6090元，三者之比为2.43:1.44:1。而省份间低收入测算结果之间的差异则更高，农村各省线下北京与甘肃低收入线之比为3.77:1；城镇各省线下北京与河南低收入线之比为2.42:1。由此可见，无论是省际之间的差距还是全国之间的差距均对于低收入线的设置起到至关重要的影响。这也再次回应了本部分开头所强调的区域差异是低收入设置过程中的重要考虑问题这一观点。

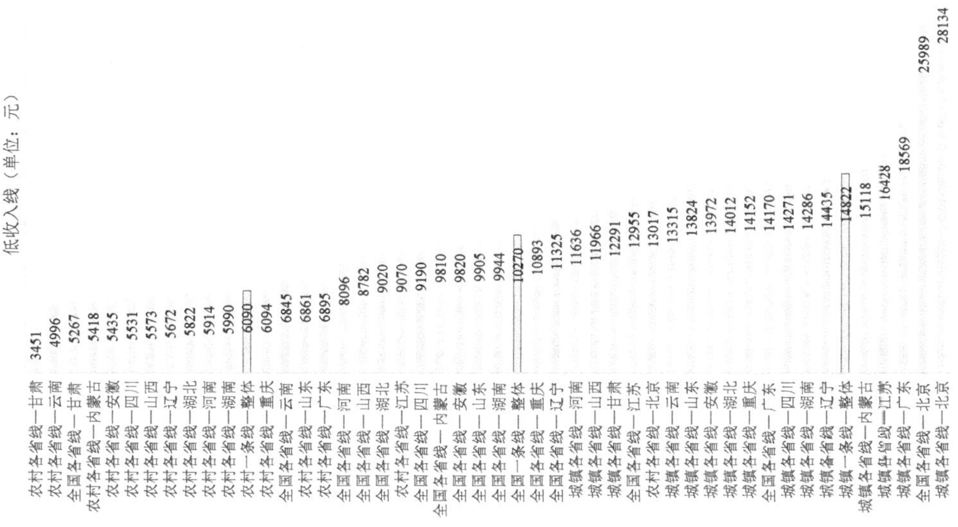

图4-1　按照居民可支配收入中位数50%计算的48条低收入线的比较结果

资料来源：CHIP2018，作者计算整理。

（二）低收入线的设置区间范围

进一步从各条低收入线绝对值的高低来看，图4-2给出了“农村一条线”和“城镇一条线”在各X选取标准下的低收入线变动趋势，及其与绝对贫困程度之间的比值关系。首先给出图4-2所显示的一个细节，可以明显发现如果以中位收入作为参照系，其低收入结果比均值为参照系所得到的结果要低。如果我们梳理国际上应用低收入的主要国家、地区或国际组织的低收入界定参照系，可以看到国家多数以中位数为主要参照系[①]，其理由在于中位数较均值而言排除了极值的干预效应，能够更准确地作为大众收入水平的反映指标。而对应到我国，由于我国高收入群体的极值收入存在拉高均值的效应，因此均值下的测算结果要高于中位数下的。从这个角度上看以中位数作为低收入设置的参照指标更能够反映多数群体的生活水平及其对应的低收入水平。故此，下文将主要以中位收入下的对应测算结果作为主要汇报结果。

下面具体考察农村低收入线与城镇低收入线的绝对值差异。结果显示伴随X从低比例到高比例提升，农村低收入线与城镇低收入线的绝对差距也越拉越大，二者呈现如喇叭口般的扩展趋势。这说明如果希望选择更高的X比例作为低收入线的标准，那么更应该注重城乡标准线的差别化设置问题。其次重点关注低收入线与绝对贫困线之间的比例关系。在农村可比的绝对贫困线有两条，分别是现行2300元（2010年不变价）标准的绝对贫困线，2018年这条标准线为2995元；以及2018年末的农村低保水平，为4833元（民政部，2019）。故此可以用不同X标准下所得到的农村低收入线除以2995元和4883元得到农村低收入线与绝对贫困标准之间的倍数关系（图4-2中由圆圈和菱形所代表）。在城镇则可以用全国城镇低保线的平均水平作为城镇绝对贫困的替代变量，为6956元（民政部，2019）。故此可以用不同X标准下得到的城镇低收入线除以6956元得到城镇低收入线与绝对贫困标准之间的倍数关系（图4-2中由三角所代表）。从不同形状所反映的随X提高而带来的变动趋势看，农村低收入线与当前绝对贫困线之比（圆圈）和城镇低收入线与城镇低保线之比（三角）之间的变动趋于一致，但农村低收入线与农村低保线之间的比例（菱形）则具有较大差距。这是因为近年来农村低保增速非常高，甚至显著超越了农村绝对贫困线，故此我们发现了这种比例差距。举例来讲，30%、40%、50%和60%中位收入下对应农村低收入线与绝对贫困线之比

① 参见课题组专题报告《2020年后中国相对贫困标准及其规模的国际比较》。

分别为1.2、1.6、2.0和2.4倍；城镇低收入线与城镇低保线之比分别为1.1、1.4、1.8和2.2倍；而农村低收入线与农村低保线之比为0.8、1.0、1.3和1.5倍。考虑到当前我国正处于从消除农村绝对贫困向建立解决低收入长效机制的过渡阶段，未来的一段时期内，低收入线与绝对线之间的差距不宜过大，因此绝对线1.5—2倍之间的过渡变动可能是更为稳健的。初步来看，对应低收入线可以设置在30%—55%中位收入区间。

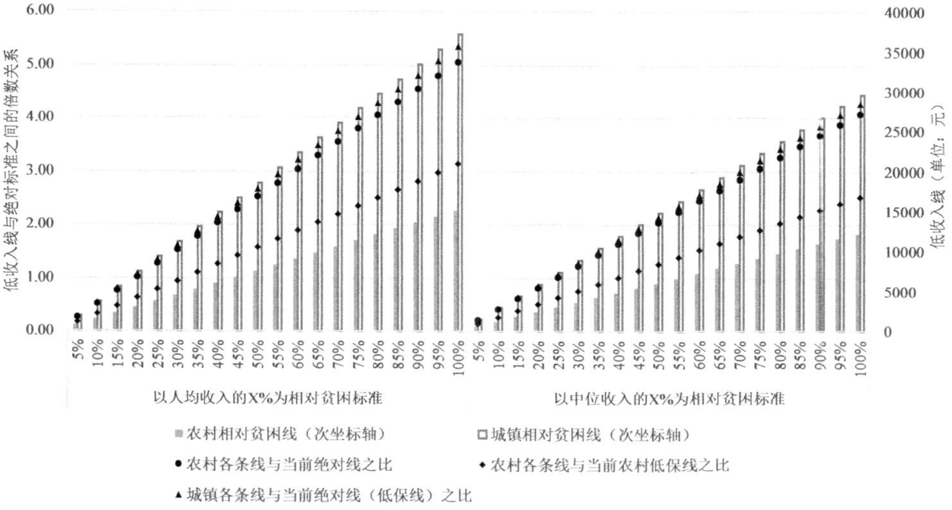

图4-2 农村与城镇低收入线及其与绝对贫困线的比例关系

资料来源：CHIP2018，作者计算整理。

三、地方实践对低收入标准设置的参考价值

贫困研究是与国民福利和政策执行紧密挂钩的学科门类，分析合宜的贫困线不仅仅要从低收入的绝对水平上做分析，同时要结合低收入线下的贫困人口规模、贫困发生率等结果综合比较、相辅相成，才能最终确定出符合我国实际国情的低收入标准。第五章将给出不同低收入线下的低收入

规模、发生率等结果，我们的最终综合性建议将结合各章节的研究综合得到。但本部分我们将对一个关于低收入设置的热议问题进行首轮讨论，即“城乡统筹”是否等于“城乡一条线”的问题。本部分重点结合地方实践经验进行分析。

（一）低收入标准地方实践经验

课题组于2019年12月分别赴福建、湖南和贵州三省六县市了解省份对低收入问题的探索，主要得到如下经验。从调研情况来看，三个省份均对各地区对“两类群体”情况进行了初步的摸底（参表4-2）。易返贫人口方面，福建地区没有建档立卡群体，清流和晋江两县区的人数最少，防贫压力小；湖南地区武冈市易返贫人口数量为904人，约占建档立卡人口的3%，宜章县易返贫人口数量为285户，约占建档立卡人口的1%；贵州地区长顺县易返贫人口数量为891户，约占建档立卡人口的10%，盘州市易返贫人口数量为726户，约占建档立卡人口的3%。综合而言，长顺县目前为贫困县，易返贫人口占建档立卡群体的10%，比重较高；湖南和贵州地区其他三个县（市）均在3%以下。边缘人口方面，福建地区的边缘群体的识别标准是低保标准的1.5倍，例如，晋江的低保标准为630元/人，按照1.5倍标准的识别标准为11340元，即人均年收入低于11340元的会被纳入到低收入边缘群体，但福建地区目前未进行数量统计；湖南省边缘户的识别标准为家庭年人均纯收入低于5000元，“两不愁三保障”质量不高，有致贫风险的非贫困户，宜章县的边缘群体数量为590户，武冈市的边缘群体数量为1382人；贵州省边缘户的识别标准为家庭年人均纯收入低于5000元，“两不愁三保障”质量不高，有致贫风险的非贫困户，宜章县的边缘群体数量为590户，武冈市的边缘群体数量为1382人。

表4-2 课题组调研低收入主要信息汇总

地区名称	易返贫人口数量	边缘人口数量	边缘群体识别标准
福建清流县	72 户	未具体统计	低保标准 1.5 倍
福建晋江市	256 户 742 人	未具体统计	低保标准 1.5 倍
广东清远			2014 年 4000 元为起点标准
湖南宜章县	285 户	590 户 1980 人	收入偏低和生活质量不高
湖南武冈市	904 人	1382 人	收入偏低和生活质量不高
贵州长顺县	891 户 3515 人	1299 户 5026 人	收入偏低和生活质量不高
贵州盘州市	726 户 2172 人	707 户 1207 人	收入偏低和生活质量不高

资料来源：各省扶贫办，作者整理。

（二）地方实践经验总结

当然，由于课题组所赴三个省份在发展程度上有所不同，因此在扶贫攻坚战中的重心也有所不同，这也决定着未来阶段在扶贫政策和进度的发展战略和步骤上会有所不同。具体来讲，列出三个省的主要特色：

第一，湖北武冈市“五个不变”巩固脱贫成果。武冈市严格落实习总书记“四个不摘”工作要求，坚持“五个不变”，全面巩固脱贫成果。一是指挥体系保持不变，坚决扛起脱贫攻坚政治责任，坚持一套体系抓到底，一帮人马攻到底，一个方法打到底；二是扶贫政策保持不变，脱贫攻坚政策设计对上接“天线”，全面贯彻党中央的决策部署，对下接“地气”，因地制宜、因人施策、顺应群众期盼；三是攻坚队伍保持不变，领导联乡挂点和驻村帮扶单位安排保持稳定，包村扶贫干部和工作队员保持不变，结对帮扶责任人的帮扶对象和结对关系保持不变；四是帮扶力度保持不变，各级干部尽锐出战，攻坚力量全部下沉，45名在职市领导均有联乡包村任务，301个村都有省或市直单位或乡镇派驻的工作队，有工作队员886人，有299名副科以上党政干部承担包村脱贫任务，6485名党员干部与全市所有建档立卡贫困户建立了结对帮扶，并明确脱贫后五年内不脱帮扶关系；五是督导监管保持不变。市委派驻各乡镇的脱贫攻坚督导组持续坚持常态化督促检查，着力解决摘帽后松劲懈怠和“名在人不在、人在心不在”的问题；常态化开展脱贫人口“回头看”工作，创新“两不愁三保障”质量评估把关和脱贫质量监测机制，每个月对已脱贫户和卡外边缘户从“人均收入、两不愁、教育保障、住房保障、医疗保障、饮水安全、满意度和精准识别资料”8个方面开展一次质量评估；继续坚持和完善“一述职两评议”的脱贫验收模式，严把贫困户退出质量关，让脱贫效果群众认账、社会认可。

第二，湖南省“扶贫特惠保”防返贫。湖南探索了“保险跟着扶贫走”的模式，由“大水漫灌”向“精准滴灌”转变，在全省范围内开展“扶贫特惠保一揽子保险”。主要包括：“扶贫特惠保”贫困家庭综合保障保险，保险责任包括意外伤害、自然灾害保险保障和大病保险补充保障；“扶贫特惠保”借款人意外保险，保险责任包括疾病或意外伤害事故、伤残保障责任；“扶贫特惠保”精准扶贫特色农业保险，其保险内容为省级确定的10个特色农业险种，在此基础上，51个贫困县（市、区）可以自主选择开展1—2个本地区产业优势明显、农民参保需求强烈的特色农产品开展保险。实施范围为，全省所有建档立卡贫困户的县市区（包括正县级的行政管理区）的所有建档立卡贫困人口。

第三，福建三明立足脱贫攻坚，探索解决低收入的长效机制。福建在探索创新城市精准扶贫长效机制，实现城乡扶贫一体化。2017年以来，福建三明针对有些城市困难人员比农村建档立卡贫困户更加困难的实际情况，在全国率先开展城市困难家庭精准帮扶，2017年5月出台《关于深入开展城市困难家庭精准帮扶工作的指导意见》，在梅列、三元两区开展工作试点，以家庭人均收入低于市区最低工资标准42%的城市家庭为对象，探索建立了城市困难家庭精准帮扶“347”工作机制。2019年8月下发《关于全面推广城市困难家庭精准帮扶“347”工作机制的实施意见》，在12个县（市、区）全面铺开城市扶贫。一是“三步”精准识别机制，采取一申请、两审核、两公示的“三步工作法”，进行精准识别，严格申请、审核、审批工作流程，确保“真扶贫、扶真贫”；同时，以年度为节点，逐社区、逐户建立贫困帮扶档案，及时进行数据更新，做到有进有出、逐年更新、分级管理、动态监测。二是“四因”精准分类机制，在精准识别的基础上，将城市困难家庭按照因病、因残、因学、因灾等“四因分类法”细化为四类困难对象，根据每户困难对象具体致贫原因和帮扶需求，进行帮扶管理。三是“七种”精准帮扶措施，在精准识别、精准分类的基础上，采取就业帮扶、医疗救助、教育资助、住房援助、扶残助残、结对帮扶、兜底保障等七大帮扶措施，有针对性开展帮扶，保障其基本生活，助其增收脱困。目前，全市共摸底城市困难家庭3206户4857人，将通过“347”工作法帮扶，确保到2020年底稳定实现“两不愁三保障”目标。

（三）低收入标准地方实践对全国性低收入线设置的借鉴意义

整体上，调研结果显示除了发达地区更多的愿意去尝试探索低收入问题，中部地区和西部地区主要仍然沿用保守的扶贫监测模式，并遵循中央的大政方针来从事扶贫工作的治理和管理。这种差异主要源于区域发展程度的差距，而区域发展差异也是我们在发展中无法忽视的问题。再看发达地区的低收入线设置，如福建三明是按照低保标准的1.5倍设线；广东清远是依照2014年所确定的4000元标准界定低收入人口，并且清远将低收入人口占全村户籍人口5%作为低收入村的认定标准。上述实践体现了地方的探索，并且是与地方经验相结合的宝贵经验，值得我们关注。整体上看，无论是1.5倍线还是固定年份不变价下的基数低收入，其覆盖人群约占5%—15%之间不等，其贫困线标准在贫困线的1.5—2.5倍之间不等。上述经验与本书所建议的居民可支配收入中位数的30%—40%作为低收入标准贴合。

第五章　低收入标准及低收入人口规模

一、“全国一条线”：设置原则与测算结果

（一）“全国一条线”的设置原则

“全国一条线”的基本设定方式是，将农村和城镇住户合并到一起（按照每五个百分点为一个间隔区间，计算5%到100%比例下全国居民可支配收入的中位或均值下的收入值）计算出“全国一条线”，并将这条统一贫困线分别应用于全国整体、城镇地区和农村地区。

“全国一条线”的优势是将“城乡统筹”概念和住户一体化的概念融入到了低收入线的设置理念当中，计算简单且分类简洁；但这种“城乡统筹”模式的缺点在于忽略了城乡、省份间居民生活的差异，在因地制宜的适用性方面有所欠缺。本部分将基于“全国一条线”的低收入测算结果，讨论这条标准所存在的潜在问题。

（二）“全国一条线”的主要测算结果

首先给出贫困发生率结果。附表4对应汇报了“全国一条线”下的农村、城镇及各个省份的低收入发生率。结合上述测算结果，图5-1按照“全国一条线”列出了适用于全国统一低收入标准下的分城乡、分省份低收入发生率。

如图所示，“全国一条线”所呈现的第一个趋势是城镇贫困程度普遍非常低，农村贫困程度普遍非常高，全国平均水平居于二者中间。从绝对值上看“全国一条线”下35%、45%和55%低收入线的全国贫困发生率分别是19%、

27%和36%，但相同标准下的农村贫困发生率则高达37%、52%和64%，城镇仅为5.4%、10%和15%。在不考虑城乡常住人口规模的情况下扶贫工作很显然仍然更多侧重在农村地区。图5-1所呈现的第二个特点是“全国一条线”下的省份差异。在排除城乡差异的前提下，“全国统一线”测算结果显示不同地区间低收入程度具有显著差异，这与前文所得到的结论一致。

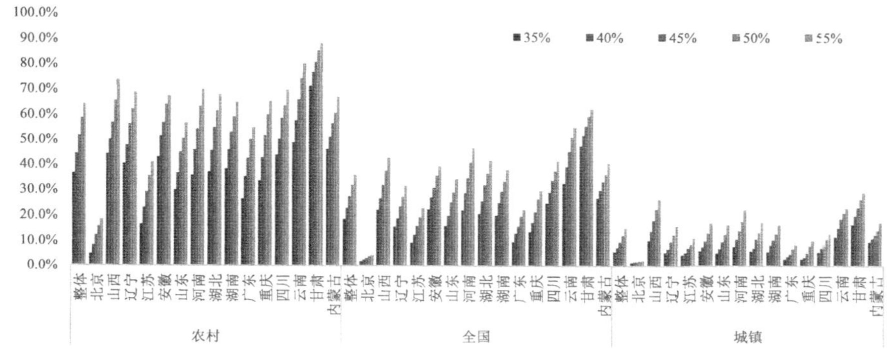

图5-1 “全国一条线”标准下的各省份城乡低收入发生率

资料来源：CHIP2018，作者计算整理。

（三）“全国一条线”的合宜性讨论

那么，“全国一条线”是否为一条合适的标准呢？居民中位收入的50%标准下的“全国一条线”为10270元。本文子样本测算全国城镇常住居民的中位收入约为30000元，50%中位数则为15000元；农村常住居民中位收入约为12000元，50%中位数则为6000元。由此可见无论是中位数或者一定比例下的中位数，二者均相差2.5倍①，表明城乡居民收入差别程度依然处于较高差距区间。这样折算下来“全国一条线”仅为城镇居民中位收入（城镇居民生活水

① 如前文所述本书子样本测算数据与国家统计局公布的全国全样本数据结果有一定差距。但为了可比性目的，本书以样本数据之间的比较为主。

平的替代）的68%，却是农村居民中位收入（农村居民生活水平的替代）的170%。

如果用同一条低收入线来同步确定各省份城镇、农村的低收入发生率，就等于忽略了城乡居民生活水平的差别，并且“全国一条线”会产生低收入标准对城镇而言过低、对农村而言过高，低收入发生率对农村而言过高、对城镇而言过低的不合理结果。更重要的是，如果思考“全国一条线”背后的含义，在城乡差距仍然较高的情境下，“一条线”的标准将会带来对城镇居民来说这条低收入线标准较低，而对农村居民来说上述标准过高的实际问题。对这个问题的较好的类比是我国的分城乡的最低生活保障的设置。之所以分城乡、分省份来设置最低生活保障标准，就是考虑到了不同地区居民间的生活成本差异、地方财政能力，以及区域经济发展本身的差别信息。若采用全国统一的低收入线，则会导致农村地区贫困线偏高而城镇地区贫困线偏低的现象。故此，我们认为在短期内城乡差别仍然较高的阶段内，“全国一条线”的实施并不具有现实性，也不是贯彻“城乡统筹”的有效手段。

二、分城乡低收入线：设置原则与测算结果

（一）“分城乡低收入线”的设置原则

经过前一部分的分析，“全国一条线”的使用具有明显局限性，故此回顾表4-1计算分城乡、分省份的低收入发生率结果。图5-2给出的是以农村为整体计算得到的农村全体和各省份农村低收入发生率、以城镇为整体计算得到的城镇全体和各省份城镇低收入发生率。

“农村一条线”或“城镇一条线”的基本设定思路是，以城镇居民为整体计算出城镇低收入线，然后将这条统一贫困线应用于城镇整体以及各个省份的城镇部分；再以农村居民为整体计算出农村低收入线，然后将这条统一贫困线应用于农村整体以及各个省份的农村部分。

“城镇/农村一条线”的优势是计算相对简单，但忽略了城镇或者农村内部省份之间居民生活的差异，在省份层面上的因地制宜的适用性方面有所欠缺。

（二）“分城乡低收入线”的主要测算结果

图5-2呈现出的主要特点包括：

第一，以各省份分城、乡内部的居民中位收入水平作为参照系，所度量得到的低收入发生率具有更高的区域可比性。可以先从农村整体贫困发生率，以及城镇整体贫困发生率的结果可比性来看。例如，35%、40%、45%、50%和55%标准下对应农村整体贫困发生率分别是12.7%、16.8%、20.2%、24.7%和28.9%，对应农村低收入人口分别为7184万人、9465万人、11410万人、13926万人和16319万人；城镇上述标准下的对应数据分别为10.4%、14.0%、18.3%、23.2%和28.3%，对应城镇低收入规模分别为8637万人、11639万人、15240万人、19252万人和23510万人。城乡之间的低收入发生率数据结果比较接近，背后反映的是特定收入差距规模下的最低收入群体的合理比例。

第二，从贫困发生率的省份差异结果上看，以城镇或者农村为整体的低收入线制定方式下，各省份贫困差异程度较高，尤其表现在发达省份和欠发达省份之间的差距。分省份以45%中位数标准测算，北京、陕西、辽宁、江苏、安徽、山东、河南、湖北、湖南、广东、重庆、四川、云南、甘肃和内蒙古的农村低收入发生率分别为3.1%、24.8%、24.0%、7.5%、21.0%、16.9%、17.6%、18.6%、21.9%、12.3%、16.0%、30.6%、24.5%、48.7%和25.9%，最低和最高农村低收入发生率的浮动幅度在3.1%—48.7%，差别程度超过45个百分点；对应省份的城镇低收入发生率分别是2.3%、31.3%、18.7%、13.9%、20.4%、20.2%、27.2%、21.6%、18.8%、11.0%、12.5%、15.9%、25.2%、31.2%和18.7%，最低和最高城镇低收入发生率的浮动幅度在2.3%—31.2%，差别程度近30个百分点。

上述差距在于发达省份居民收入水平较高，欠发达省份居民收入水平低，以相同的城镇/农村低收入标准去框定贫困人口，必然存在对发达省份而言贫困标准较低，对欠发达省份而言贫困标准较高的结果。故此从省份的差距柱形图中可以看出北京低收入发生率要显著低于甘肃等省份低收入发生率。

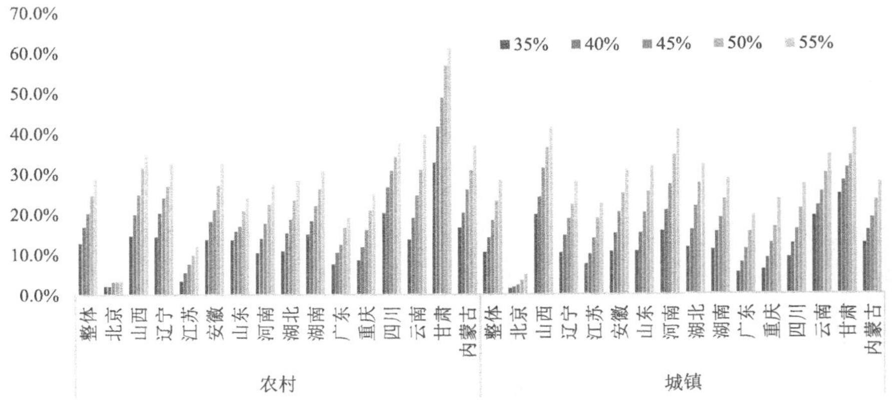

图5-2 “农村一条线”和“城镇一条线”标准下农村/城镇整体及各省份城乡低收入发生率

资料来源：CHIP2018，作者计算整理。

三、分省份低收入线：设置原则与测算结果

（一）“分省份低收入线”的设置原则

分省份低收入线的设计方式有两类，第一类是全省份内部（即不分城乡）的省份低收入线，以省份居民为整体计算省内低收入线，然后将这条省份统一贫困线应用于省份内，将城乡居民合并在一起用于计算；第二类是省份内部再划分城乡两类居民，分别结算城内农村居民低收入线以及省内城镇居民低收入线，最终将这两条线分别应用于省份内的农村和城镇区域。

“省份线”的优势在于考虑了省份间内部差距，尤其是“农村各省份线”和“城镇各省份线”还额外考虑了省份内的城乡差异，因地制宜效果更好；但

问题是各省份由于情况不一样，如各省份都选用中位收入的40%作为省份内固定线，也必然会产生欠发达地区救助人口的救助标准较低的问题。例如甘肃省居民中位收入水平显著低于全国平均水平，于是压低其低收入线，最终限制甘肃省内部的救助程度。但是如果不参照一个具有可比性的低收入确定标准（例如甘肃省选择中位数的60%，北京选择中位数的30%），又缺乏了低收入基于收入分布层面的“相对性”可比。因此，分省份、分城乡设置低收入标准也存在一些难以克服的不足之处。

（二）“分省份低收入线”的测算结果

分省份设置低收入线，各省份间的贫困发生率差距程度较低（参见图5-3）。

根据低收入的定义，省份间低收入发生率的差别主要取决于省份间城镇内部、农村内部的收入差距水平以及收入分布状态。例如在35%、45%和55%中位数水平下农村整体低收入发生率为12.7%、20.2%和28.9%；同样标准下城镇整体低收入发生率为10.4%、18.3%和28.3%。分省份以45%中位数标准测算，北京、陕西、辽宁、江苏、安徽、山东、河南、湖北、湖南、广东、重庆、四川、云南、甘肃和内蒙古的农村低收入发生率分别为12.3%、19.1%、23.1%、16.9%、20.6%、20.4%、15.6%、17.4%、20.4%、17.0%、12.9%、24.3%、13.5%、17.2%和27.8%，最低和最高农村低收入发生率的浮动幅度在12.3%—27.8%，差别程度为15个百分点；对应省份的城镇低收入发生率分别是13.8%、19.5%、14.6%、21.0%、18.1%、17.3%、16.2%、17.2%、18.3%、18.2%、10.2%、12.7%、22.8%、24.8%和18.8%，最低和最高城镇低收入发生率的浮动幅度在13.8%—24.8%，差别程度为11个百分点。

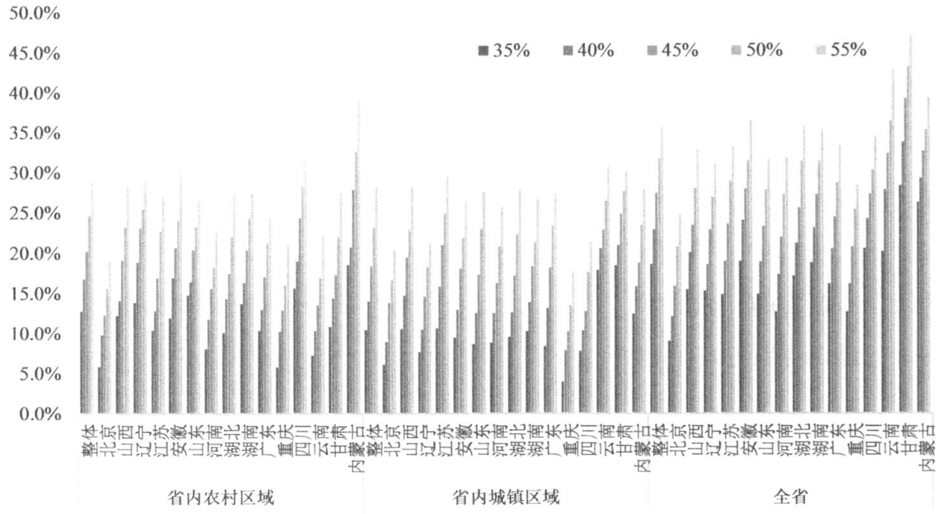

图5-3 “各省份线”标准下农村/城镇整体及各省份城乡低收入发生率

资料来源：CHIP2018，作者计算整理。

但是，仍然等待讨论的低收入标准设置的合理性问题，究竟是城镇/农村统一设线标准的方式更为合理，还是分省份的结果更为合理呢？对这一问题我们将进一步结合贫困人口的规模分布综合做比较研究。

四、各类低收入线下的人口区域分布

（一）“全国一条线”下的低收入群体区域分布

结合附表2—附表4的计算结果，图5-4给出了以全国居民中位收入45%为标准测算出的全国以及各省份内部低收入规模的城乡比例分配结果。结果显示无论从全国整体角度还是分省份，以“全国一条线”所框定的低收入人口中绝大多数都分布在农村地区。从全国来看，八成以上低收入人口仍分布在农村地区，且诸如甘肃、四川、重庆等欠发达西部省份中有更多的低收入人群分布在农村，并且即便在北京、江苏等发达地区也仍然能够观察到低收入人口较多分布在农村地区的基本情况。

上述结果表明如果以统一的、不区分城乡的标准来确定低收入线，所带来的必然结果就是在这条统一的标准之下，贫困人口仍然主要分布在农村。但这种设置方式是否合理呢？结合前文分析，不区分城、乡的低收入标准的问题在于这种方法忽略了城乡居民生活水平的差别，进而产生低收入标准对城镇而言过低对农村而言过高，低收入发生率对农村而言过高对城镇而言过低的矛盾，造成“四不像”的结果。短期内我们不建议采用“全国一条线”的方式来制定我国低收入标准。

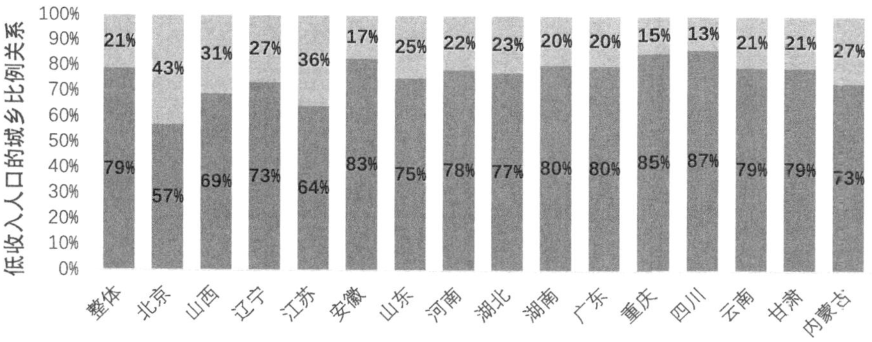

图5-4 “全国一条线”标准下全国及各省份内部低收入人口的分布（中位收入45%）

资料来源：CHIP2018，作者计算整理。

（二）“分城、乡线”下的低收入群体区域分布

除却低收入发生率本身，结合贫困人口规模可以比较低收入人口的城乡分布和省份分布。图5-5给出了按照“农村一条线”以及“城镇一条线”方式计算出的低收入人口的城乡分布结果。

结果显示全国平均来看农村低收入人口占比43%，城镇占比57%，这个结果与当前阶段城乡常住居民的比例比较接近（根据国家统计局公布数据，我国2018年农村和城镇的常住人口比例为59%）。不同省份内部的城乡贫困人口分布比例有所不同，理由在于此处使用的是分城乡的低收入标准。上述标准会令

北京市无论城镇还是农村的低收入人口绝对规模显著低于其他省份；而从城乡低收入人口比例分布上可以发现北京等发达省份更多需要救助的低收入人口主要集中在城镇，而如甘肃等欠发达地区低收入人口则更多集中在农村。

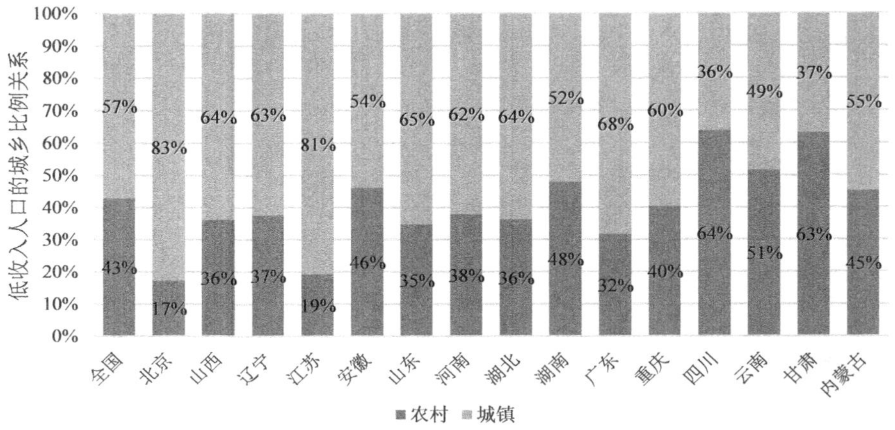

图5-5 “农村一条线”和“城镇一条线”标准下城乡低收入人口分布（中位收入45%）

资料来源：CHIP2018，作者计算整理。

进一步考察这种计算方式下低收入人口的绝对规模（参见表5-1）。从低收入人口分布上可以发现发达省份由于居民生活水平较高因而贫困人口规模较少。例如北京城乡绝对贫困人口总规模仅为五十余万人，北京农村低收入人口在全部农村低收入人口占比仅为0.1%、城镇占比0.4%。在“农村一条线”下，包括河南、山东等中部、东部地区、人口大省，以及四川、甘肃等欠发达地区是农村地区低收入人口分布的主体。城镇低收入人口的分布趋势与之类似。但一个值得关注的不同之处是在“城镇一条线”标准下广东省城镇人口贫困程度较高，一个可能的解释是广东省是外来人口流入大省，低收入群体较为集中地分布在一些城乡结合地区。结合课题组对清远市（扶贫改革试验区）的调研也发现了类似情况。由此也提示出城镇贫困的重要性以及流动人口贫困问题研究的重要价值。

表5-1 “农村一条线”和“城镇一条线”下45%中位收入贫困线下各省份分城乡低收入人口规模

	农村		城镇	
	贫困人口规模（万人）	贫困人口占比	贫困人口规模（万人）	贫困人口占比
整体	11410	-	15240	-
北京	9	0.1%	43	0.4%
山西	383	5.2%	679	6.8%
辽宁	334	4.5%	556	5.6%
江苏	184	2.5%	779	7.8%
安徽	602	8.1%	705	7.1%
山东	660	8.9%	1243	12.5%
河南	819	11.0%	1349	13.5%
湖北	437	5.9%	769	7.7%
湖南	666	9.0%	726	7.3%
广东	410	5.5%	886	8.9%
重庆	171	2.3%	255	2.6%
四川	1219	16.4%	695	7.0%
云南	618	8.3%	583	5.9%
甘肃	671	9.0%	393	3.9%
内蒙古	245	3.3%	297	3.0%

资料来源：CHIP2018，作者计算整理。

（三）“分省份低收入线”下的低收入群体区域分布

接下来，与图5-5形成对比，图5-6给出“各省线”标准下所计算出的低收入人口中的城乡比例分布情况。图5-6显示不同省份内部的城乡贫困人口分布比例与图5-5略有所不同，理由在于此处使用的是省份内部分城乡的低收入标准。上述标准的优势是更多考虑到省份内部的城乡差距，结果更加精细。

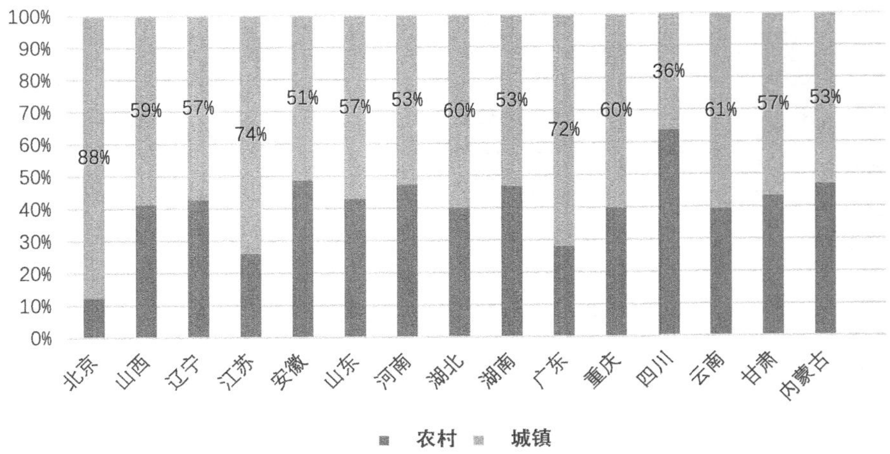

图5-6 “各省线”标准下农村和城镇低收入人口分布（中位收入45%）

资料来源：CHIP2018，作者计算整理。

五、按照最低生活保障标准的N倍确定低收入线

（一）按照最低生活保障确定低收入线的基本思路

由于很多地方实践是采用“最低生活保障”的N倍作为低收入标准的设定（例如浙江、福建等地），因此本部分探索使用“最低生活保障N倍”方式下的结果。当然，结合第二章低收入线设置方案，我们分为：a.“城镇一条线”标准，对应采用民政部2019年第3季度公布的全国城市最低生活保障平均标准7408.8元/人·年（617.4元/人·月*12个月）的N倍。b.“农村一条线”标准，对应采用民政部2019年第3季度公布的全国农村最低生活保障平均标准5246.7元/人·年的N倍。c.“分省份城市线”标准，设定为民政部2019年第3季度公布的15省份城镇标准的N倍。d.“分省份农村线”标准，设定为民政部2019年第3季度公布的15省农村标准的N倍。民政部公布的2019年第3季度全国分省

份、分城乡最低生活保障标准可以参见作者整理的表5-2。

根据表5-2，整体上越发达的省份最低保障标准也越高（参见图5-7），例如上海、北京、广东、江苏、浙江等一线城市和省份的低保标准位居全国顶端位置。同时，这些省份从趋势上看已经实现了城乡统一的低保标准。在城镇低保水平高位的几个省份中，广东、西藏、内蒙古、广西四个省份比较特殊：对广东而言，其尚未在最低生活保障上实现城乡统一；而西藏、内蒙古、广西属于民族自治区省份，其城镇低保标准在全国居于高位，低保没有实现城乡统一具有合理性，但这些省份的唯一共性特点是均为民族地区，城镇低保的高水平与其省份内部发达程度无关，因此其较高水平的城镇低保作者暂时无法提供额外解释，可能需要更多合理证据解释其城镇低保与江苏等发达省份接近，甚至高于辽宁等中部省份的原因。其余省份则均呈现出城镇低保与经济发展程度匹配，且城乡低保的合理性差异等较为容易理解的数值分布趋势。

综上所述，针对上述几类不同的省份政策制定和省份发展实际情况，我们认为以“城乡统筹”标准来考虑发达省份低收入标准的制定具有可行性；以“城乡差异”标准考虑其余省份低收入标准的制定尚不具备可行性。

表5-2　民政部2019年第3季度公布的分省份城乡最低生活保障标准

地区	城市低保标准（元 / 人·年）	农村低保标准（元 / 人·年）
北京市	13200	13200
天津市	11760	11760
河北省	7904.4	4853
山西省	6602.4	4752.6
内蒙古自治区	8268	5841.4
辽宁省	7562.4	5053.1
吉林省	6303.6	4065
黑龙江省	6810	3978.9
上海市	13920	13920
江苏省	8572.8	8401.2
浙江省	9490.8	9399
安徽省	7116	6777.1

续表

福建省	7390.8	7360.1
江西省	7605.6	4579.4
山东省	6774	4892.4
河南省	6454.8	4067
湖北省	7626	5682.2
湖南省	6124.8	4391
广东省	9620.4	7566.5
广西壮族自治区	7867.2	4384.8
海南省	6595.2	4800
重庆市	6960	5336.9
四川省	6427.2	4330.7
贵州省	7360.8	4398.5
云南省	7436.4	4347.9
西藏自治区	10009.2	4300.2
陕西省	6950.4	4275.6
甘肃省	6326.4	4135.2
青海省	6876	4071.5
宁夏回族自治区	6840	4040
新疆维吾尔自治区	5530.8	4135.2

资料来源：中华人民共和国民政部，作者整理。

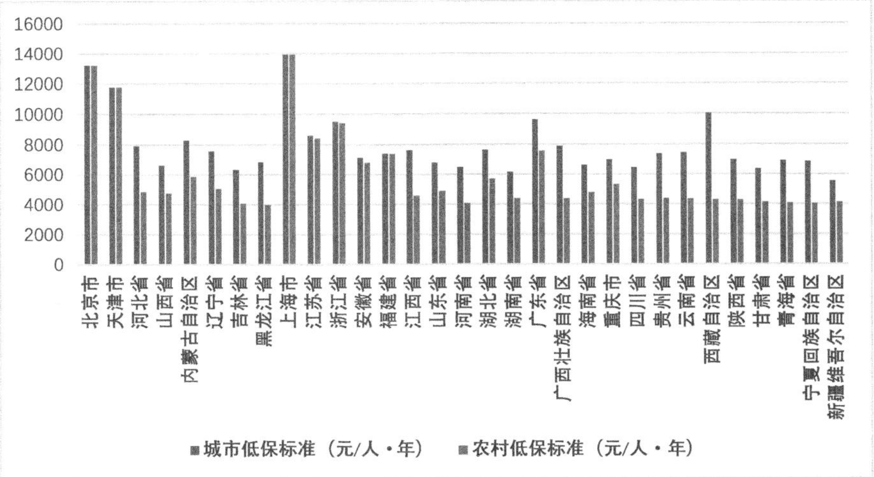

图5-7　民政部2019年第3季度的分省份城乡最低生活保障标准及其比较结果

资料来源：中华人民共和国民政部，作者整理。

（二）以最低生活保障N倍确定低收入线

表5-3给出的是按照前述a、b、c、d四种方案所得到的“最低生活保障N倍”设定低收入线的具体贫困标准结果。尽管我们给出了N分别等于1、1.2、1.5、1.8、2、2.5和3倍于低保标准的结果，但从发达省份实践经验上看，1.5倍左右的标准比较合宜。因此我们重点利用图5-8和图5-9给出“低保线1.2—1.8倍”下的低收入发生率和规模范围。农村标准反推约等于全国农村居民收入中位数（或均值）的0.4—0.65倍的范围；城镇标准反推约等于全国城镇居民收入中位数（或均值）中位数的0.25—0.40倍。值得说明的是，由于表5-3数据来自于民政部公布的第4季度全国、分省份最低保障结果，结果在不同年份、不同季度都会发生变化，因此我们在下文分析低收入发生率和对应低收入人口过程中汇总出在表5-3基础之上的上下浮动10%的结果，具体可参见表5-4和表5-5。

表5-3　以“最低生活保障N 倍”设定低收入线（N分别等于1、1.2、1.5、1.8、2、2.5和3）

	1 倍	1.2 倍	1.5 倍	1.8 倍	2 倍	2.5 倍	3 倍
农村							
全国农村	5247	6296	7870	9444	10493	13117	15740
北京	13200	15840	19800	23760	26400	33000	39600
山西	4753	5703	7129	8555	9505	11882	14258
辽宁	5053	6064	7580	9096	10106	12633	15159
江苏	8401	10081	12602	15122	16802	21003	25204
安徽	6777	8133	10166	12199	13554	16943	20331
山东	4892	5871	7339	8806	9785	12231	14677
河南	4067	4880	6101	7321	8134	10168	12201
湖北	5682	6819	8523	10228	11364	14206	17047
湖南	4391	5269	6587	7904	8782	10978	13173
广东	7567	9080	11350	13620	15133	18916	22700
重庆	5337	6404	8005	9606	10674	13342	16011

续表

四川	4331	5197	6496	7795	8661	10827	12992
云南	4348	5217	6522	7826	8696	10870	13044
甘肃	4135	4962	6203	7443	8270	10338	12406
内蒙古	5841	7010	8762	10515	11683	14604	17524
城镇							
全国城镇	7409	8891	11113	13336	14818	18522	22226
北京	1100	1320	1650	1980	2200	2750	3300
山西	550	660	825	990	1100	1376	1651
辽宁	630	756	945	1134	1260	1576	1891
江苏	714	857	1072	1286	1429	1786	2143
安徽	593	712	890	1067	1186	1483	1779
山东	565	677	847	1016	1129	1411	1694
河南	538	645	807	968	1076	1345	1614
湖北	636	763	953	1144	1271	1589	1907
湖南	510	612	766	919	1021	1276	1531
广东	802	962	1203	1443	1603	2004	2405
重庆	580	696	870	1044	1160	1450	1740
四川	536	643	803	964	1071	1339	1607
云南	620	744	930	1115	1239	1549	1859
甘肃	527	633	791	949	1054	1318	1582
内蒙古	689	827	1034	1240	1378	1723	2067

资料来源：结合中华人民共和国民政部统计数据，作者计算整理。

表5-4给出了以全国农村低保标准N倍设定低收入线下的贫困发生率和贫困规模，其中N分别等于1.2、1.5和1.8倍。结果显示，如果按照“全国农村最低生活保障”标准的对应倍数设定农村低收入线，以1.2—1.8倍为N的探索区间，那么农村贫困发生率大约在17%到37%之间，农村低收入人口规模在9500万—2.3亿人之间（很明显，由于全国发达省份拉高了农村整体低保平均水平，故即便以农村低保1.2倍标准测算，农村的低收入发生率仍然偏高）；对

应到城镇，利用城镇低保的对应倍数设定城镇低收入线，其城镇贫困发生率在5%到10%之间，对应城镇低收入人口在4000万到8500万人之间。细分省份来看，北京、江苏等发达省份或者人口规模较低的省份，其农村或城镇低收入人口规模更低；相对的，甘肃、安徽、河南等欠发达省份或人口大省则农村或城镇低收入人口规模偏高。以“全国农村/城镇最低生活保障N倍”（N取值1.2—1.8）取值法，低收入标准取值范围对应下来大约是“农村一条线”下居民收入中位数的40%—65%，“城镇一条线”下居民收入中位数的25%—40%。

表5-4　以全国农村低保标准N倍设定低收入线下的贫困发生率和贫困规模
（N分别等于1.2、1.5和1.8倍）

	1.2 倍	1.5 倍	1.8 倍	1.2 倍	1.5 倍	1.8 倍
	低收入发生率			低收入人口（万人）		
全国农村	17%	25%	37%	9465	13926	23267
北京	2%	3%	5%	6	9	18
山西	20%	32%	44%	308	488	714
辽宁	20%	27%	41%	281	375	626
江苏	5%	10%	16%	132	239	502
安徽	18%	27%	43%	518	776	1375
山东	16%	21%	30%	611	809	1334
河南	14%	22%	37%	642	1036	1940
湖北	15%	23%	37%	356	550	1010
湖南	18%	26%	39%	551	794	1290
广东	10%	17%	27%	344	553	1071
重庆	12%	21%	34%	125	223	401
四川	27%	34%	45%	1056	1361	1924
云南	19%	31%	49%	476	778	1350
甘肃	41%	57%	71%	572	783	1033
内蒙古	20%	31%	47%	191	290	463
全国城镇	5%	7%	10%	4076	5992	8637
北京	0%	1%	1%	8	22	27
山西	9%	14%	20%	197	302	428
辽宁	5%	7%	10%	142	199	304
江苏	4%	5%	7%	222	291	415

续表

安徽	5%	7%	11%	178	254	364
山东	4%	7%	11%	254	408	652
河南	6%	10%	16%	320	521	777
湖北	5%	7%	11%	184	249	409
湖南	5%	8%	11%	195	318	418
广东	2%	3%	5%	152	274	423
重庆	2%	3%	6%	49	64	121
四川	5%	7%	9%	216	299	392
云南	11%	15%	19%	262	346	446
甘肃	15%	20%	25%	194	249	310
内蒙古	9%	11%	12%	144	172	197

资料来源：CHIP2018，作者计算整理。

对应的，表5-5则是利用分省份、分城乡农村低保标准来设定低收入线下的贫困发生率和贫困规模，其中N分别等于1.2、1.5和1.8倍。对应可以看出，如果按照省份自身的低保标准及其倍数关系，省份间的贫困发生率与表5-4所呈现的趋势则有所区别。北京、广东等发达省份的低收入程度不再处于非常低的结果，尤其是发达省份的农村地区。这主要是由于发达省份较早地实现了低保的城乡统筹，这为其农村低收入带来了必然产生的压力。当然，在发达省份内部可以实现财政资助转移的前提下，新时期城乡统筹层面上的区域内部低收入治理或许也是一条较为行之有效的路径。

表5-5　以分省份、分城乡农村低保标准设定低收入线下的贫困发生率和贫困规模（N分别等于1.2、1.5和1.8倍）

	1.2 倍	1.5 倍	1.8 倍	1.2 倍	1.5 倍	1.8 倍
	低收入发生率			低收入人口		
农村						
北京	24%	33%	42%	69	96	122
山西	23%	40%	45%	359	619	692
辽宁	36%	43%	51%	499	599	715

续表

江苏	17%	27%	41%	412	665	1014
安徽	30%	46%	56%	665	1014	1189
山东	15%	20%	27%	575	795	1046
河南	8%	16%	23%	373	721	1057
湖北	17%	31%	41%	410	732	973
湖南	14%	20%	27%	415	618	834
广东	21%	36%	50%	706	1190	1665
重庆	10%	13%	21%	109	138	225
四川	19%	28%	35%	754	1125	1383
云南	13%	22%	31%	340	556	770
甘肃	32%	46%	53%	436	572	736
内蒙古	28%	39%	48%	263	372	453
城镇						
北京	1.9%	4.1%	6.1%	35	76	113
山西	7.0%	10.5%	14.7%	151	228	319
辽宁	3.4%	7.7%	10.5%	100	227	311
江苏	4.9%	7.4%	10.6%	276	415	595
安徽	4.3%	6.2%	9.5%	148	214	327
山东	2.8%	5.8%	8.6%	175	356	529
河南	2.4%	8.8%	12.5%	118	437	620
湖北	4.7%	9.5%	12.6%	167	340	449
湖南	3.2%	7.9%	10.2%	124	306	395
广东	3.4%	5.5%	13.1%	269	445	1051
重庆	1.9%	2.4%	3.9%	39	49	79
四川	4.5%	7.8%	10.3%	198	338	451
云南	12.5%	17.8%	20.5%	289	412	474
甘肃	11.2%	18.4%	20.9%	141	231	263
内蒙古	9.1%	10.8%	15.8%	144	172	251

资料来源：CHIP2018，作者计算整理。

最后，我们对比表5-4和表5-5两种不同低收入标准设定方式下的贫困人口规模。由于我们无法估算表5-5标准下的全国水平，因此使用的比较方式是汇总本文所采用的15省份数据，因此，数据结果可能会由于其他省份的影响而令最终全国比较结果不尽一致，因此本部分的比较仅供参考。其中：表5-4汇总15省份的农村低收入人口规模约为1.5亿人，城镇约为5600万人，合计全国低收入人口约为2亿人；表5-5汇总15省份的农村低收入人口规模约为1.3亿人，城镇约为6200万人，合计全国低收入人口约为1.9亿人。

最后，尽管两种计算方式下低收入的全国总规模较为相似，我们还是要强调这仅是本书采用15省份数据得到的，可能结论在推广至全国过程中还有待商榷；即便总规模类似的结论可以推广至全国，也必须注意两种算法下的区域差异。

六、几类核心低收入标准下的低收入程度比较分析

结合前述分析，本部分汇总一下以居民中位收入35%、40%、45%、50%和55%为标准，“农村一条线”“城镇一条线”“各省城镇线”和“各省农村线”标准下对应低收入发生率的主要结果，以及对应低收入人口规模的主要结果。

（一）“农村一条线”下农村居民低收入规模估算

首先，表5-6给出了“农村一条线”下全国农村及15省农村低收入发生率和低收入人口规模。一个明显的趋势是在全国农村统一标准下，越发达省份由于其居民整体性收入水平较高，因此低收入发生率更低；而越是欠发达的省份其低收入人口更多。这个是依照“农村一条线”标准测算的必然趋势。为了更具有可阅读性，我们按照贫困发生率高低排序（如图5-8所示）提供省份间的贫困程度比较结果。这里我们仅对发生率做排序，而没有对贫困规模做排序，因此上述可比仅建立在发生率的基础上（贫困规模是发生率与地方人口规模的

乘积，因此可能会与发生率的省份排序不尽一致）。图5-8显示，甘肃、四川和内蒙古是排在前三位的低收入程度最高的省份，北京、江苏和广东则是低收入程度排序最低的三个省份，其余省份的排序可以很清晰地从图中看出，不再做细致赘言说明。

另外，图5-8所采用的排序是按照中位数35%的标准从低到高排序，故此省份内间农村地区收入分布格局的不同所带来的低收入程度排序性差异，可能与其余低收入标准下各省份的贫困发生率排序略有差异，无法呈现严格的递增或递减趋势。例如尽管云南省35%标准下的农村低收入程度低于安徽、辽宁、山西、湖南、内蒙古和四川，但其较高标准下的低收入程度要显著高于上述省份。仍需指出上述排序结果的整体性趋势是一致的，上述偏差的产生具有必然性，但是无法影响整体的趋势性变动结果。

表5-6 “农村一条线”下全国农村及15省份农村低收入发生率和低收入人口规模

	贫困发生率					贫困人口规模（万人）				
	中位数35%	中位数40%	中位数45%	中位数50%	中位数55%	中位数35%	中位数40%	中位数45%	中位数50%	中位数55%
全国	12.7%	16.8%	20.2%	24.7%	28.9%	7184	9465	11410	13926	16319
北京	2.1%	2.1%	3.1%	3.3%	3.3%	6	6	9	9	9
山西	14.5%	19.9%	24.8%	31.6%	35.0%	224	308	383	488	541
辽宁	14.3%	20.2%	24.0%	26.9%	32.6%	199	281	334	375	454
江苏	3.3%	5.4%	7.5%	9.8%	12.0%	82	132	184	239	293
安徽	13.6%	18.1%	21.0%	27.1%	32.6%	389	518	602	776	933
山东	13.5%	15.7%	16.9%	20.7%	24.1%	525	611	660	809	939
河南	10.2%	13.8%	17.6%	22.3%	27.5%	475	642	819	1036	1275
湖北	10.7%	15.2%	18.6%	23.4%	28.3%	252	356	437	550	666

续表

湖南	14.9%	18.2%	21.9%	26.2%	30.8%	451	551	666	794	936
广东	7.5%	10.3%	12.3%	16.6%	19.0%	248	344	410	553	632
重庆	8.4%	11.7%	16.0%	20.8%	25.1%	90	125	171	223	269
四川	20.1%	26.5%	30.6%	34.2%	37.5%	801	1056	1219	1361	1491
云南	13.5%	18.9%	24.5%	30.9%	39.5%	340	476	618	778	996
甘肃	32.6%	41.5%	48.7%	56.7%	60.9%	450	572	671	783	840
内蒙古	16.5%	20.2%	25.9%	30.7%	36.8%	156	191	245	290	347

资料来源：CHIP2018，作者计算整理。

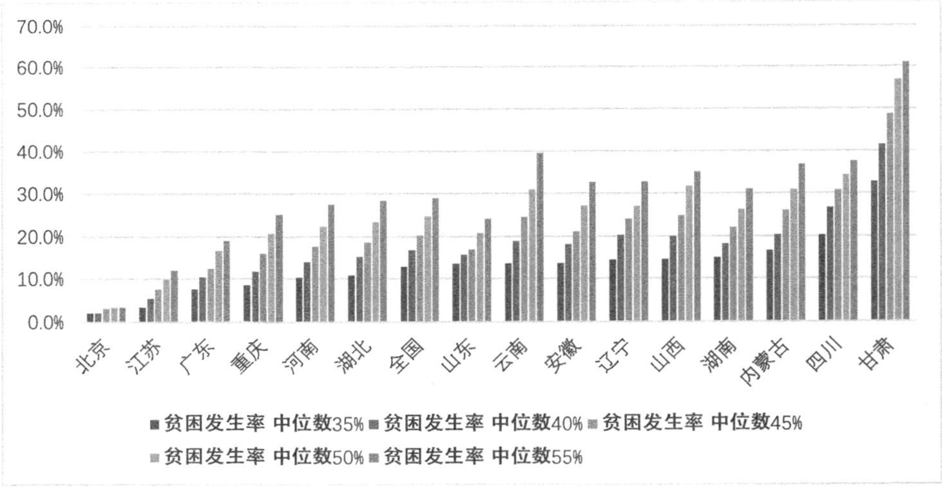

图5-8 按照贫困发生率从低到高排序各省份农村低收入程度：“农村一条线”

资料来源：CHIP2018，作者计算整理。

（二）“城镇一条线”下城镇居民低收入规模估算

与表5-6形成城乡区域对应，表5-7给出了“城镇一条线”下全国城镇及15省份城镇低收入发生率和低收入人口规模。与“农村一条线”结论类似，越发达省份由于其城镇内部的居民整体性收入水平较高，因此低收入发生率更低；而越是欠发达省份其低收入人口更多。按照贫困发生率高低排序，如图5-9所示甘肃、山西和云南是排在前三位的省内城镇低收入程度最高的省份；北京、广东和重庆低收入程度最低。

仍然与前述分析类似，略有不同的趋势是此处所采用的排序是按照中位数35%的标准从低到高排序，但图5-9显示并非所有省份在其余低收入标准下也遵循同样的低收入程度排序的走势。例如尽管内蒙古35%居民中位数城镇统一低收入标准下的贫困发生率高于湖南和湖北，但其45%、50%和55%居民中位数低收入线下贫困发生率却低于“两湖”省份。这也表明省份内间收入分布格局的不同所带来的差异。当然，仍需指出上述排序结果的整体性趋势是一致的，并不会因为个别省份的特例情况而改变整体性判断。

表5-7 “城镇一条线”下全国城镇以及15省份城镇低收入发生率和低收入人口规模

	贫困发生率					贫困人口规模（万人）				
	中位数35%	中位数40%	中位数45%	中位数50%	中位数55%	中位数35%	中位数40%	中位数45%	中位数50%	中位数55%
全国	10.4%	14.0%	18.3%	23.2%	28.3%	8637	11639	15240	19252	23510
北京	1.5%	1.8%	2.3%	3.4%	4.9%	27	34	43	63	91
山西	19.7%	24.0%	31.3%	36.4%	41.4%	428	522	679	790	899
辽宁	10.3%	14.6%	18.7%	22.2%	28.0%	304	432	556	660	832
江苏	7.4%	9.9%	13.9%	18.8%	22.4%	415	556	779	1056	1256
安徽	10.5%	15.1%	20.4%	25.0%	30.9%	364	521	705	866	1067
山东	10.6%	15.2%	20.2%	25.5%	31.8%	652	934	1243	1566	1953
河南	15.6%	20.8%	27.2%	34.5%	40.9%	777	1035	1349	1715	2033
湖北	11.5%	15.8%	21.6%	27.4%	32.1%	409	563	769	977	1145
湖南	10.8%	15.3%	18.8%	23.4%	28.4%	418	592	726	905	1098

续表

广东	5.3%	7.7%	11.0%	15.3%	19.5%	423	618	886	1225	1566
重庆	6.0%	8.9%	12.5%	16.6%	23.5%	121	180	255	337	477
四川	9.0%	12.4%	15.9%	21.1%	27.1%	392	540	695	921	1183
云南	19.3%	21.8%	25.2%	29.9%	34.5%	446	504	583	690	796
甘肃	24.6%	28.0%	31.2%	34.3%	40.8%	310	352	393	431	513
内蒙古	12.4%	15.7%	18.7%	23.2%	27.6%	197	249	297	369	438

资料来源：CHIP2018，作者计算整理。

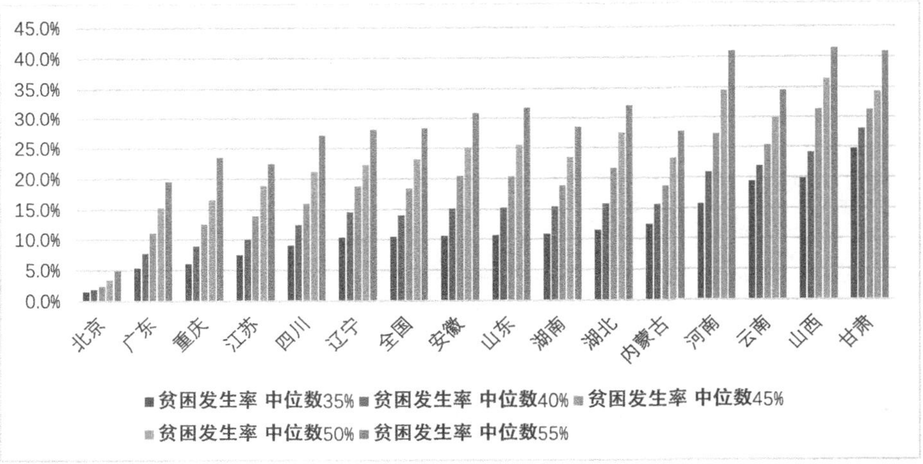

图5-9 按照贫困发生率从低到高排序各省份城镇低收入程度："城镇一条线"

资料来源：CHIP2018，作者计算整理。

（三）"分城、乡线"下农村和城镇居民低收入规模比较

最后，表5-8给出了一个综合性比较结果。我们分别汇总了35%—55%城镇/农村居民中位收入下的各省份低收入程度，由此可以更为清晰地看出"农村一条线"与"分省农村线"在省份内度量农村贫困的差别，以及"城镇一条线"与"分省城镇线"在省份内度量城镇贫困的差别。需要强调的是，与第五

节类似，本部分数据结果可能会由于其他省份的影响而令最终全国比较结果不尽一致，因此本部分的比较仅供参考。从测算数据结果上看：

首先，看农村低收入人口规模比较（15省份，而非全国，因为全国无法做分省推算）：

a. 按照中位收入35%的标准，“农村一条线”方案15省份农村贫困人口约为4500万人，“分省农村线”方案下15省份农村贫困人口约为4000万人，前者是后者的1.1倍。两类标准下推算农村低收入发生率约为12%—13%之间。

b. 按照中位收入40%的标准，“农村一条线”方案15省份农村贫困人口约为6000万人，“分省农村线”方案下15省份农村贫困人口约为5000万人，前者是后者的1.2倍。两类标准下推算农村低收入发生率约为14%—17%之间。

c. 按照中位收入45%的标准，“农村一条线”方案15省份农村贫困人口约为7200万人，“分省农村线”方案下15省份农村贫困人口约为6500万人，前者是后者的1.1倍。两类标准下推算农村低收入发生率约为19%—20%之间。

d. 按照中位收入50%的标准，“农村一条线”方案15省份农村贫困人口约为8700万人，“分省农村线”方案下15省份农村贫困人口约为7800万人，前者是后者的1.1倍。两类标准下推算农村低收入发生率约为23%—25%之间。

e. 按照中位收入55%的标准，“农村一条线”方案15省份农村贫困人口约为1亿人，“分省农村线”方案下15省份农村贫困人口约为9000万人，前者是后者的1.1倍。两类标准下推算农村低收入发生率约为27%—29%之间。

由此可见，“农村一条线”方案所覆盖的农村低收入人口规模要略高于“分省农村线”方案的覆盖规模，但二者差距被控制在1.1倍，即10%的变动区间范围（特例标准下不超过20%）。依次可大致推算出35%—55%居民中位数标准下，“全国一条线”标准下全国农村低收入人口规模分别约为7200万人、9500万人、1.1亿人、1.4亿人和1.6亿人；“分省农村线”下全国低收入人口规模分别约为6200万人、8000万人、1亿人、1.2亿人和1.5亿人。整体上，区间内低收入发生率在12%—29%之间。

其次，看城镇低收入人口规模比较（15省份，而非全国，因为全国无法做分省推算）：

a. 按照中位收入35%的标准，“城镇一条线”方案15省份城镇贫困人口约为5500万人，“分省城镇线”方案下15省份城镇贫困人口约为5000万人，前者是后者的1.1倍。两类标准下推算城镇低收入发生率约在9%—10%之间。

b. 按照中位收入40%的标准，“城镇一条线”方案15省份城镇贫困人口约为7300万人，“分省城镇线”方案下15省份城镇贫困人口约为7000万人，前者是后者的1.1倍。两类标准下推算城镇低收入发生率约在13%—14%之间。

c. 按照中位收入45%的标准，“城镇一条线”方案15省份城镇贫困人口约为9600万人，“分省城镇线”方案下15省城份镇贫困人口约为9100万人，前者是后者的1.1倍。两类标准下推算城镇低收入发生率约在17%—18%之间。

d. 按照中位收入50%的标准，“城镇一条线”方案15省份城镇贫困人口约为1.2亿人，“分省城镇线”方案下15省份城镇贫困人口约为1.1亿人，前者是后者的1.1倍。两类标准下推算城镇低收入发生率约在22%—23%之间。

e. 按照中位收入55%的标准，“城镇一条线”方案15省份城镇贫困人口约为1.5亿人，“分省城镇线”方案下15省份城镇贫困人口约为1.4亿人，前者是后者的1.1倍。两类标准下推算城镇低收入发生率约在27%—28%之间。

以此推断，“城镇一条线”方案所覆盖的城镇低收入人口规模要略高于“分省城镇线”方案的覆盖规模，二者差距被控制在1.1倍（即10%的变动区间范围）。推算出35%—55%居民中位数标准下，“全国一条线”标准下全国城镇低收入人口规模分别约为8600万人、1.2亿人、1.5亿人、1.9亿人和2.4亿人；“分省城镇线”下全国城镇低收入人口规模分别约为7800万人、1亿人、1.4亿、1.8亿人和2.1亿人。整体上，区间内低收入发生率在9%—28%之间。

表5-8　基于低收入发生率的15省“农村一条线”“城镇一条线”“各省农村线”和“各省城镇线”比较结果

	中位数 35%		中位数 40%		中位数 45%		中位数 50%		中位数 55%	
	农村									
	“农村一条线”	“分省农村线”	“农村一条线”	“分省农村线”	“农村一条线”	“分省农村线”	“农村一条线”	“分省农村线”	“农村一条线”	“分省农村线”
北京	2.1%	5.8%	2.1%	9.8%	3.1%	12.3%	3.3%	15.6%	3.3%	19.0%
山西	14.5%	12.2%	19.9%	14.1%	24.8%	19.1%	31.6%	23.2%	35.0%	28.3%
辽宁	14.3%	13.8%	20.2%	18.8%	24.0%	23.1%	26.9%	25.5%	32.6%	28.9%
江苏	3.3%	10.4%	5.4%	12.8%	7.5%	16.9%	9.8%	22.7%	12.0%	27.2%
安徽	13.6%	11.9%	18.1%	16.9%	21.0%	20.6%	27.1%	24.0%	32.6%	30.2%
山东	13.5%	14.7%	15.7%	16.4%	16.9%	20.4%	20.7%	23.2%	24.1%	26.8%
河南	10.2%	8.0%	13.8%	11.7%	17.6%	15.6%	22.3%	18.2%	27.5%	22.8%
湖北	10.7%	10.1%	15.2%	14.3%	18.6%	17.4%	23.4%	22.0%	28.3%	27.3%
湖南	14.9%	13.7%	18.2%	16.3%	21.9%	20.4%	26.2%	24.3%	30.8%	27.5%
广东	7.5%	10.3%	10.3%	13.0%	12.3%	17.0%	16.6%	21.2%	19.0%	24.3%
重庆	8.4%	5.7%	11.7%	10.2%	16.0%	12.9%	20.8%	16.0%	25.1%	21.0%
四川	20.1%	15.6%	26.5%	18.9%	30.6%	24.3%	34.2%	28.3%	37.5%	31.7%
云南	13.5%	7.2%	18.9%	10.3%	24.5%	13.5%	30.9%	16.9%	39.5%	22.1%
甘肃	32.6%	10.8%	41.5%	14.4%	48.7%	17.2%	56.7%	22.0%	60.9%	27.5%
内蒙古	16.5%	18.5%	20.2%	20.7%	25.9%	27.8%	30.7%	32.7%	36.8%	39.3%
	城镇									
	“城镇一条线”	“分省城镇线”	“城镇一条线”	“分省城镇线”	“城镇一条线”	“分省城镇线”	“城镇一条线”	“分省城镇线”	“城镇一条线”	“分省城镇线”
北京	1.5%	6.1%	1.8%	8.9%	2.3%	13.8%	3.4%	16.7%	4.9%	20.3%
山西	19.7%	10.5%	24.0%	14.7%	31.3%	19.5%	36.4%	22.9%	41.4%	28.3%
辽宁	10.3%	7.7%	14.6%	10.5%	18.7%	14.6%	22.2%	18.3%	28.0%	21.3%

续表

江苏	7.4%	10.6%	9.9%	15.8%	13.9%	21.0%	18.8%	24.9%	22.4%	29.6%
安徽	10.5%	9.5%	15.1%	13.0%	20.4%	18.1%	25.0%	21.8%	30.9%	26.5%
山东	10.6%	8.6%	15.2%	12.5%	20.2%	17.3%	25.5%	23.0%	31.8%	27.6%
河南	15.6%	8.8%	20.8%	12.5%	27.2%	16.2%	34.5%	20.8%	40.9%	25.6%
湖北	11.5%	9.5%	15.8%	12.6%	21.6%	17.2%	27.4%	22.3%	32.1%	27.9%
湖南	10.8%	10.2%	15.3%	13.8%	18.8%	18.3%	23.4%	21.3%	28.4%	26.6%
广东	5.3%	8.4%	7.7%	13.1%	11.0%	18.2%	15.3%	23.4%	19.5%	27.4%
重庆	6.0%	3.9%	8.9%	7.8%	12.5%	10.2%	16.6%	13.5%	23.5%	17.7%
四川	9.0%	7.8%	12.4%	10.3%	15.9%	12.7%	21.1%	17.6%	27.1%	21.4%
云南	19.3%	17.8%	21.8%	20.5%	25.2%	22.8%	29.9%	26.5%	34.5%	30.9%
甘肃	24.6%	18.4%	28.0%	20.9%	31.2%	24.8%	34.3%	27.6%	40.8%	30.1%
内蒙古	12.4%	12.4%	15.7%	15.8%	18.7%	18.8%	23.2%	23.5%	27.6%	27.9%

资料来源：CHIP2018，作者计算整理。

综上所述，在35%—55%的低收入区间内，推算出2020年前后农村低收入人口规模约在6000万人—1.6亿人，低收入发生率在12%—29%的大跨度区间。城镇推算结果类似，可以大致推算2020年前后城镇低收入人口规模约在7800万人—2.4亿人，低收入发生率在9%—29%的大跨度区间。由此我们便将低收入标准中位数的取值范围进一步缩小到了（城镇/农村）居民中位收入的35%—55%之间。但这依旧是较大的取值范围，需要进一步缩小低收入标准的设定范围。

七、小结：低收入标准的设置建议

（一）低收入标准确定的可行性依据

从前文“全国一条线”标准得到的低收入线与“城镇一条线”“农村一条线”标准得到的低收入线的绝对值比较来看，城、乡之间由于生活水平和发展程度的差异，所呈现出的贫困度量标准有显著差别，但“全国一条线”弱化了城乡差距。更重要的是，如果思考“城乡一条线”背后的含义，在城乡差距仍然较高的情境下，“一条线”的标准存在对城镇居民过低、对农村居民过高的问题。对这个问题的较好的类比是我国的分城乡的最低生活保障的设置。

之所以分城乡、分省份来设置最低生活保障标准，就是考虑到了不同地区居民间的生活成本差异、地方财政能力，以及区域经济发展本身的差别信息。若采用全国统一的低收入线，则会导致农村地区贫困线偏高、而城镇地区贫困线偏低的现象。故此，我们认为在短期城乡差别仍然较高的阶段内，“全国一条线”的实施并不具有现实性，也不是贯彻“城乡统筹”的有效手段。当然，也需要指出，尽管短期内“城乡一条线”的实行为时过早，但城乡统筹的战略思想是具有重要意义的。

未来阶段的一个思考方向是，承认并接受城乡居民贫困规模的巨大差异，在战略上分城乡实行不同的扶贫战略，例如，在财政力量允许的条件下，考虑设置城乡有差异的低保线，达到兜底覆盖群体的不同；相对的，在扶贫举措上，因不同的致贫原因而设想不同的扶贫战略。此外，根据本章第五节的分析，结合最低生活保障标准的N倍测算方式，我们总结出以“城乡统筹”标准+地方低保标准来考虑发达省份低收入标准的制定具有可行性；以“城乡差异”标准+地方低保标准考虑其余省份的低收入标准的制定具备可行性。

（二）低收入标准的设置建议

结合前一章节，本部分提供初轮缩小低收入标准的设定范围的分析依据。在前述960种低收入标准设置方案下，缩小范围的目标是首先缩小低收入标准以及低收入的测算主体范围，即框定如下范围：

第一，选取居民人均可支配收入的均值还是中位数？我们建议采用中位收入。其理由在于中位数较均值而言排除了极值的干预效应，能够更准确地作为大众收入水平的反映指标。而对应到我国，由于我国高收入群体的极值收入存在拉高均值的效应，因此均值下的测算结果要高于中位数。从这个角度上看以中位数作为低收入设置的参照指标更能够反映多数群体的生活水平及其对应的低收入水平。

第二，低收入的测算主体是全国还是需要细分城乡？我们建议分城、乡分别作为低收入程度测算的独立主体。理由包括：其一，低收入线的设置值分布的趋势为：城镇低收入线高于全国低收入线，全国低收入线又高于农村低收入线。同时，我们对比同一个省份内部不同低收入标准，城乡差距也不容忽视。例如，对甘肃省分别测算“农村各省线”、“甘肃省线”和“城镇各省线”，其对应数值分别为3451元、5267元和12291元，三者之比为1:1.5:3.6。这意味着短期内“城乡统筹”低收入标准的时机尚未成熟。其二,一个明显趋势是发达省份的省份内低收入线高于欠发达省内的低收入线，这是由省际之间居民收入水平差异所决定的。综合上述两类情况，分城、乡确定低收入标准是更为可行的方式。

第三，是否需要再细分省份内部分城、乡的低收入线？我们认为这种做法短期内不是必需的手段。理由在于：其一，分省份分城、乡的低收入测算和统计容易造成过于繁复的标准框定以及全国意义上的贫困程度不可比。其二，上海、北京、广东、江苏、浙江等发达地区的低保标准位居全国顶端位置并实现了城乡统筹目标，其余省份则均仍然实行低保分城、乡划分不同标准的做法。基于上述分析，课题组建议以居民人均可支配收入的中位数，分别在农村和城镇设置分城、乡的“农村低收入指导线”和“城镇低收入指导线”。

在进一步缩小低收入标准设置范围的建议方面，我们发现35%—55%标准之间低收入发生率的差距的绝对值高达15%以上，故需要低收入标准范围做进一步缩小。首先，我们提出2021年后低收入标准设定不能与绝对贫困完全脱钩，并要结合低保标准。我们发现30%、40%、50%和60%中位收入下对应农村低收入线与绝对贫困线之比分别为1.2、1.6、2.0和2.4倍；城镇低收入线与城镇低保线之比分别为1.1、1.4、1.8和2.2倍；而农村低收入线与农村低保线之比为0.8、1.0、1.3和1.5倍。考虑到当前我国正处于从消除农村绝对贫困向建立解决低收入长效机制的过渡阶段，未来的一段时期内，低收入线与绝对线之间的差距不宜过大，因此绝对线1.5—2倍之间的过渡变动可能是更为稳健的，对应低收入线可以初步确定在35%—50%中位收入区间。其次，以“最低生活保障N倍”法判断，也显示中位收入35%—40%较为合适。理由在于，以“全国农村/城镇最低生活保障N倍”（N取值1.2—1.8）取值法，低收入标准取值范围对应下来大约是“农村一条线”下居民收入中位数的40%—65%、“城镇一条线”下居民收入中位数的25%—40%。折中分析，本书建议低收入标准的设置区间范围可细化到35%—40%居民中位收入之间。以“农村一条线”下居民中位收入的35%—40%为低收入标准，对应农村贫困发生率在12%—17%之间，低收入规模在6200万人到9500万人之间；以“城镇一条线”下居民中位收入的35%—40%为低收入标准，对应城镇贫困发生率在9%—14%之间，低收入规模在7800万人到1.2亿人之间。

此外，在低收入标准设置方面，有两种可行方案。方案一是首先基于某个年份（例如2021年）以某个低收入标准设置低收入线，然后在未来一段时期内保持该标准不变，仅按照物价指数对低收入标准进行调整；方案二是按照既定的低收入标准，每年逐一计算当年固定标准下的低收入发生率和低收入规模等贫困指数，例如始终以每个年度的居民中位收入的35%设定低收入线，或始终关注每个年度收入最低10%的人群，将其视为低收入人口。关于低收入标准的使用，有的学者提出质疑：如果我国的收入分配状况不能得到有效改善，那么贫困人口将不会减少，无论经济增长速度有多快、扶贫开发力度有多大，只要存在收入差距和低收入阶层，就会存在一定的低收入人口，用低收入标准就很难反映反贫困实践进程的动态性，也就体现不出大规模扶贫工作的成效。因此我们建议引入低收入标准的动态调整机制，以五年为调整期上调低收入标准（以五年为一个调整周期既保证了人们适应和接受低收入线，同时不会因为太长周期而固化观念）。课题组的基本观点是方案二在短期内更适合2021年开端之年低收入标准的设置，从绝对贫困到低收入的过渡期内，可行建议方案是，在2021年低收入标准基础上每隔五年提升一次低收入标准，到2030年前后稳定在居民中位收入的50%，实现更高水平的国际接轨。

第六章　我国低收入标准及其规模的国际比较

本章借鉴包括欧盟、经济合作与发展组织、美国、世界银行等国际典型国家和国际组织的扶贫理念和经验，对我国低收入践行途径做出探索。

一、概述：低收入实践逻辑及典型发达国家贫困标准的设定

我们首先概述发达国家的主要贫困标准的界定方式。

（一）欧盟国家实践

欧盟使用相对概念界定贫困。该定义始于2004年，其核心理念是如果人们所持有的收入和资源无法支撑其维持在社会可接受的生活水平，则其处于贫困状态。欧盟认为那些陷入贫困的个体可能会在很多个维度上同时陷于不利境地，诸如失业、低收入、住房贫乏和医疗保健供给不足，以及遭遇终身学习、文化、体育和娱乐方面的障碍，且陷入贫困的个体往往会在经济、社会和文化等常态活动中遭受排斥和被边缘化，导致贫困个体获得基本权利的机会遭遇限制。2010年6月，欧洲“就业、社会政策、卫生和消费者事务”（EPSCO）部长理事会提出“面临贫困或社会排斥风险”的多维度贫困度量指标体系，该体系融合了相对收入贫困、物质剥夺、极低工作强度三个大维度下的若干指标（详见表6-1）。

表6-1 欧盟“面临贫困或社会排斥风险”低收入指标体系

三大维度	指标释义
1. 面临收入贫困风险	国家等值税后收入中位数的 60%
2. 严重物质剥夺	无法承担以下九项中的至少四项：意外支出；每年放假一周；欠款（房屋抵押或租金、水电费账单、租购分期付款或其他贷款付款）；每隔一天购买肉或鱼烹饪；取暖费；洗衣机；彩色电视机；电话；汽车
3. 极低工作强度率	过去一年累计工作量不足其工作潜力 20% 的家庭劳动力占家庭中 0-59 岁成员的比例

资料来源：EUROSTAT指标解释，https://ec.europa.eu/eurostat/statistics-explained/index.php/Main_Page，作者整理。

（二）美国实践

作为发达国家的美国与欧盟和OECD国家不同，一直采用绝对贫困概念。这里谈美国的三条贫困线。

第一条是官方贫困线，起源于约翰逊政府“向贫困宣战”时期，自1959年首次公布以来已经有长达60多年的历史，也是美国最主要的贫困度量方式。这条线由美国普查局负责制订，在全国48个州统一施行（除了阿拉斯加和夏威夷州），因此又称为联邦贫困水平。该贫困线的官方统计来自经济学家欧珊斯基(Orshansky，1965)提出的收入界定法，通过1961年“经济食品计划”及不同家庭规模及构成的消费模式讨论制定①。后期，美国贫困线随每年的物价指数而调整。表6-2给出了2018年美国官方贫困线的设定。

表6-2 美国官方贫困线：2018年（单位：美元/年）

家庭人数	家庭中未满 18 周岁人口数								
	无	1	2	3	4	5	6	7	8 个及以上
1 人：									
65 周岁以上	13064								

① 1963—1964年，Orshansky测算出获取“适当”食物摄取所需支出，并将这个支出水平乘以三作为贫困线。之所以乘以三，在于当时美国消费者平均投入在食品消费支出上的比例约为三分之一（Dalaker and Naifeh，1998）。

续表

65 周岁以下	12043								
2 人：									
户主年龄在 65 周岁以上	16815	17308							
户主年龄在 65 周岁及以下	15178	17242							
3 人	19642	20212	20231						
4 人	25900	26324	25465	25554					
5 人	31234	31689	30718	29967	29509				
6 人	35925	36068	35324	34612	33553	32925			
7 人	41336	41594	40705	40085	38929	37581	36102		
8 人	46231	46640	45800	45064	44021	42696	41317	40967	
9 人及以上	55613	55883	55140	54516	53491	52082	50807	50491	48546

数据来源：美国普查局，作者整理。

第二条线是贫困指导线，由美国健康与人类事务部发布，主要用于评估公民是否有资格获得联邦安全项目补贴。与贫困临界线相似的是，贫困指导线也使用最低食物必需水平这一标准；区别体现在其一，其测算用税前收入来表示贫困线，其二，贫困指导线适用于全美所有地区。表6-3为2019年美国贫困指导线。

表 6-3 美国贫困指导线：2019 年（单位：美元 / 年）

家庭人数	贫困指导线
1	$12490
2	$16910
3	$21330
4	$25750
5	$30170
6	$34590
7	$39010
8	$43430

说明：若家庭人口多于8人，每额外增加一人贫困指导线提高4420美元。此处的贫困线适用于除阿拉斯加和夏威夷州之外的地区，限于篇幅略去阿拉斯加和夏威夷州贫困指导线。
数据来源：美国健康与人类事务部，作者整理。

第三条贫困线实际上是官方线（第一条线）的延伸，即2010年被美国官方提出的“补充贫困线”（Supplemental Poverty Measure，简称SPM）。与官方贫困线只计算最低食物支出不同，SPM线核算的是家庭对一篮子经济资源的缺乏程度。篮子内容包括食物、住房、服装和日常用品开销，被称为FCSU。SPM线等于FCSU支出加上一个可被允许的小额额外支出。SPM线下的贫困率要略微高于官方贫困率。截止到目前，美国普查局同时公布两条贫困标准，这两条标准的主要差异可以参见表6-4。需要说明的是无论是官方线还是SPM，均不作为政府扶助低收入群体的主要政策支撑，其作用主要用于监测贫困人口数据，为发展中的贫困提供更详尽的图景（美国普查局，2013；Liana Fox，2017）。

表6-4　美国官方线与SPM的比较

	官方线	SPM
测度单位	家庭成员（出生、婚姻或领养）或一些无上述关系的个体	按照资源共享划分（官方家庭成员定义 + 其他无上述关系的同住儿童、寄养儿童，以及未婚伴侣及其亲戚），以及其他无上述关系的个体
贫困线	1963 年确定的贫困线	基于食品、服饰、住房和其他必需品的支出（FCSU）
贫困线调整方式	根据家庭规模、成员构成以及户主的年龄所确定（参见表 6-2）	根据家庭规模、成员构成、地域差异带来的住房成本进行调节
更新贫困线的方式	消费价格指数	根据 FCSU 五年支出水平的平均值调整
测算依据	税前现金毛收入	现金收入之和，外加与 FCSU 相关的非现金收益，减去税、减去工作支出、减去医疗支出、减去支付给其他家庭的儿童抚养费

资料来源：作者结合美国普查局定义整理。

（三）OECD国家实践

OECD国家贫困程度的跨国比较采用50%中位收入标准（参见本章第二部

分），但不同OECD国家设置本国贫困线的方式有所差异。以澳大利亚为例，澳大利亚社会事务委员会（ACOSS）负责制订贫困线及制订相关的乡村发展与乡村振兴政策及其他社会事务，并选用收入比例法衡量澳大利亚的贫困状况。澳大利亚设置了两条贫困线，将家庭同等可支配收入中位数的50%作为低贫困线，60%作为高贫困线，并度量处于贫困线以下的人口占比以及处于贫困线以下人口的收入与贫困线的距离（即贫困缺口）两项指标。由于房屋支出是澳大利亚大部分低收入家庭的主要固定支出，为了比较不同家庭的收入状况，ACOSS还通过在上述两条贫困线中扣除房屋支出的方式得到两条补充贫困线。这四条贫困线就构成了澳大利亚的贫困线体系（参见表6-5）。

表6-5　2015/16年澳大利亚不同家庭类型的贫困线(单位：澳元/周)

家庭类型	中位数 50% 贫困线	中位数 60% 贫困线	中位数 50% 贫困线（扣除房屋成本）	中位数 60% 贫困线（扣除房屋成本）
单身家庭	$432.73	$519.28	$353.29	$423.94
仅夫妻二人家庭	$649.10	$778.92	$529.93	$635.91
单身父母加两个孩子家庭	$692.37	$830.85	$565.26	$678.31
夫妻加两个孩子家庭	$908.74	$1,090.48	$741.90	$890.28

说明：表中的收入为包含社会转移支付之后的税后收入，数据来源于Bradbury et al.(2018)，作者整理。

（四）世界银行实践

世界银行对于全球的贫困问题进行了大量研究，并根据研究设定了几条根据各国经济发展水平逐渐变化的世界贫困标准。目前世界银行采用并计算全球贫困问题的贫困标准主要有3条，分别是根据15个最穷国家平均标准计算的每人每天1.9美元的极端贫困标准，这一标准通常被称为国际贫困标准；根据中低收入国家平均标准计算的每人每天3.2美元的中等偏低收入贫困标准；根据中高收入国家平均标准计算的每人每天 5.5 美元的中等偏高收入贫困线。世界银行还统计了高收入国家的贫困标准为每人每天21.7美元。

二、发达国家低收入的设置特点

前一部分简要介绍了发达国家主要贫困界定方式和实施历程。本部分就发达国家制定贫困标准细节做归纳整理，核心比较结果可参见表6-6。

（一）概念：绝对视角、相对视角、多维视角

发展水平结合对贫困内涵的认知决定了国家或地区的识别贫困方式。归纳来看现在主流的贫困识别方式包括：绝对贫困、低收入和多维贫困。其中，绝对贫困一般是指根据某种主客观判定原则，将贫困内涵转换成等值收入或者消费，并以此作为绝对贫困线；低收入线是以社会收入集中趋势的一定比例作为低收入线的构造方法，这种集中趋势一般可用均值或中位数来表示，在实践中，这个比例一般在40%—60%之间；多维贫困与“基本需求”内涵相对应，但理论来源于阿玛蒂亚·森的可行能力理论。

这三种概念相互关联：低收入是很多发达国家的贫困测度依据，但发达国家也经历过不发达的时期，而在欠发达时期其主要使用的是绝对贫困线（如英国）；绝对贫困线的制定的实践途径来源于主观判定法，即贫困线的制定建立在“基本需求法”（如早期英国）或“食物比率法”（如美国）基础上；“基本需求”实际上是多维度的，并且伴随经济发展程度的变化而变动，甚至在一些国家中，单纯依照“基本需求篮子”折合的等值收入或消费无法满足贫困的充分识别[①]，因此以多维视角识别贫困也非常重要（如欧盟）。正如欧洲议会提出收入贫困对欧盟来讲并非恰当的贫困度量方式（Lecerf, 2016），在欧洲低收入不局限在收入维度，而是更广义的被定义为包括收入贫困、物质剥夺，以及极

① 例如在公共设施和社会保障体系不健全的贫困地区，部分仅仅在收入或消费上达标，却依旧无法获取基本发展能力的人也应该被视为贫困群体，单一维度的收入或消费指标很显然会遗漏上述群体；再如欧盟等发达国家认为在较高发展阶段下，关注收入以外的人们拥有资源或享有权利是否落后于社会平均发展水平也是度量贫困的重要层面。

低工作强度三个大维度。

（二）低收入线取值：40%、50%还是60%

最早提出低收入取值标准的是斯坦福大学教授福赫斯（Fuchs，1967），旨在为美国提供更适合的官方贫困线。尽管这条低收入标准并没有在美国得到应用，但却成为后期OECD、欧盟等国家的低收入线设置参照。现阶段，欧盟采用的是60%中位收入标准，OECD国家采用50%中位收入标准，而美国现行官方贫困线约等于其中位收入的40%。当然，不同国家的低收入标准设定没有严格的理论或政策实践依据，更多是一种“传统”。在设定中国未来低收入标准过程中，一方面要参考发达国家经验，更重要的是在理解低收入内涵和意义的基础上综合考虑我国国情设置具有长期意义的合宜低收入线。

（三）低收入的跨期追踪：定值还是变值?

低收入是一个与收入分布紧密相关的概念，其取值各年份居民中位收入的一定比例作为低收入线，进而测算对应低于低收入线的人口规模。从概念上，由于各个年份的收入分布必然具有变化，对应社会上处于低收入地位的人群规模和比例也会发生变化。因此，以年度形式计算和更新年度低收入（即变值估计）具有基于年度收入分布的低收入监测意义。但这种方式的跨期可比性丧失“绝对可比”意味。为弥补这个缺陷，OECD和欧盟国家同期公布定值低收入估计结果。例如，OECD国家以2005年为基期固定当年度低收入线，将其作为绝对值并利用通胀指数逐年调节，形成跨期可比的低收入结果。上述方式也可以为我国加以借鉴。

（四）对贫困程度区域可比的考虑

从国际经验上看，分区域设定贫困线是较为普遍的做法。以欧盟为例，其参考两种低收入设定形式来判定欧盟内低收入人口规模和对象：一类是欧盟各国标准，即每个欧盟成员国以其国民收入中位数的60%划线所得到的低收入；另一类是欧盟整体标准，即将全部欧盟成员国汇总，并以全部成员国居民收入排序，得到收入中位数的60%作为低收入线。后者意味着那些收入水平较低的国家的多数国民都将被视为低收入人口，所产生的问题就是这些低收入人口中的大多数可能并不属于国内标准界定的低收入范畴。基于此，欧盟国家实际评估主要基于各国标准而非欧盟统一标准。再以美国为例，其2010年以来所补充设定的SPM贫困线较原有官方线的一大改进便是SPM综合考虑了美国各州的区域差异（但美国官方线则是全国一条线），因而更具有针对性。

（五）主要公布指标

多数国家主要公布贫困发生率和对应贫困人口规模；OECD国家还公布贫困距，即贫困人口的平均可支配收入距离贫困线的差距。美国普查局还公布1）贫困线以上人口，即家庭收入超过贫困临界线的人口数量；2）接近贫困人口，即家庭收入超过贫困临界线但低于120%临界线水平的人口数量；3）贫困人口，即家庭收入处于贫困临界线上或低于贫困临界线的人口数量；4）严重或深度贫困人口，即家庭收入低于贫困临界线50%水平的人口数量。此外，发达国家会根据居民的人口结构性特征（如性别、年龄、种族、家庭结构、教育程度等信息）公布对应人群的贫困情况。

表6-6 典型国家和国际组织贫困标准设定方式与我国的比较

	欧盟(EU-28)	经济合作与发展组织(OECD)	美国	我国农村
贫困识别方式	低收入＋多维剥夺	低收入	绝对贫困	绝对线＋“三保障”
参照系	等值收入	等值可支配收入	以支出作为设定标准；以收入作为识别门槛	统计局：人均消费；扶贫办：人均纯收入

续表

贫困线取值	等值收入中位数的 60%	等值可支配收入中位数的 50%	家庭规模 - 未满 18 岁儿童规模，不等值界定绝对贫困线[①]	2300 元（2010 年不变价）
是否区域可比	欧盟不同国家之间可比	OECD 各国之间可比	SPM 具有州际可比性；官方线为全国统一标准	全国农村统一线，但有条件的省份可以制定更高的标准
是否人群特征可比	统一标准，不按家庭或群体特征单独设线	统一标准，不按家庭或群体特征单独设线；但加拿大等国也考虑家庭规模	根据家庭规模和儿童数量差异性特征设定不同的标准	统一标准，不按家庭或群体特征单独设线

资料来源：作者结合各国经验整理。

三、我国低收入程度的国际比较

（一）应用发达国家贫困标准计算我国低收入群体规模

利用国家统计局2018年住户调查的子样本，我们分别按照“全国一条线”“农村一条线”“城镇一条线”，分省份线测算了低收入结果。低收入的具体测算方式如下：

“全国一条线”：将农村和城镇住户作为一个整体，求其中位收入；并基于全国居民中位收入的40%、50%和60%作为对应低收入线。

“农村一条线”：单独考虑农村常住户，求其中位收入；并基于农村常住居民中位收入的40%、50%和60%作为对应低收入线。

“城镇一条线”：单独考虑城镇常住户，求其中位收入；并基于城镇常住居民中位收入的40%、50%和60%作为对应低收入线。

基于上述三条线，可以测算出如下结果（参见表6-7）。

① 每年贫困线根据CPI-U（城市消费者的消费物价指数）调节。

表6-7 三类低收入线及其使用区域

贫困线	可计算结果		
	全国住户（及分省份）低收入程度	农村常住户（及分省份）低收入程度	城镇常住户（及分省份）低收入程度
全国一条线	√	√	√
农村一条线		√	
城镇一条线			√

资料来源：作者整理。

基于上述贫困线设定方式，可以测算对应的三条低收入线（参见表6-8）。比较来看城镇单独设线要高于全国线，全国线要高于农村线，这一趋势比较符合当前城乡居民收入差距较大的基本事实。从国际比较上看，如果参照PPP①折算下的美国2019年指导线，则按40%—60%标准折算出我国全国低收入线介于美国指导线的16%—59%之间；城镇低收入线介于美国指导线的23%—80%之间；农村低收入线介于10%—33%之间。由此可见我国与发达国家之间的差距依旧存在。

表6-8 我国2018年低收入线

低收入线	中位可支配收入的 40%	中位可支配收入的 50%	中位可支配收入的 60%
全国一条线	8216	10270	12324
农村一条线	4872	6090	7308
城镇一条线	11858	14822	17787

资料来源：作者根据2018年中国住户调查子样本计算整理。

其次，结合表6-7和表6-8可以测算出利用不同低收入标准所统计出的五种绝对贫困人口规模和对应的低收入发生率，具体参见表6-9。从低收入结果来看，如果按照“全国一条线”来设定低收入线，40%—60%中位数低收入标准下全国贫困发生率在20%—35%之间。但这条标准的确定方式存在明显缺陷，即全

① 购买力平价法。

国线对于农村而言偏高，而对于城镇而言偏低，因此可以看到在“全国一条线”下农村贫困发生率在44%到69%之间，城镇贫困发生率在7.2%到18%之间——即从贫困的城乡分布上看八成以上的贫困人口分布在农村。因此，“全国一条线”标准下的测算结果对于未来阶段“城乡统筹”扶贫工作的指导意义不强。

如果分城、乡分别设置低收入线，40%—60%中位数低收入标准下测算出我国城镇贫困发生率在14%—33%之间，农村贫困发生率在17%—33%之间。基于上述结果就可以结合欧盟、OECD国家以及美国的公开贫困资料做国际比较。

表6-9　我国2018年低收入人口规模及低收入发生率

贫困标准	区域	中位可支配收入的 40%		中位可支配收入的 50%		中位可支配收入的 60%	
		发生率（%）	贫困规模（万人）	发生率（%）	贫困规模（万人）	发生率（%）	贫困规模（万人）
全国一条线	全国	20.1	28047	27.9	38931	35.2	49117
	农村	44.3	24986	58.5	32995	69.2	39030
	城镇	7.2	5986	12.1	10060	18.3	15214
农村一条线	农村	16.8	9575	24.7	13931	33.1	18669
城镇一条线	城镇	14.0	11639	23.2	19288	33.1	27518

资料来源：作者根据2018年中国住户调查子样本计算整理。

（二）我国低收入群体规模与发达国家的比较

参照经济合作与发展组织（OECD）标准，按照“全国一条线”计算出的我国城镇地区低收入发生率（对应50%低收入线）与OECD的整体水平接近。但由于这条线对我国而言并不是合宜的低收入设置方式，因此我们并不重点分析这条线的国际比较结果。重点分析以城镇为整体测算的中国城镇（城镇线）低收入发生率以及以农村为整体测算的中国农村（农村线）低收入发生率。结果显示以50%度量的低收入发生率（无论城乡）均要高于所有OECD成员国家。具体来看，中国城镇的低收入发生率高出以色列25个百分点、高出美国33个百分点；中国农村低收入发生率高出以色列33个百分点、高出美国41个百分点。同时，中国城、乡贫困发生率要高出OECD整体低收入水平的一倍。

图6-1和图6-2分别给出了60%中位数和40%中位数作为低收入线的欧盟28国低收入发生率及其排序。结果显示，与OECD国家类似，即便参照欧盟标准，除按照“全国一条线”计算出的我国城镇地区低收入发生率，我国分城、乡低收入发生率仍然分别居于发达国家低收入排序的最高位置。结果显示以60%度量的低收入发生率（无论城乡）均要高于所有欧盟成员国家。具体来看，中国城镇和农村的低收入发生率均要高出同样是中高收入国家的罗马尼亚和保加利亚约40个百分点；同时我国城、乡60%中位收入水平下的低收入程度几乎高出欧盟28国平均水平的一倍（95个百分点）。

再看40%标准下的结果，中国城镇和农村的低收入发生率高出同样是中高收入国家的罗马尼亚16个百分点，高出保加利亚约32个百分点。以此趋势来看，低收入的设置标准越低，我国与发达国家的比较结果差距就越小。出现这样的结果可能一方面在于我国收入差距程度更高，处于中低收入区间的人群数量和比例更高；相较而言发达国家经过再分配调节在缩小了收入差别的同时令更多居民收入居于中高收入阶层。

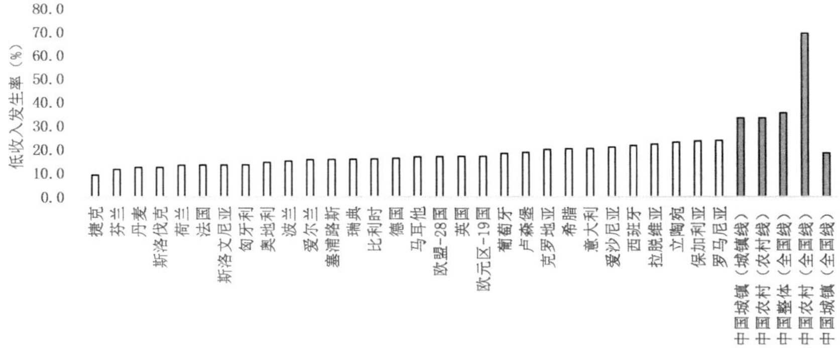

图6-1　中国低收入（60%中位收入）在欧盟国家的排序

注：为欧盟28国2017年数据，作者整理。

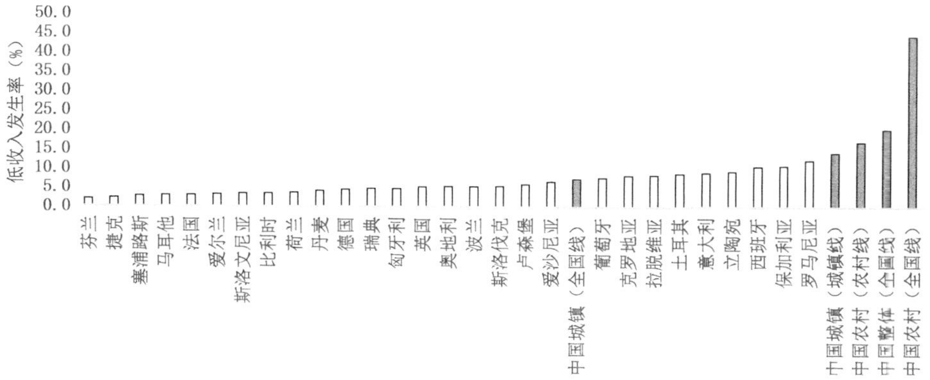

图6-2　中国低收入（40%中位收入）在欧盟国家的排序

注：为欧盟28国2017年数据，作者整理。

整体上，上述国际比较显示出我国分城、乡低收入程度很高，而这源于我国城镇内部、农村内部分化程度较高的现实。当然，一些统计口径差异，令上述国际比较并不具有真正意义上的可比性，更重要的是我们提出要正视我国低收入程度偏高的国际比较结果。理由在于：其一，很多发达国家亦经历过较高的低收入发生率。以英国为例，英国于1950年废除“购物篮子”方法，转而采用60%中位收入的低收入线。数据显示，1989—1999年英国低收入发生率高达24%，并在相当长一段时期内在20%—23%之间浮动；美国上世纪80年代中后期60%标准下的全国贫困发生率也达到24%。直到进入新世纪，更健全的福利体系以及更有效的再分配政策，才令其低收入程度有所下降。故此要对我国当前较高的低收入发生率有阶段性认知。其二，发达国家度量低收入，往往与完善的社会保障机制相配合。从实行低收入的发达国家经验上看，初次分配结果下的低收入仅用于监测，更重要的在于再分配后的收入差距格局和对应的贫困状况，即“补助救济后的低收入状态”。对我国的借鉴价值在于，初次分配的合理分化是市场经济的必然结果，不足为惧；建立健全社会安全网和福利体系机制，缓解和降低再分配后的低收入程度则更为重要。

四、发达国家应用相对贫困线所面临的问题和挑战

（一）发达国家应用相对贫困标准面临的主要问题

尽管相对贫困线有可操作性强、计算简单、节省评估成本（已知国民收入便可得到低收入线）等优点，体现特定发展时期社会对公平正义的追求；但使用低收入线也存在局限。基于发达国家经验，此处总结需要我国在使用低收入线过程中值得警惕和引起重视的问题。

其一，低收入的内核并不尽然是贫困的本质，而是不平等领域的子课题，或者说是由于非均衡发展所带来的相对剥夺、低收入问题。而且低收入依赖收入分布的中位数值结果，经济正常发展下不会出现问题，而一旦发展遭遇危机，便会产生低收入度量误差。第一类被称为“虚假繁荣下的被贫困”，Celtic Tiger 时期的爱尔兰便是真实例子。该时期爱尔兰由于大规模境外直接投资而出现经济飞速增长，尽管同期中低和低收入居民收入水平并没有实质改善，但受到高收入群体在泡沫经济时期收入虚假增长的影响，人均可支配收入中位数水平提升，低收入线上移，很多非贫困群体被识别为贫困，这种“被贫困”对应增加了扶贫救助体系的财政负担。第二类被称为“萎靡经济下的被脱贫”，这种情况往往发生于经济倒退期。例如，2008年国际金融危机之后，欧洲许多国家遭受重创，经济在一段时期内难以复苏，甚至出现负增长。此时，中位（或平均）收入水平下降，低收入标准伴随下降。由此产生的后果是，很多原本被识别为贫困的人口被剔除出去，无法享受相应的扶贫救助待遇，产生贫困人群的“被脱贫”问题。

其二，应当明确设置低收入标准的主要意义在于监测贫困，而不应将其简单等同于实施帮扶措施的基础。事实上，即便对于已广泛采用低收入标准的欧盟各国来说，低收入标准与现有多数的社会福利和保障政策的关联也并不紧

密，存在一定程度上的“脱钩”现象。在确定上述政策的对象时，会更多地参考绝对收入水平、年龄、就业状态、婚姻和子女数量等因素，旨在识别那些因难以维持生计的家庭和个人。以上欧洲经验表明，在充分发挥低收入标准监测功能的前提下，仍不应完全放弃绝对贫困标准，而需要根据物价上涨、消费结构变化等因素适时调整，以便对低收入人口中因疾病、失业、自然灾害等原因而陷入暂时性贫困，无法维持基本生计水平的群众予以重点扶持。

（二）发达国家缓解相对贫困过程中面临的主要挑战

可以说，发达国家在应对低收入中也正面临新挑战。

其一，“工作贫困”问题。工作贫困是指一类有工作未必能脱贫、就业质量低使人们随时有落入贫困风险的新型贫困问题。现阶段主要出现在城镇地区并且主要被欧盟国家所关注。包括德国、英国、法国等国家均有较高的工作贫困发生率。

其二，后现代农业发展背景下的农户贫困。例如，德国正经历后现代农业发展中的新型贫困问题。理由在于现代农业发展造成了多数农民无法适应迅速变化的农业技术与市场，特别是由于缺乏必要的资源与资本，单个农民在应对农业市场化的过程中处于明显的弱势地位。

其三，欧洲国家的无家可归现象不再仅仅是中年人在长期社会矛盾下的反映，也愈发成为影响年轻人和移民的重要问题。

其四，儿童贫困问题凸显。上述家庭或者特殊个体的贫困问题将从长期影响个体发展能力、受教育程度、工作能力和人力资本，并对家庭中的年轻一代产生贫困的传递效应，长远来看将造成国家整体发展水平的下降。

五、小结和政策启示

（一）小结：国际经验与我国当前阶段贫困标准设置方式的比较

首先，由于经济社会发展阶段的不同，我国基于国情发展下对贫困概念的理解与发达国家有不同和相同之处。从我国现阶段实践来看，上世纪90年代末我国在绝对贫困测算方法上实现了首轮国际接轨。本世纪初期和本世纪第一个十年，我国分别实现了农村贫困线与世界银行“1天1美元”和“1天1.9美元”的国际接轨。紧接着2011年《中国农村扶贫开发纲要（2011-2020年）》“两不愁三保障”任务目标以及“十八大”“精准扶贫”时代下“五个一批”政策方法的提出践行了“多维贫困”理念。尽管考虑维度不同，但我国2011年以来的收入+“两不愁三保障”扶贫方略与欧洲的多维理念类似。未来阶段，综合考虑低收入与多维贫困的结合也是一种有益的探索方向。

第二，近期，十九届四中全会提出“建立解决低收入的长效机制”，这之于中国扶贫标准国际化具有重大意义，因为其标志着我国将全面实现扶贫度量标准的国际接轨，形成国际可比的系列贫困度量指标。但究竟选取什么样的低收入标准取值，仍然需要结合我国国情并有待经验数据下的讨论来分析。

第三，贫困的跨期追踪方式上，前述提到的OECD国家的定值跨期可比的低收入线设定方式也可以在我国加以借鉴。

第四，是否需要分区域设置贫困线的问题，不同国家有不同的应用。国际经验对我国的启示在于在我国城乡差异、区域差距巨大的现实背景下，要理清“全国一条线”、分城乡、分区域等方式设定低收入的区别和意义。

第五，尽管等值规模概念尚未在我国得到应用，但在此方面的有益讨论非常必要。需要指出并没有特别适用于某个国家的通用型等值规模，发达国家的经验值得借鉴，但具体方案不能照搬。例如发达国家之所以将儿童的权重赋值更低，理由在于儿童在多数福利制度发达的国家中得到了充分保障，因此这些国家的儿童消费所需相对较低，故等值规模赋值低；但对我国而言，我国儿童消费在很多情况下要高于成人，因此符合中国国情的等值规模要专门开展课题研究。

最后，我国官方拥有详实的贫困数据库，统计信息充分完善，但相比发达国家统计部门所公布的数据信息，我国对数据的探索和挖掘有待加强。国际经验还显示，要更好地研究收入分配和贫困问题，建立起标准化且具有代表性的调查体系非常重要。我国拥有比较成熟的数据库，包括国家统计局的住户调查、贫困监测调查，扶贫办也专门建立了建档立卡贫困户的数据库，但统计部门和扶贫部门对贫困的定义和界定方式并不完全一致。对我国即将开展的贫困人口普查，我们的一个建议是可参照发达国家（如OECD参照堪培拉手册制定标准化调查）做法，制定标准化调查体系更有利于绘制贫困人口全貌的数据体系。

（二）经验启示

从经验借鉴方面，首先，要警示低收入线自身难题——其跨期低收入变动结果明晰性欠佳，这是因为低收入由中位数乘以一定比例确定，而跨年度中位数变化同时受到收入分布和收入增长的影响，从而令低收入变动的最终结果并不直观。对此，学者所提出的应对方案包括设置绝对—低收入的混合贫困线①或设置固定低收入线。固定低收入线是较为成熟的做法，实践起来也更简单，在OECD以及欧盟国家都有广泛应用。对应到我国，由于用低收入标准很难反映反贫困实践进程的动态性，也就体现不出大规模扶贫工作的成效。但如果未来继续使用绝对贫困线，需要上调贫困线并且会面对两种上调方式：一是大幅度上调；二是小幅度上调，频繁调。第一种上调方式显然是不现实的，因为上调后贫困人口规模会大幅度增加，也会给扶贫工作带来很大压力，特别是加大

① 混合贫困线理念是设置一条介于绝对到低收入的过渡贫困线，混合贫困线的研究始于上世纪九十年代（Citro and Michael,1995；Foster,1998），近期得到更广泛的讨论（Ravallion and Chen, 2011；Decerf et al.,2017）。

财政负担；而第二种上调方式会带来不同时期贫困状况变化不具有可比性，从而对扶贫效果难以做出评价。因此我们建议引入低收入标准的动态调整机制，调整方式为：五年之内低收入标准不变，贫困线绝对值仅随物价和农村居民收入分配格局变动。调整期之前，首先对贫困状况和国家扶助能力进行评估，决定在2025—2030年期间是否调整贫困线。依此类推，直至2030年将贫困标准固定在居民中位收入的某一个水平，实现国际接轨。

第二，考虑到目前中国经济仍具有二元经济特征，以及城乡收入差距较大的基本事实，我们提出分城、乡设置低收入线的思路。在具体操作层面需要对其可能产生的问题加以注意：首先，城、乡两条线将对监测和扶助对象的识别提出新的挑战，尤其是对正逐步放开户籍制度的中小型城市更是如此（城乡最低生活保障制度也面临类似的问题）；其次要注意区分低收入线的监测和扶助功能，避免由于城镇高福利所导致农村居民的过度涌入问题；其三在扶贫目标上，可参照国际上同时使用贫困发生率和贫困距率两项指标综合研判的方式，不再把扶贫目标定在减少贫困人口数量上（或不再将贫困人口规模减少作为唯一扶贫成就标准），而要通过各种手段实现他们收入的更快增长，观察贫困距指数的合理下降，或者观测贫困户年收入高于社会人均收入若干个百分点。

第三，明晰政策职能，一方面对因天灾人祸所引起的绝对贫困问题和绝对贫困群体，需要借鉴发达国家良好的数据联网体系和发达的福利体系，有效结合临时救济制度，对上述群体进行兜底；另一方面，对因丧失劳动力而失去增收来源的群体，仍需要采用低保兜底的手段有效扶助；此外，对应到脆弱贫困群体，建议建立健全防贫机制，建立反贫困预警机制；最后，继续结合具有中国特色的精准扶贫思路，有针对性地对上述群体进行救助。

第四，后2020时代贫困的表现形式多元化问题会愈发突出，借鉴国际思路并融合我国已有的扶贫理念，我们建议重视多维扶贫。这是因为不同贫困人群致贫、返贫原因不同，收入低只是表象，只有找到“穷根”才能找到解决办法。这就需要扶贫干部在“大扶贫”格局下有效协调多方联动，在精准识别的前提下因人施策。例如，以就业保障机构和失业保险机制帮助失业人群，以医疗保险和社会慈善力量救助因病致贫；以发展教育（如12年义务教育、“营养餐”、“互联网+”）降低因学致贫，等等。

第五，我们提出要坚持个体瞄准和区域瞄准（或社区标准）相结合的方法。贫困区域分布是客观存在的。根据国家的实力，在基础设施和公共服务方面，还是要向欠发达地区倾斜。“两不愁三保障”问题解决后，可以考虑在宏观上采取区域瞄准，对贫困区域内实行特惠措施，在贫困区域外采取普惠办法，个体瞄准与区域瞄准互为补充，相辅相成。

第三篇

欠发达地区识别

第七章　全面建成小康社会后欠发达地区的识别标准体系构建

全面建成小康社会意味着绝对贫困的消除，减少低收入成为未来解决不平衡问题的重点。考虑到欠发达地区是低收入群体的主要承载地，也是国家政策支持的主要对象，因此要深入分析我国区域发展特征，以此为着力点构造新时期低收入界定指标体系。在低收入区域判定上，课题组结合我国既有经验设计了三套备选方案，分别是收入导向法、发展导向法和综合导向法。三套方案各自有其优缺点，本部分将结合定量分析测算结果，汇报对应方案下的低收入区域的特征和主要低收入区县分布。

一、欠发达地区确定的基本思路与原则

（一）欠发达地区确定的基本思路

中国农村贫困县的确定与经济发展阶段密切相关。从历史沿革上看，中国政府一直致力于采取有效的政策促进减贫事业的发展，所采取的减贫政策在不同历史阶段具有不同特征：1986—1994年中国确立了以区域性瞄准为主的减贫政策，成立专门机构，明确减贫对象，重点指向贫困县；1995—2000年中国大规模连片区域贫困现象得到一定的缓解，这一阶段的扶贫开发工作主要是针对贫困地区专项扶贫进行创新，同时建立东西协作帮扶减贫模式，贯彻小平同志“先富带动后富”思想，将特殊困难群体纳入减贫脱贫重点；2001—2010年针对中国大面积普遍贫困基本解决，但部分地区贫困程度不断加深的情况，扶贫开发工作将取消的国家级贫困县名额调整到了中西部地

区。国家颁布实施《中国农村扶贫开发纲要（2001—2010年）》，对国家重点扶持的贫困县进行第二次调整，贫困县改称国家扶贫开发工作重点县，将东部33个重点县指标全部调到中西部，东部不再确定国家级重点县。西藏自治区作为特殊扶持区域，整体享受重点县待遇，不占重点县指标。全国共有592个重点县，作为扶贫开发的重点区域。同时，国家确定贫困村为减贫的瞄准对象，以村为单位进行综合开发和“整村推进”。2011 年颁布实施《中国农村扶贫开发纲要（2011—2020年）》，对国家重点扶持的县进行第三次调整。这次调整，原重点县共调出38个，原非重点县调进38个，全国重点县总数仍为592个。14个连片特困地区内的重点县数量，由调整前的431个增至440个，共增加9个；连片特困地区以外的重点县数量，由调整前的161个减至152个，共减少9个。重点县中存在的所谓百强县，已被全部调出。因此截止到目前阶段，中国在减贫重点上由“整村推进”为核心转向以集中连片特困地区为主战场，并自“十八大”以来更加强调精准扶贫（张琦、冯丹萌，2016）。

总结来看，重点扶持县的确立是我国扶贫开发区域瞄准的重要手段之一。1986年第一次确定贫困县，此后进行过三次调整，从规律上看：

一是主要以区域内居民的人均收入水平作为统计标准。例如，1986年，国家陆续确定了331个国家重点扶持贫困县。按1985年农民人均纯收入计算，农区县低于150元，牧区县低于200元，革命老区县低于300元，即列入国家扶持范围。1994年，颁布实施《国家八七扶贫攻坚计划（1994—2000年）》，对贫困县进行了一次调整。按照1992年农民人均纯收入超过700元的县一律退出、低于400元的县全部纳入的方法，在全国范围内确定了592个国家重点扶持贫困县。2011年对国家重点扶持县的第三次调整的最大特点是权力下放到省份，即允许各省份根据实际情况，按“高出低进，出一进一，严格程序，总量不变”的原则进行调整，但不得将连片特困地区内重点县指标调到片区外使用。

二是与经济增长、收入贫困以及包容性发展相关的指标是我国确定贫困片区的主要统计标准。参考国家连片特困地区县的确立方法，将集中连片特殊困难地区作为扶贫开发的主战场是党中央、国务院作出的重大战略举措。2011年，按照集中连片、突出重点、全国统筹、区划完整的原则，以2007—2009年3年的人均县域国内生产总值、人均县域财政一般预算性收入、县域农民人均纯收入等与贫困程度高度相关的指标为标准，将这三项指标均低于同期西部平均水平的县（市、区），以及自然地理相连、气候环境相似、传统产业相同、文化习俗相通、致贫因素相近的县划分为连片特困地区。在划分过程中，对少数民族县、革命老区县和边境县采用了增加权重的办法予以倾斜照顾，在全国共划分出11个连片特困地区，加上已经实施特殊扶持政策的西藏、四省藏区、新疆南疆三地州，是扶贫攻坚的主战场。基于此，进入以上14个片区的县共有680个，其中国家扶贫开发工作重点县有440个，民族自治地方县371个，革命老区县252个，陆地边境县57个。

第三方面，区域、文化、经济发展与政治因素也对贫困县的确立有影响作用。除了把我国对国贫县、片区县等贫困区域设定的前期标准作为参考依据，从扶贫资金的分配影响因素以及入选国家级贫困县影响因素的经验来研究，也可以为我们提供一些欠发达地区的划分参考依据。主要研究可以归类为：1）文化民族因素和革命老区属性，Park等（2002）基于1981—1995年中国县域面板数据的研究发现，政治因素（如是否为少数民族聚居地区或革命老区）对国家级贫困县的区位选择产生了重大影响；2）区域特性，李文和汪三贵（2004）利用国家统计局农村贫困监测数据，研究了1998—2001年贫困县扶贫资金分配情况，发现扶贫资金分配向西部、山区、少数民族县和边区县倾斜；3）经济发展程度，张彬斌（2013）基于1998—2009年中国县域面板数据的研究发现，国家级贫困县的选择主要依据的是一个县初期的经济水平；4）路径依赖现象，郭君平等（2016）基于2073个区县数据的研究，发现国家级贫困县“帽子”的存在路径依赖问题，例如文章发现“八七”扶贫重点县入选最新国家级贫困县的概率比普通县要高。

（二）欠发达地区确定的基本原则

1. 指导思想

坚持党对扶贫工作的领导，坚持精准扶贫精准脱贫的基本方略是新时期缓解低收入时代下的扶贫开发的基本指导思想。要坚持将缓解低收入任务与落实主体责任有机结合，充分发挥政治优势和制度优势，继续强化党和政府在巩固拓展脱贫成果中的主体责任，按照中央统筹、省负总责、市县抓落实的工作机制，坚持问题导向和目标导向，提高效率，利用有限资源发挥更大效用。

2. 目标任务

首先，要将保障脱贫攻坚成果作为低收入时代扶贫工作的底线任务。构建缓解低收入长效机制，前提是巩固脱贫攻坚成果。只有在巩固的基础上拓展脱贫成效，才能实现可持续性的脱贫，为乡村振兴和治理低收入打牢基础。其次，要循序渐进以“七个目标”作为构建缓解低收入长效机制的长期任务：一要进一步弥补“两不愁三保障”的短板，大面积消除各类致贫因素；二要强化兜底保障体系，筑牢持续脱贫防线，从源头上筑起发生绝对贫困的“截流闸”；三要促进基础设施和公共服务的全面提升，补齐欠发达地区的短板，争取实现均等化；四要提升欠发达地区和低收入人口的发展能力，达到逐步缩小居民间收入差距的目标；五要构建和培育脱贫内生动力机制，提升低收入人群和落后地区的发展动力和活力；六要创新绿色乡村发展与乡村振兴举措，实现生态保护和脱贫致富双赢；七要进一步加强国际乡村发展与乡村振兴交流与合作。

3. 基本原则

一是坚持缓解低收入与改善发展环境有机结合。将改善乡村公共基础设施摆在优先位置，加快推进乡村交通、水利、电力、通信、物流等基础设施和学校、卫生室、文化站等公共服务设施的配套建设以及乡村环境整治工作，实现脱贫地区公共服务设施从“有”到“好”的转变。二是坚持缓解低收入与改善民生有机结合。稳步推进义务教育、就业服务、基本养老、基本医疗卫生、住房保障等基本公共服务全覆盖。特别是针对建档立卡贫困户、边缘贫因户，要完善社会保险、社会救助、社会福利等社会保障体系，更好地发挥社会救助兜底功能。三是坚持缓解低收入与激发群众内生动力有机结合。缓解低收入问题的重要原则是坚持激发群众内生动力和活力，要坚持群众主体地位，充分调动贫困地区广大干部群众的积极性、主动性、创造性，发扬自强自立精神，依靠其自身努力改变贫困落后面貌。四是坚持缓解低收入与生态保护有机结合。坚持绿色乡村发展与乡村振兴理念，正确处理经济发展与环境保护的关系。要立足地方实际，培育良好的生态环境，营造良好的发展环境，将绿水青山转化为金山银山。

二、欠发达地区的识别方案

基于上述研究，本课题设置了三种欠发达地区的设置方案，分别是收入导向法、发展导向法和综合导向法。

（一）收入导向法

该方法以县域为单位，把其县内人均可支配收入作为排序依据，找寻低收入县[①]。这种欠发达地区判定方法的好处是延续了我国前期贫困县确定思路，与地方经济发展程度挂钩，简单好操作且容易理解。

具体来看，收入导向法以县域人均可支配收入作为排序依据，找寻低收入县。表7-1给出的是2018年农村居民人均可支配收入的基本统计结果。可以看出，县域人均收入最低1%的县，其人均年收入在6400元左右，高于现有扶贫水平，体现出我国的扶贫成就；如果截取最低10%的县，县域人均收入水平为9600元；截取最低25%的县，其县域内人均收入为12378元（县排序参见7-1）。

① 这种方法也可以延伸为人均GDP导向法，则可将人均可支配收入指标用县域内人均GDP作为替代。

表7-1　2018年农村居民人均可支配收入（元）

分位点	人均可支配收入（元）
1%	6439
5%	8532
10%	9607
25%	12378
50%	14088
75%	14088
90%	17762
95%	20668
99%	32448
均值（元）	14088
观测值（人）	1983

注：本文选用2018年农村县域数据，排除了市辖区和有缺失值的样本，共选用了1983个县。图7-1给出了按县域人均收入贫困程度排序的省份分布，从低到高分别是最低200县、最低201—400县、最低402—600县、最低601—800县。从省份分布上看，无论以什么样的标准截取人均收入最低一部分县，均可以发现识别出的相对贫困地区主要集中在中部和西部省份。其中：中部山西、河南、湖北、江西、安徽；西部贵州、云南、甘肃和宁夏是相对贫困县分布的主要省份。

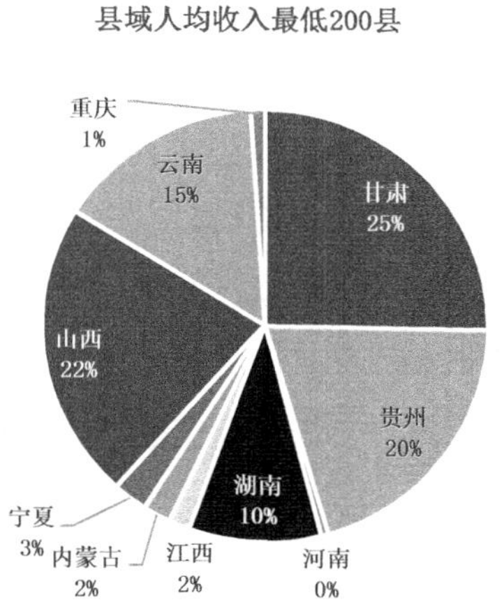

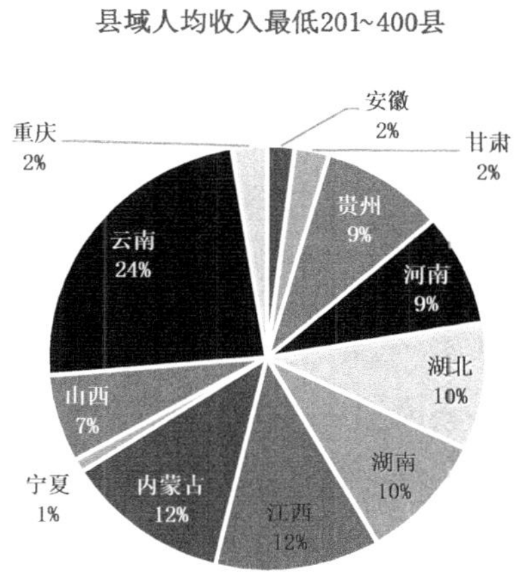

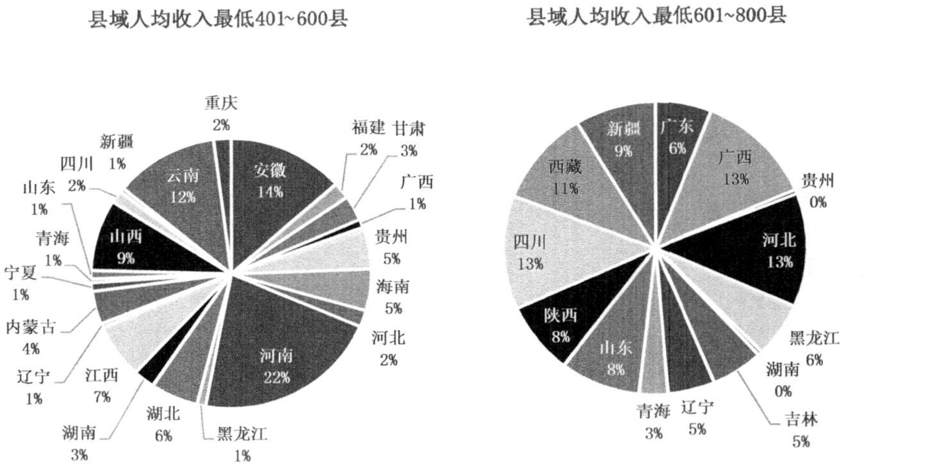

图7-1　经济方案测算的相对贫困地区分布

注：根据县域人均收入贫困程度排序，从低到高分别是最低10%的县、10%—20%的县、20%—30%的县和30%—40%的县。

上述结果显示的基本结论是，从县域人均GDP排序的原则来看，西部和中部是低收入的主要分布地，且主要低收入分布省份为：中部陕西、河南、湖北，西部贵州、云南、甘肃和宁夏。对于这条标准所确定的欠发达地区究竟与现有我国国贫县的确立有什么关系，本章内第三小节将加以分析。

（二）发展导向法

我们设计的第二种低收入县识别方式借鉴了片区县的确定方式。该方法基于多维视角，从县域内经济维度、科教文卫发展维度出发，综合视角识别欠发达地区（县）。借鉴我国在贫困片区上的多维指标确定思路，可选取的县域指标包括科教文卫的相关发展，如学生—教师比例、每千人病床数等。这种设定方法的好处在于更加关注县域内的包容性发展概念，但同时对县域数据指标的采集和数据准确性有更高的要求。从发展导向视角出发，选择指标参见表7-2。

表7-2 发展导向法的指标选取设计方式

维度	指标	是否达标门槛
经济维度	县域人均地区生产总值	特定指标低于全国县该指标的平均水平的60%
	县域人均财政一般预算支出	
教育	单位普通小学专职教师对应小学学生规模	
	单位普通中学专职教师对应中学学生规模	
卫生医疗	单位病床数对应户籍人口	
	单位卫生技术人员对应户籍人口	
	单位执行医师对应户籍人口数	

基于发展型多维指标体系，可以测算遭遇一个指标剥夺县、同时遭遇两个指标剥夺县、同时遭遇三个指标剥夺县以及同时在四个或以上指标剥夺县的东、中、西区域分布统计。图7-2给出了以发展导向法得到的区县剥夺得分的全国分布情况，其中图中颜色越深代表剥夺程度越高。整体结果显示，如果从最严重的情况看，同时遭遇四个指标剥夺的县主要分布在西部地区，其次是中部地区，较少的县分布在发达东部地区；如果将门槛降低，同时在三个指标上遭遇剥夺的县中，还是主要分布在中西部地区，但是也有一部分东部县区符合上述多维剥夺情况；如果将门槛下降到同时遭遇两个指标剥夺的县，那么中部地区较多县符合这一条件，西部和东部地区的县分布较为平均。

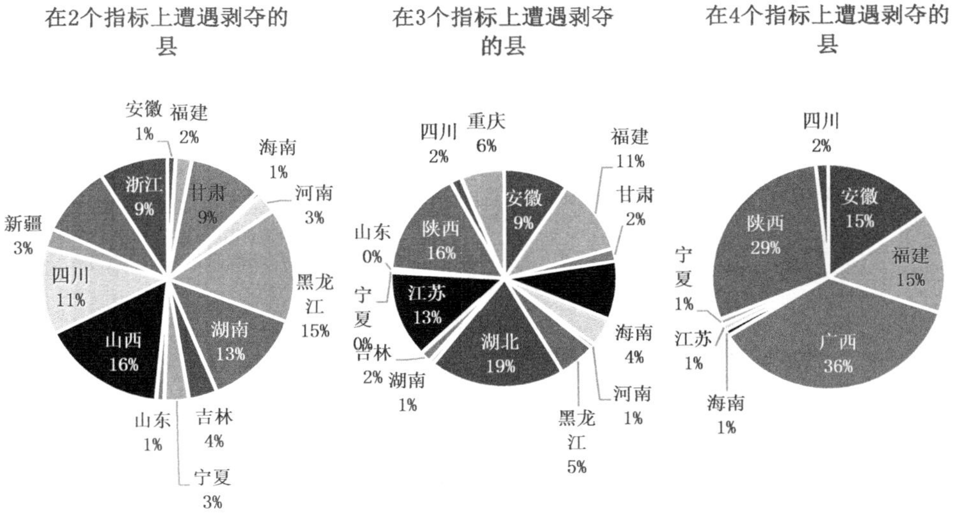

图7-2　发展导向法测算的欠发达地区分布

注：颜色越深剥夺程度越高。

（三）综合导向法

综合导向法同时兼顾了县域农村居民的人均收入水平和多维发展水平两项内容，即融合了前文所提到的收入导向法和发展导向法两个层面。在操作上，同时需要加入与科教文卫发展相关的指标，以及人均县域国内生产总值、人均县域财政一般预算性收入、县域农民人均纯收入等与贫困程度高度相关的指标。

在操作上，首先按照收入导向法确定人均收入排序来界定不同收入排序的县，共分为：人均收入排序最低10%的县、人均收入排序最低20%的县；进一步，在不同收入排序下的县内部按照发展导向法考察其发展不完善情况，再细分为遭遇两个及以下剥夺指标的县和遭遇两个及以上剥夺指标的县。上述思路的基本原理是同时考察经济发展程度与居民生活水平两类具化维度，政策含义明晰，可以起到更好的欠发达地区确定效果。综合导向法的好处是具有综合性，同时考察经济发展程度与居民生活水平两类具化维度，但操作上的复杂性也要比前两类更高。

参考表7-3，可以结合综合导向法的基本思路，细分当前欠发达地区发展过程所面临的主要矛盾，对欠发达地区的财政支持和发展导向有更清晰的判断。具体来看，可以将区域判定为四种类型：

1.经济与发展均匮乏的极端贫困重点区域。这类地区同时满足“县域人均收入位列排序最低10%”且“在2个及以上维度遭受剥夺”的条件，即同时在经济与发展方面有较大缺口，属于“经济与发展均匮乏的极端贫困重点区域”，因此被判定为第一类区域，政策启示要作为“最优先关注的欠发达地区”。

2.经济驱动力不足型欠发达地区。这类地区满足“县域人均收入位列排序最低10%”，但在发展状态上表现较好，是“在2个及以下维度遭受剥夺”，属于“经济驱动力不足型欠发达地区”，因此被判定为第二类区域，政策启示是“加强经济支持，营造发展动力”。

3.发展匮乏型欠发达地区。这类地区在经济上表现较好，位列“县域人均收入排序最低20%的县”，但在发展状态上表现较差，“在2个及以下维度遭受剥夺”，属于“发展匮乏型欠发达地区”，因此被判定为第三类区域，政策启示是“增加民生相关的发展支持”。

4.脆弱地区。此类地区在经济和发展上均处于较好状态，但仍具有一定的脆弱性，属于脆弱地区，故被判定为第四类区域，从政策上不需要特殊支持，但对此类地区要作为“监测对象”，以防其发展动力不足陷入到前三类区域当中。

表7-3　综合导向法的基本思路及其政策含义

	判定标准		所判定区域匮乏属性	区域判定类型	政策启示
	经济视角	发展视角			
1	县域人均收入排序最低 10% 的县	在 2 个及以上维度遭受剥夺	经济与发展均匮乏的极端贫困重点区域	第一类区域	最优先关注的欠发达地区
2		在 2 个及以下维度遭受剥夺	经济驱动力不足型欠发达地区	第二类区域	加强经济支持，营造发展动力

续表

3	县域人均收入排序介于 10%-20% 的县	在 2 个及以上维度个遭受剥夺	发展匮乏型欠发达地区	第三类区域	增加民生相关的发展支持
4		在 2 个及以下维度遭受剥夺	脆弱地区	第四类区域	作为监测对象

图7-3给出了综合导向法下四种类型欠发达地区的分布情况。由于上述限制更为严格，因此框定的县区较少。整体上从图中可以看出，极端贫困的一、二类地区，约集中分布在西部地区，包括甘肃、宁夏和陕西的部分县区（主要集中在西海固地区），以及贵州、四川、云南和重庆的部分县区。这一主要结论和前文结论基本一致，不再赘言。

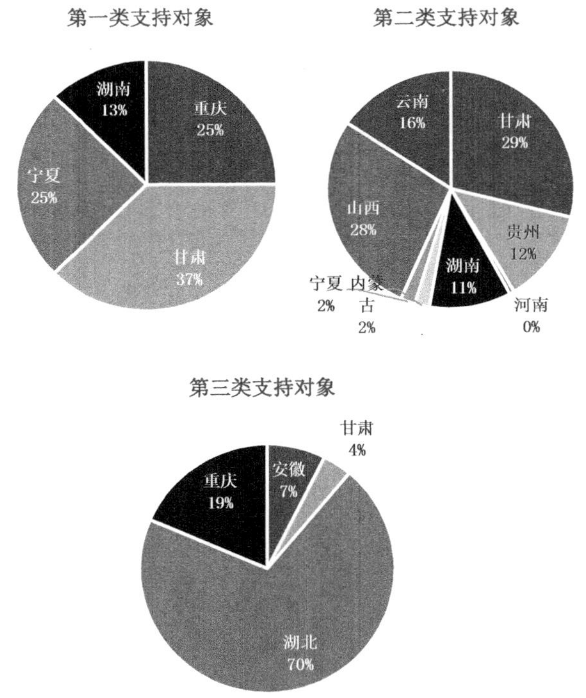

图7-3　基于综合导向法下四种类型欠发达地区的分布

注：四类区域中，颜色最浅的为第一类地区，依次排序，最深颜色的为第四类地区。

以综合导向法寻找欠发达地区，一个可以肯定的结论是，西部地区的县占主体地位，且越是贫困程度较深的界定方式中，我们越能够找到更多的西部地区县。这说明西部地区在发展和人均收入上均存在较为薄弱的环节，需要更多的财政支持。

三、欠发达地区与前期国贫县的比较及其主要特征

（一）与前期国贫县的关系

表7-4给出了三类欠发达地区划分方式与国贫县、片区县、连片特困地区的交叠错位关系。

具体可以看到，按照收入导向法设计并找寻的低收入县与我国划分出的贫困县和连片特困地区县重合程度最高，分别达到了71%和78%，即重合比例约在七成到八成之间；对应错位程度在二成到三成之间。但如果换为发展导向法，重合程度下降到了六成到七成之间；对应错位程度在三成到四成之间。而如果用综合导向法，我们发现重合度进一步降低到四成到五成之间，对应错位程度也提高到五成到六成之间。

表7-4　三类欠发达地区划分法与国贫县的关系:占三类贫困县比例

	收入导向法（共计 800 个县）	发展导向法（共计 874 个县）	综合导向法（共计 373 个县）
贫困县	71%	64%	43%
连片特困地区县	78%	68%	52%

从三种算法的分布结果上看，如果仍然按照收入导向法确定欠发达地区，那么我们的最主体监测地区仍然集中在之前国家所确定的重点扶贫县当中（包括贫困县、片区县和连片特困地区）。从这个意义上，仍然关注我国前期识别

的重点贫困县具有积极意义。但同时我们要注意的是，仍然有二到三成的县处于低收入范畴，但并不是前期国家和地方所确定的贫困县。这说明县域经济发展速度的不同，另一些前期不是绝对贫困县的地区陷入到了低收入范围中，因此要对这些新概念下被纳入的县做重点关注。而采用发展导向法或综合导向法，则是对低收入概念下的一些常识性探索，其与我国前期所确定的贫困县和欠发达地区也有超过半数规模上的重合，一定程度上证明本文所采用的欠发达地区识别方法的合宜性，同时也基于未来发展视角带来了新启发，我们从中可以发现新的问题与挑战。后文将具体对欠发达地区可持续发展所可能面临的挑战进行讨论。

（二）欠发达地区的主要特征

前一部分的主要结论说明，欠发达地区在一定程度上与现有国贫县的重合度较高，因此国贫县居民的结构性特征可以作为低收入区域的替代。下文将结合既有对国家贫困县贫困程度的研究结论，对欠发达地区的主要特征进行分析。

第一，欠发达地区大部分分布在西部地区，少部分分布在东部地区。

第一个可以预期的结论是即便进入低收入时代，中国农村低收入人口仍然主要集中在国家级贫困县及其外扩区域。例如，按照2018年县域人均收入进行排序，考察欠发达地区的东、中、西区域分布差异（参见图7-4），测算结果证实了前文的两个基本推测：一是近半数欠发达地区分布在西部地区；二是人均收入水平排序越低的县，其区域分布特征越明显。举例来讲，若仅考察最低20%收入的县，则看不到东部地区的县在低收入县的确定行列中；直到考察25%以上的收入排序，才逐渐发现东部低收入县进入到收入导向法所框定的低收入县域范围。如果以发展导向型方法测度，可以得到区域分布的类似结论（图7-5）。

再如，以综合导向法测算，人均收入排序最低20%的县中均只能看到中部和西部县区，东部县区并不位列其中（图7-6）。以人均收入排序最低10%的县来看，同时遭遇两个以上或者以下的县均主要分布在西部地区，且遭遇剥夺程度越高，西部地区县占分布比例越高；但在人均收入排序最低10%—20%的县当中，中部地区占比超过了西部；此外，图7-6还进一步测算了人均收入排序最低20%—30%的县，发现了东部县区的出现，但是西部和中部仍主要占据主体位置。

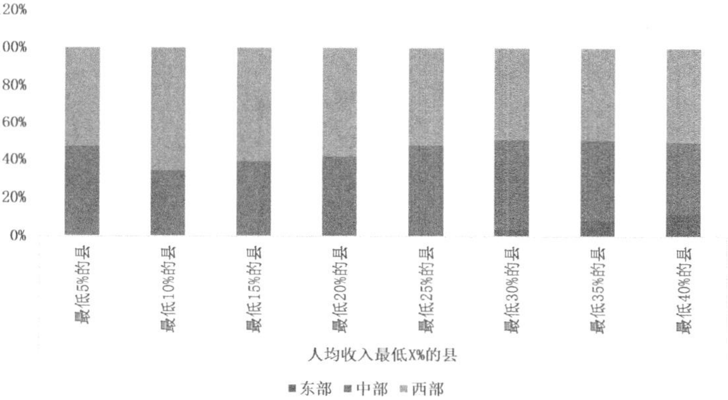

图7-4　2018年贫困县区的分布：按县域居民收入划分

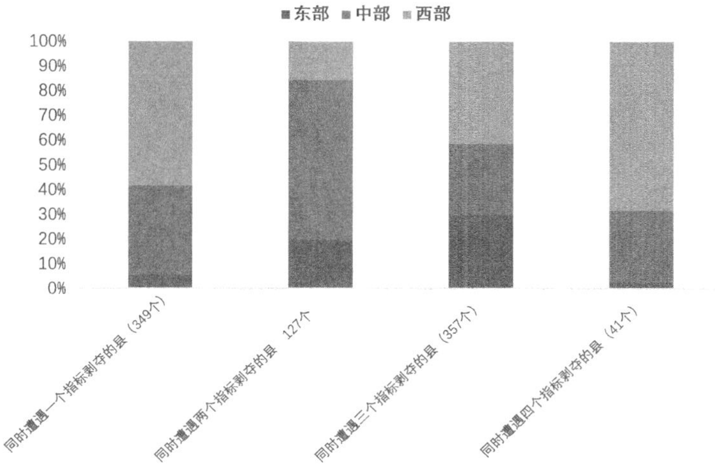

图7-5　2018年贫困县区的分布：按县域居民剥夺程度划分

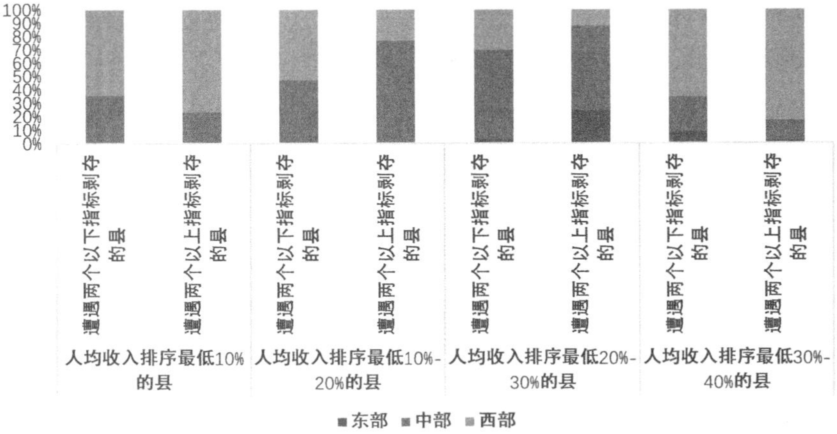

图7-6　2018年贫困县区域分布：综合导向法

第二，欠发达地区内部收入差距较小，但区域内居民收入水平和财政能力普遍偏低。

如果从县域内部的收入差距水平上看，欠发达地区收入差距小于非欠发达地区，但这并不代表贫困县内部的结构更好。理由在于贫困县居民收入差距程度低，很可能是居民整体性收入水平较低；相对的，非贫困县之间较大的差距水平代表着一部分人先富起来的格局。表7-5以表达不平等的基尼（Gini）系数作为监测值，考察县域经济与产业发展不平等情况。基尼系数的取值范围介于0到1之间，数值越大，表明区域内不平等程度越高。结果显示，2013年到2017年间县域GDP总量的差距水平在波动中提高，2013年到2017年间，其基尼系数分别为:0.517、0.515、0.513、0.515和0.521。如果分产业增加值考察，第一产业和第三产业的不平等程度有所降低，但第二产业有所增加。另一方面，图7-7中提供的人均收入的县域差距结果表明，非贫困县的农村居民人均纯收入要显著高于贫困县，表明不同发展程度的县域农村居民收入仍存在较大差距。

因此，下一阶段的工作重点应该集中在积极开展缩小收入差距的财政支持政策，例如东西扶贫协作、社会扶贫等项目，缩小区域内部、贫困县和非贫困县之间的差距水平。

表7-5　县域经济与产业发展不平等跨期变动：Gini系数

	GDP 总量的 Gini	第一产业增加值的 Gini	第二产业增加值的 Gini	第三产业增加值的 Gini
2013 年	0.517	0.438	0.578	0.544
2014 年	0.515	0.433	0.578	0.538
2015 年	0.513	0.433	0.579	0.532
2016 年	0.515	0.429	0.581	0.532
2017 年	0.521	0.428	0.590	0.532

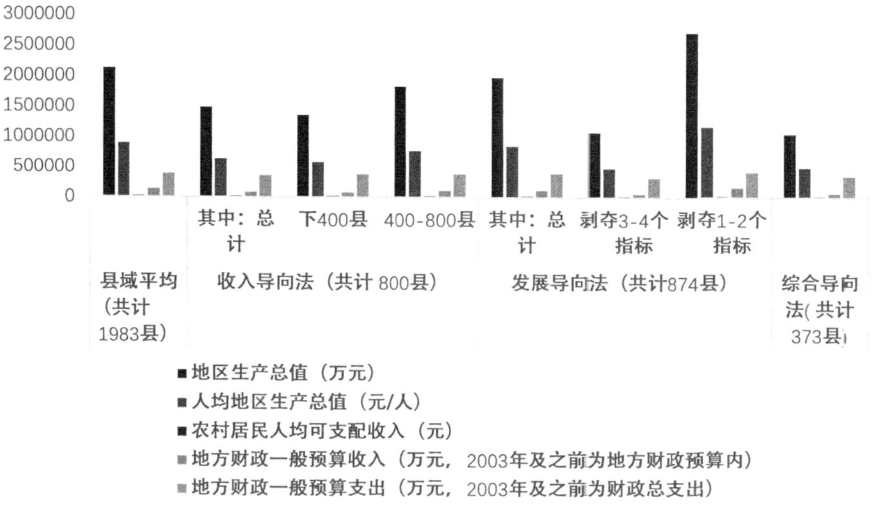

图7-7　欠发达地区在居民收入和财政能力上的差异：2018年

第三，产业布局与欠发达地区贫困程度紧密相关，但没有观察到欠发达地区劳动力在三次产业择业上的显著差别。

在考虑其他影响欠发达地区经济发展的因素时，不难发现，第一产业增加值占名义地区生产总值的比重越高，欠发达地区经济越不发达；第二产业增加值占名义地区生产总值的比重越高，欠发达地区经济发展越好（图7-8）。这说明欠发达地区产业结构越高级，经济的结构性效益越好。工业规模化程度对欠发达地区的经济发展具有正向影响。固定资产投资水平越高，欠发达地区经济发展越好，说明在欠发达地区依靠固定资产投资能够推动当地经济发展。一般来讲，过高的储蓄率对经济发展具有显著的负向影响，说明当地的储蓄并没有有效地转化为投资，储蓄率高可能反而对投资产生了挤出效应，说明欠发达地区的融资可能还没能有效地转化为投资，因此对当地经济发展的作用较小且不够显著。但是，从图7-9的结果来看，无论采用哪类低收入设置方法，所识别出的欠发达地区内部的三次产业内的就业格局并无显著差异。

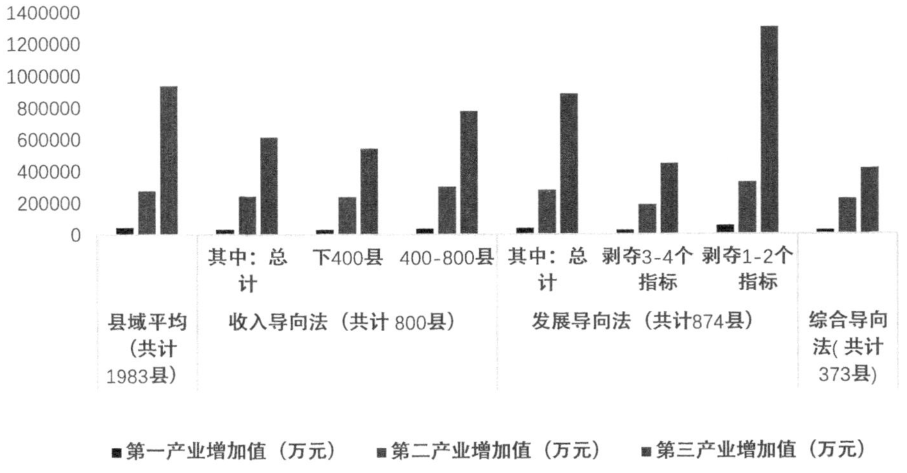

图7-8　欠发达地区与非欠发达地区在地方产业布局上的差异：2018年

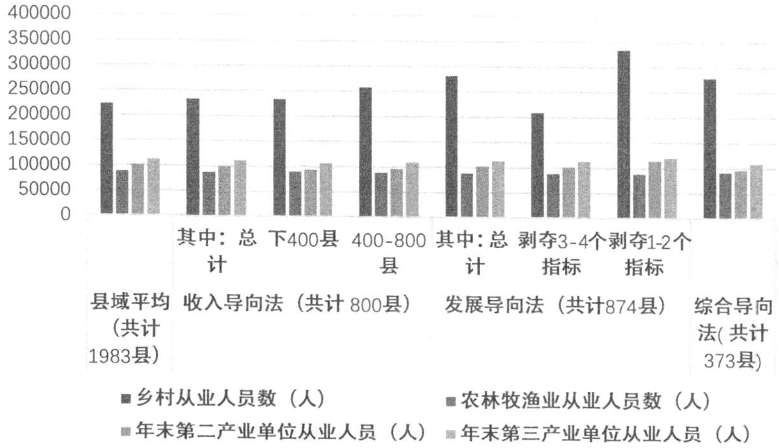

图7-9　欠发达地区与非欠发达地区在人力资本和地方产业布局上的差异：2018年

第四，基本公共服务保障水平相对较低。

从基础设施投资看，非贫困县的基础设施投资显著高于贫困县（图7-10）。描述性统计结果表明，贫困县和非贫困县存在较大差距，如果没有扶贫政策的支持，贫困县家庭很难仅仅依靠人力资本积累脱离贫困并缩小与非国家级贫困县家庭的差距。

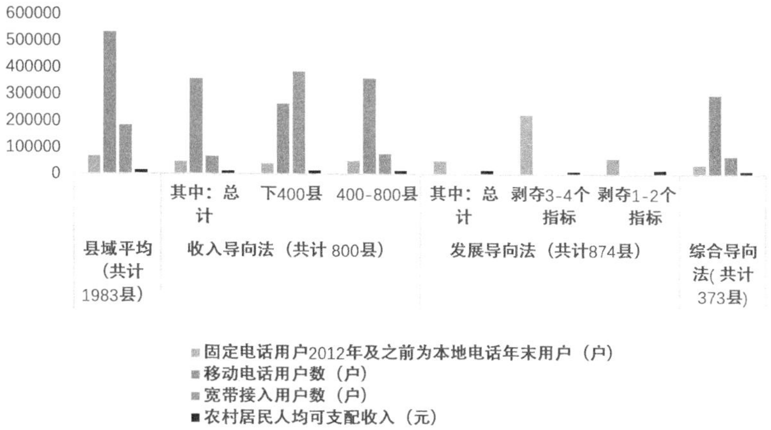

图7-10　欠发达地区与非欠发达地区在基础设施投资上的差异：2018年

四、欠发达地区可持续发展面临的主要问题与挑战

可以肯定的是，无论是绝对贫困救助时代，还是低收入时代，对欠发达地区的确立并加以重点扶持的思路是正确的，有利于加快实现共同富裕目标。但欠发达地区可持续发展仍然面临实际的困境和挑战。具体来看：

（一）欠发达地区产业基础薄弱

整体上，县域区域间的发展程度背后所呈现的不均衡性值得关注。尤其是当前阶段西部地区所表现出的不均衡特征应该引起警惕。目前阶段，我国进入到大规模、大力度扶贫攻坚的决胜期，绝对贫困消除后，西部地区现阶段呈现出明显的低收入特征，一则虽然更换了贫困人群和欠发达地区的界定方式，但低收入人口仍然集中在西部地区和西部人口范围；二则，未来阶段虽然西部地区仍然会是扶贫工作的重点区域，但中部和东部与西部的差距是有限的，这意味着未来扶贫工作将会外延到东部和中部地区，为这两个地区的扶贫工作提出了较高要求。整体上，未来欠发达地区缓解工作拥有更大的挑战。尽管从县域经济的基本发展情况看（参见表7-6），地区生产总值的名义水平在持续提高，从2013年的县均150亿元提高到2017年的190亿元，体现了我国县域发展的巨大进步，但省份间、区域间发展差距巨大。从2017年的跨省份剖面横向比较中，江苏、浙江、福建、山东等发达省份的县域经济发展最为快速，与宁夏、甘肃、云南等西部地区的县域经济发展对比鲜明（参见图7-11）。而这显然会进一步增加县域区域间的发展差距。

表7-6　县域经济及其跨期变动概况

	2013 年	2014 年	2015 年	2016 年	2017 年
地区生产总值（万元）	1491409	1591550	1668723	1774185	1903735
第一产业增加值（万元）	228784	238555	249893	260113	255195

续表

第二产业增加值（万元）	775293	802166	809558	836621	880902
第三产业增加值（万元）	486635	549372	608543	679256	758272

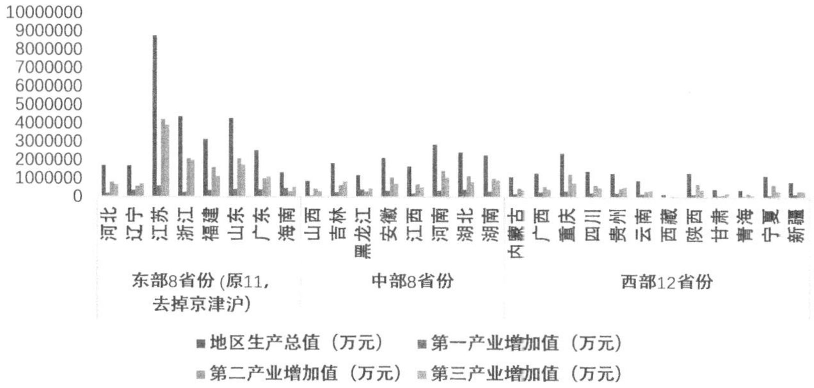

图7-11　县域经济发展的省份比较

由此得到制约欠发达地区发展的一个挑战：欠发达地区产业基础薄弱，升级乏力，潜力不足。具体来讲：首先，从产业结构的角度来看，贫困县普遍交通不便、水电短缺、信息闭塞，多数欠发达地区的县域经济仍然以传统型农业经济为主，产业结构比较单一。一方面，传统型农业经济技术进步缓慢，生产率水平难以提高，导致欠发达地区收入水平较低；另一方面，农业生产周期较长，农业经营受自然条件影响较大，容易造成当地经济的不稳定。其次，从资本形成的角度来看，一方面，欠发达地区人均收入普遍较低，大部分收入用于生活消费支出，储蓄少，而且受欠发达地区个人或家庭保守观念的影响，资本形成普遍不足，生产规模和生产效率难以改善，导致人均收入低下；另一方面，贫困县居民生活贫困，缺乏足够的消费能力，只能抑制自身的消费需求，导致贫困县市场容量狭小，难以诱导投资，资本形成水平低，进而导致生产规模较小和效率偏低，产生贫困的恶性循环。最后，从财政收入水平的角度来看，欠发达地区经济发展缓慢，来自第二、第三产业的税收极少，当地的财政收入难以满足财政支出的需要。因此，欠发达地区县级政府往往难以通过增加财政投入来改善当地的公共基础设施，从而制约了当地经济的发展。

（二）欠发达地区多分布在限制开发和禁止开发主体功能区

主体功能区规划是我国第一次颁布实施的中长期国土开发总体规划中立足于构筑我国长远的、可持续的发展蓝图。国家禁止开发区域、生态功能区和禁止进行工业化城镇化开发的重点生态功能区均多数集中于欠发达区域当中。这也进一步增加了未来欠发达区域在工业基础上发展的难度。同时欠发达地区还面临资源的比较优势尚未被充分开发的问题。例如从土地资源分布上看，县域行政区域土地面积、县域常用耕地面积和设施农业占地面积等区域差距非常明显。仅从表7-7的第二行县域平均结果基尼系数即可看出，县域间的基础性土地资源分布差异突出，这充分表明了各县区比较优势方面的差异，因此在进行财政支持的时候，要充分考虑因地制宜因素，结合地方的实际情况进行投资和发展引导。

表7-7　县域行政区域土地面积及区域差距：2017年

	县域行政区域土地面积（平方公里）	Gini 系数	县域常用耕地面积（公顷）	Gini 系数	设施农业占地面积（公顷）	Gini 系数
县域平均	4804	0.631	36828	0.483	1464	0.777
东部	1697	0.333	21499	0.317	2762	0.727
中部	3606	0.577	65228	0.338	1393	0.772
西部	7475	0.630	32034	0.494	713	0.745

（三）财政自给能力低，“三保”压力大

第三个欠发达地区面临的主要问题是，财政自给能力低，“三保”压力大，不易打破恶性贫困循环链条。2020年突如其来的新冠疫情对中国经济和世界经济产生了影响。2020年第一季度，中国的财政收支双双下滑。4月20日，财政部公布了第一季度的财政收支数据，1—3月全国一般公共预算收入

为45984亿元，同比下降14.3%；同期全国一般公共预算支出为55284亿元，同比下降5.7%。中国经济虽然缓慢恢复，但是恢复没有到位，需求不振，内需还在复苏之中，外需处于崩盘状态，生产经营活动处于低迷，导致当期财政收入减少。在这一关键时期，财政支出要提上来，增加公共支出，带动全社会需求的回升。在疫情期间，财政支出下降，意味着经济增长处于低速；财政支出没有花出去，又使得整个经济处于更加低迷的状态。财政的“三保三支持”是指保工资、保稳定、保增长，支持经济平稳较快发展和物价基本稳定、支持转变经济发展方式、支持民生事业。当地方财政面临“三保”问题之时，则意味着财政收入遇到了极大的困难。2020年财政困难本就有所预见，尤其是新冠肺炎疫情的到来更加重了地方财政原本的困境，导致地方财政压力大，不少地区甚至工资保障都遇到问题，也间接增强了扶贫攻坚期以及未来应对低收入问题的财政支持难度。

从供给和需求方面看，欠发达地区常常陷入“低收入→低储蓄、低教育→低物质和人力资本积累→低产出→低收入”和“低收入→低购买力→投资引诱不足→低私人和公共资本形成→低产出→低收入”的贫困恶性循环。政府营商环境不够完善，如招商引资能力不足、市场规模狭小、基础设施薄弱、融资约束凸显等，更是严重阻碍了地区企业集聚和成长。但由于地方缺乏充足的财政资金，上述恶性循环链条很难被打破。欠发达地区长期受制于薄弱的产业基础的现实情况，会导致当地劳动力、手工艺以及农业、自然资源等难以实现高效利用，进而导致价值创造活动无法很好地留在当地，这是欠发达地区实现可持续脱贫所面临的巨大阻碍。此外需要警惕的是，欠发达地区政府财政收支与经济发展没有显著的相关关系，以我国当前情况分析，欠发达地区地方财政可能无力支持当地的经济发展。因此，有必要加大中央转移支付的力度。

地方政府财力与地方经济发展水平的息息相关，是衡量该地区政府信用水平和偿债能力的重要基础和依据。土地财政是土地制度变革和财税体制调整的共同产物。集土地经营和土地管理于一体的地方政府，在经济增长竞争中对财政增收目标的追求必然导致其对土地收益的过度依赖，进而形成普遍的“土地财政”。如果只看狭义口径和中等口径，我国土地财政相对于公共财政收入的比率较为稳定，这主要是因为2009年以来土地税收、土地出让收入和财政收入几乎保持同步增长势头；但如果考察广义口径，土地财政膨胀速度较快，相对于公共财政收入的比重在2009年不足80%，而到2017年已经超过160%。对财政收入的变化趋势主要考察政府性基金预算收入的变动。其中，国有土地出让金收入规模的发展趋势，是近年来影响地方综合财力的重要因素。地方土地出让主要通过招标、拍卖、挂牌和协议的方式进行。2010年以来，土地出让收入占同期全国基金收入的比重一直保持在70%以上，2018年达到85%以上。相比于中央政府，地方政府对于政府性基金收入的依赖度更高（图7-12）。2018年，中央基金收入占中央财政收入的比重仅为4.7%，而地方基金收入占地方财政收入比重高达65%。由此，可以反推地方政府对于土地出让收入的依赖度在不断提高，地方财政的收入单一性和依赖性在逐渐增强。以土地抵押贷款为代表的广义土地财政给地方政府提供了预算软约束和更大的财力支配权，成为地方政府基建投资的主要资金来源，也固化了长期以来投资主导的经济增长模式。

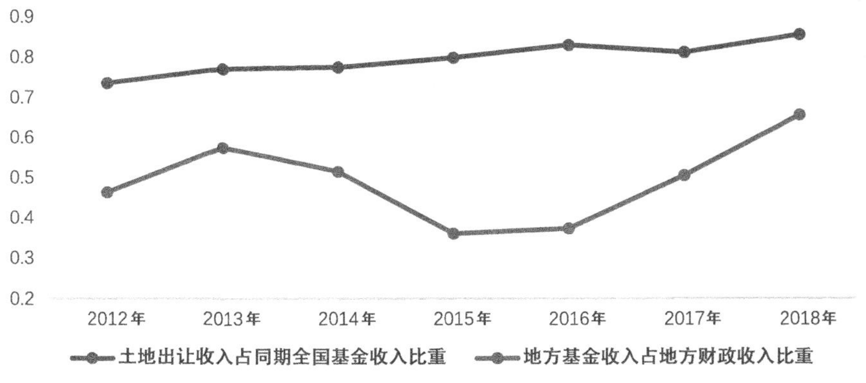

图7-12　地方政府对土地出让金和地方基金收入的依赖

（四）欠发达地区人力资源发展程度低和企业融资发展难

表7-8给出县域教育资源的区域差距。整体上看，东部地区在普通小学专任教师人数、普通小学在校生人数、普通中学专任教师人数和普通中学在校学生人数方面，均要高于中部地区，且显著高于西部地区。这从一个侧面表明，西部地区的教育资源仍然略显落后（当然，并不排除西部地区人少，因此教职和学生人数低的可能性），而这很显然会引起西部县域地区农村居民人力资本偏低的可能性与现实问题。

表7-8　县域教育资源的区域差距：2018年

	普通小学专任教师人数	普通小学在校生人数	普通中学专任教师人数	普通中学在校学生人数
县域平均	2337	40116	2124	27924
东部	2827	46761	3232	34009
中部	2695	44502	2237	31399
西部	1852	30410	1589	20990

表7-9给出了县域福利保障资源的区域差距情况。主要以医院和卫生院床位数（床）、医院和卫生院卫生人员数（人）和执业助理医师人数（人）三个指标进行了测算。结果显示，东部地区在上述福利保障资源的差距上均要低于西部和中部地区。表明东部地区在福利资源均等化方面已经走在前列，而中部和西部地区仍然存在县域间发展差距过大的问题。需要在今后逐渐解决上述问题，确保农村居民发展的均衡性和在福利制度保障资源方面享有的充分性。

表7-9　县域福利保障资源的区域差距：2017年

	医院和卫生院床位数（床）	Gini 系数	医院和卫生院卫生人员数（人）	Gini 系数	执业助理医师人数（人）	Gini 系数
县域平均	1962	0.418	2525	0.445	1025	0.492

续表

东部	2472	0.346	2369	0.378	1748	0.328
中部	2254	0.358	4499	0.491	1003	0.540
西部	1457	0.478	1601	0.381	691	0.363

在获取金融资本机会方面，受制于低收入、低储蓄、外来资金匮乏等现实因素，欠发达地区金融环境状况堪忧。金融资源禀赋劣势严重阻碍欠发达地区企业资本汇聚和形成，企业难以通过撬动金融资本的方式来发展壮大，想要实现规模经济或扩张市场势力颇为艰难，创业企业同样难以幸免。此外，借鉴“新经济地理学”，扶贫开发政策的“引资效应”受到空间经济因素的调节作用的差异表现在，欠发达地区与地市经济差距越大，其高效率企业资本流失现象越严重；相比于高交易成本环境，低交易成本环境中欠发达地区高效率企业资本流失问题更为严重。但是，如果加入扶贫开发政策，能够有效改善地区经济差距过大而导致的欠发达地区高效率企业资本流失问题。

（五）欠发达地区存在高效率企业资本和人才流出问题

我国人口地区分布的总特点是：东部多、西部少；平原、盆地多，山地、高原少。表7-10给出了县域人力资源的区域差距情况，主要以农林牧渔业从业人员数、年末第二产业单位从业人员数、年末第三产业单位从业人员数的基本情况（人数和Gini系数）作为度量。具体来看，东部地区由于人口较多，因此农林牧渔从业人员数从总规模上要高于中部和西部地区。但从农林牧渔业的东中西区域内的县域分布差距上看，西部地区的差距要远高于中部和东部地区，这源于西部地区的土地资源分布并不均匀。类似的规律我们也可以从年末第二产业单位从业人员数和年末第三产业单位从业人员数的人口与Gini系数的东中西区域分布中看出。由此可见，西部地区的县域人力资源的差距情况值得关注，理由在于仍有很多发展程度较低的贫困县，受地理和环境等因素的影响，发展速度较慢，与其他西部县区、其他区域县区发展差距越拉越大。

表 7-10　县域人力资源的区域差距：2017 年

	农林牧渔业从业人员数（人）	Gini 系数	年末第二产业单位从业人员数（人）	Gini 系数	年末第三产业单位从业人员数（人）	Gini 系数
县域平均	70917	0.408	70625	0.560	76759	0.488
东部	97964	0.292	119720	0.444	103939	0.369
中部	60795	0.335	81568	0.476	92450	0.442
西部	46548	0.529	34090	0.603	50143	0.553

推行扶贫开发政策尽管能够一定程度上改善地区经济差距过大而导致的欠发达地区高效率企业资本流失问题，但是，扶贫政策在继续强化高交易成本对欠发达地区高效率企业资本流失的缓解作用并不明显。上述理论同样适用于人才外流问题。其理由是：市场规模越大，对于高效率企业的吸引力越强，越容易吸引高效率企业在此集聚；而高效率企业对交易成本的下降更为敏感，其离开欠发达地区的动机也更为强烈，随着扶贫开发政策的实施，交易成本逐渐降低，高效率企业资本便可能表现出迁出欠发达地区的倾向。这给出一个重要警示，即随着扶贫开发政策的深入推进，欠发达地区与邻近发达区域之间的交易成本逐渐下降，有可能会增强高效率企业资本由欠发达地区流入邻近发达区域的动机。因此，需警惕区际交易成本下降过程中是否会出现欠发达地区企业，尤其是高效率企业资本外流的现象。这种现象倘若出现，将可能带来脱贫反弹隐患。

第四篇

低收入户的人口结构特征

第八章　低收入户的结构性特征分析：以建档立卡户为例

本章进一步研究低收入户的结构特征。受限于数据可得性，本部分使用2013—2019年全国建档立卡数据，尝试对近期绝对贫困人口和低收入人口的规模、空间分布和结构性特征做定量描述分析，突出各类低收入群体在特征和政策需求上的差异，为下一步扶贫工作的转型提供必要的经验依据。

一、建档立卡户的低收入规模

（一）对建档立卡户低收入的基本测算原则

结合低收入线并利用建档立卡数据，首先确定绝对贫困和低收入人口规模。为区分低收入人口包含的两大类人群：绝对贫困人口，收入介于绝对贫困线和低收入线之间的人口，本章将后者统称为“低收入人群”。但对于不同的低收入标准，由于标准尚处于探讨当中，故我们界定了几条不同的标准线，分别是基于国家统计公报所给出的中国农村居民可支配收入的中位数（和均值）的30%、35%、40%、45%、50%为标准（参见表8-1），并将其用于2019年度建档立卡户中低收入人口的评估。

这里需要说明的是，将2018年统计公报所公布的数据应用于2019年可能存在没有考虑物价指数变动的问题，但由于物价指数尚未公布，结合2017—2018年贫困线变动趋势我们做出如下假定，即2018—2019年适用于贫困农户的农村物价指数变动不大。而对于绝对贫困线的确定，这里采用《中国农村贫困监测报告2018》中给出的现行绝对贫困标准（2300元，2010年不变价），由以上得出绝对贫困线和低收入线，再确定建档立卡数据中的绝对贫困、低收入和非低收入人口规模及其各自的比例（不同低收入线之下的建档立卡低收入人口规模和比例见附表7）。

表8-1：适用于建档立卡户低收入线测算结果：2019年

	农户可支配收入中位数的 X%					农户可支配收入均值的 X%				
	30%	35%	40%	45%	50%	30%	35%	40%	45%	50%
低收入线	3920	4573	5226	5880	6533	4385	5116	5847	6578	7309

数据来源：国家统计局统计公报，作者计算整理。

（二）建档立卡户低收入群体规模

图8-1给出了2019年建档立卡人口中绝对和低收入人口规模，此处我们以农户可支配收入中位数的30%、35%、40%、45%、50%作为标准。其中，不同标准下的绝对贫困人口+低收入人口=特定标准下的全部低收入人口。因此从图8-1中我们不仅可以看到不同贫困类型人口的规模，同时可以看出不同贫困类型人口的比例关系。简单来讲，当低收入线设定标准越高，那么低收入人群相对规模越高，因为在既定绝对贫困标准下绝对贫困的规模是不变的。另一方面可以看出，伴随低收入标准的提高，可以观测到更多的低收入人口。以中位收入的30%、35%、40%、45%、50%为低收入标准，2019年建档立卡户中总计低收入人口规模分别为525万人、1110万人、1873万人、2779万人和3556万人；回顾2018年，建档立卡户中总计低收入人口规模分别为935万人、2107万人、3128万人、3974万人和4677万人。如果与第五章测算出的全国农村低收入人口规模相比，对应低收入标准下建档立卡户中低收入人口分别占全国农村低收入人口的19%、26%、31%、31%和31%。而最后的这个结论显示出相对建档立卡户仍然在农村低收入户中占三成左右，此外更加不容忽视的是非建档的农村低收入人口，应该尽快将其覆盖到低收入监测体系当中。

此外，应该重视的是即便以低收入为标准度量，低收入中仍然存在绝对贫困问题，以及贫困的脆弱性问题。从这个意义上，返贫和贫困脆弱性问题，以及低收入问题都是值得在新时代下扶贫工作继续发力的要点。从政策视角，一方面由于因天灾人祸所引起的绝对贫困问题不可能杜绝，从政策上需要有效结合临时救济制度，对上述群体进行兜底；另一方面，丧失劳动力而失去增收来源的群体可能是另一部分绝对贫困人群的重要来源，仍需要采用低保兜底的手段才能有效扶助缺乏劳动力的极端贫困人群；而对应到脆弱贫困群体，我们建议建立健全防贫机制，建立反贫困预警机制，并且继续结合精准扶贫的思路，有针对性的对上述群体进行救助；而对于1.5倍绝对贫困线到低收入线的部分居民，我们认为其已经具备了稳定增收的潜能，可能在未来阶段通过致富的双手实现其收入水平的进一步提升。因此，对最后一部分三分之一的群体，我们建议以监测为主。

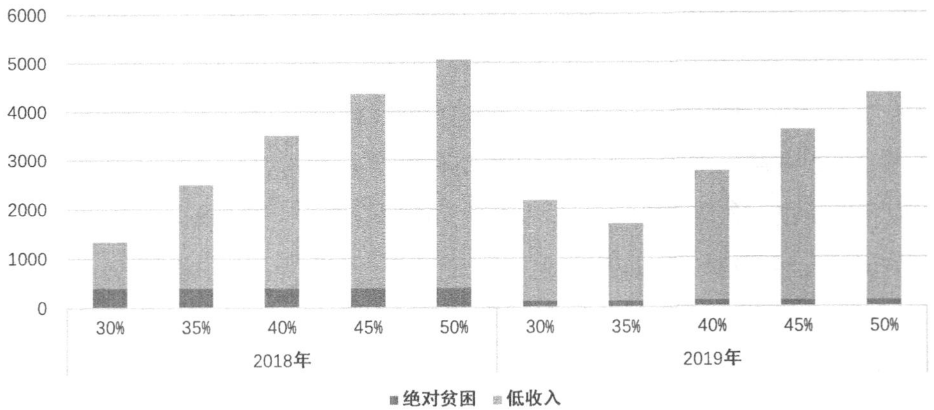

图8-1　建档立卡人口中的绝对和低收入人口规模（单位：万人）

我国区域之间发展不平衡的问题一直受到广泛关注，区域之间的收入差距依然处于较高水平，不同地区之间的贫困程度存在差异。表8-2给出了建档立卡户的区域分布。从表中可以看出中部地区、西部地区、贫困重点县、深度贫困县、连片特困地区和少数民族区是当前阶段建档立卡户分布较多的区域。尽管“三区三州”建档立卡户的绝对规模很低，但由于上述地区本身人口规模就少，所呈现的贫困特点往往是贫困规模小但贫困程度深、脱贫难度大，仍然是值得重点关注的硬骨头。从区域分布上看，从绝对贫困过渡到低收入过程中，贫困的区域分布并没有发生逆转。这提示出未来的区域工作重心仍然在落后省份、西部地区和丘陵以及山区地区。未来相当长一段时期内，在区域之间、省份之间的发展存在较大差异的现实基础需要逐渐克服，故扶贫的区域重心不建议发生较大规模转换。

表8-2　建档立卡户的人口分布：2019年

	占比	人口规模（万人）
全部建档立卡户	100%	8750.2
东部	3.7%	322.9
中部	41.0%	3588.3
西部	55.3%	4839.0
重点县	56.3%	4929.6
深度县	29.4%	2570.7
“三区三州”	7.5%	659.8
连片特困地区	57.0%	4989.3
少数民族区（少数民族贫困县）	25.8%	2258.4

图8-2进一步计算建档立卡户中处于低收入状态的卡户低收入人口区域分布。一个较为明显的趋势是，即便将贫困标准从绝对转换为相对，贫困人口的区位分布并未发生转变。从东西部地区来看，建档立卡户中的低收入户仍然主要分布在西部地区、贫困重点县、深度贫困县和连片特困地区。此外，深度县和少数民族贫困县由于其自身绝对人口规模较小，因此从规模上观察不到明显的规模集中现象，但这并不等于深度贫困地区和少数民族贫困县低收入问题有所缓解。

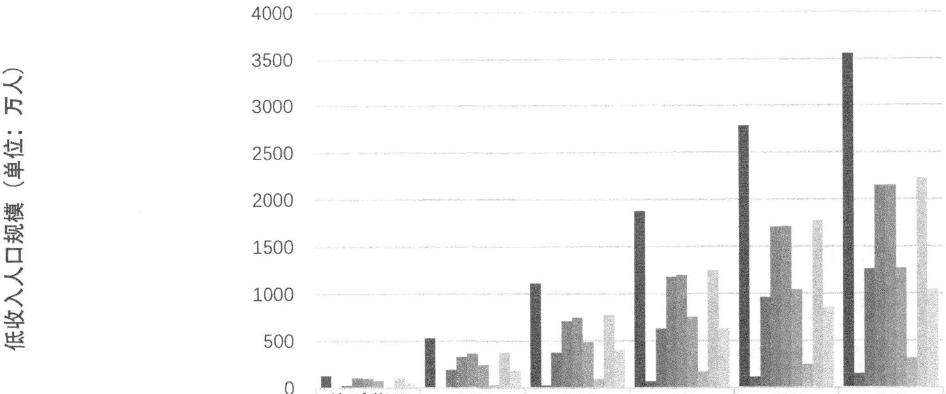

	绝对贫困	30%	35%	40%	45%	50%
全部农村	127	525	1111	1873	2779	3556
东部	0	2	28	68	116	151
中部	22	191	374	628	960	1260
西部	105	332	709	1178	1704	2145
重点县	97	367	746	1197	1709	2147
深度县	77	247	483	753	1041	1269
“三区三州”	10	33	95	171	250	311
连片特困地区	101	378	773	1246	1772	2220
少数民族区（少数民族贫困县）	49	185	401	630	854	1041

图8-2　建档立卡户中低收入户的区域分布：2019年

二、建档立卡户中低收入人口的结构性特征

本部分重点以建档立卡户中低收入人口的结构性特征为例，分析低收入与绝对贫困人口之间的特征性差别。个体特征反映了个体的差异，按照不同的个体特征进行低收入的测量有助于我们了解哪类群体更容易处于低收入之中，以及更容易陷入到低收入的哪个贫困区间之中的问题。从而，有助于思考和制定新时期对应的扶贫政策。本部分主要从年龄、教育程度、健康状况、民族属性等方面进行分析。

（一）基本结构性特征

表8-3给出的是按照年龄结构、民族以及性别的比较结果。

首先，从人口规模分布看，尚处于较低收入区间的人口规模也相对较少，而收入越高（表8-3是以500元为一个收入区间）对应的低收入人口越多。其中以5000—5500元和5500—6000元区间的低收入人口最多，表明更多的人集中于这个收入区间。而这个区间很可能是一个门槛区间，进入到这个收入区间的人相对更多的人愿意集中在这个区间中。

其次，从平均年龄来看一个比较值得进一步探索的年龄分布趋势是，如果从绝对贫困与各个收入区间低收入人口平均年龄比较来看，收入水平相对较高的低收入建档立卡户平均年龄在40岁左右，但极端贫困人口和收入相对较低的低收入户的平均年龄仅为34.6岁和38岁。如果结合不同贫困程度的家庭人口规模来看，极端贫困人口的家庭规模更高，那么一种可能性是一些极端贫困家庭是多子女家庭，家庭中过多的子女增加了家庭劳动力的人口抚养负担。上述猜测可以进一步通过绝对贫困人口中16岁以下人群占比、汉族人群占比在各组中最低和最高的结果得到印证。再从家庭抚养负担视角来看（主要以15—60岁人口占比为标准），统计结果中比较明显的界线是收入处于3000—4000元区间的人群，其在16—60岁区间人口占比最高，此外各个组的上述指标人口占比结果比较接近。上述结果显示出简单以家庭人口结构作为推测其家庭抚养负担的方式还不够严谨，需要辅助以劳动力的健康和教育状态（即人力资本能力）才能够得出更为准确的分析结果。

最后，贫困与性别的比例关系呈现中性结果，当然这并不是说女性贫困问题不严重，而在于我们测算贫困的方式是以家庭平均作为手段，这种方式无法如实评估出女性在家庭经济中的共享比例。因此，一些发达国家（如欧洲国家以及美国等）会按照家庭户主的性别等关键信息来对贫困程度进行细化分解。本书的第九部分会在上述方面提出相关建议。

（二）低收入卡户与绝对贫困卡户结构性特征差异：人力资本

结合前述对劳动力与家庭抚养负担的探讨，此处从人力资本视角探索低收入卡户与绝对贫困卡户之间的结构性差异，以此对未来阶段从绝对贫困向低收入转轨过程的政策设计中的人群针对性相关问题做前期研究，参见表8-4。

首先，从劳动力结构看，收入越高的低收入卡户其家庭中劳动力占比越高，例如绝对贫困户的16—60岁普通劳动力占比仅为75%，收入达到5000元以上的家庭其劳动力占比高达80%以上。但相比而言，尚未脱贫户的平均普通劳动力占比仅为62%，户内还有13%的劳动力处于丧失劳动力状态，11.3%处于弱劳动力状态。对后两个指标，全部样本的平均水平仅分别为4.0%和4.6%，脱贫户则更低，分别为3.7%和4.5%。由此可见，当前尚未脱贫户具有家庭缺乏劳动力的问题。当然，如果我们比较各个收入区间的低收入户的劳动力构成，会发现没有太大的差别，其主要原因在于当前阶段政府对贫困户的扶贫救助措施比较得力，通过有效的救助手段，令尚未脱贫户的收入也能够达到既定水平，从而我们无法观测到不同收入区间之间卡户劳动力的特征差异。最后，一个值得关注的普遍性问题是低收入卡户中拥有技能劳动力的比例非常低，仅为1%，但在未来乡村振兴以及城乡融合的发展背景下，对于劳动力个体技能的提升诉求较高，故此技能培训和教育方面是各个收入阶段的低收入户均应该有所加强的问题。

其次，考察对收入提升有显著作用的教育程度，重点看成人的收入教育程度（参见表8-5）。中国是一个崇尚教育的社会，大量研究表明中国居民的教育水平在逐年提高的同时，由于城乡二元经济结构的现状以及地区发展的不平衡，城乡教育并未均衡发展。表8-5的统计结果显示出卡户成人受教育程度方面的一个较为明显趋势，即现阶段尚未脱贫的人口，其受教育程度也普遍偏低。以16岁及以上文盲或半文盲人口占比来讲，未脱贫户中文盲占比高达12.1%，但脱贫户该比例仅为11.8%。这符合人力资本理论中的一个普遍接受的观点：受教育水平越低则越容易陷入贫困，受教育程度较低是导致贫困的重要原因。表8-5分教育阶段所显示的不同类型卡户的教育程度比例给出了更为细化的结论，我们可以看到相对于未脱贫户，初中以上受教育程度占比较高的是脱贫户。因此从整体上看教育程度是制约贫困户长期陷入贫困的一个重要因素。如果从低收入人口的高学历分布上看，一个突出问题是无论是绝对贫困户还是低收入户，其高中以上学历区间的人口占比均非常低，高中文化加上大专及以上比例的总和仅占2%左右。这表明，一方面如果要实现乡村振兴发展，教育的投入以及农村居民整体受教育程度的质量和数量的大幅度提高仍然是重要的任务；另一方面，在成人既定教育程度较难改变和提升的现实条件下，就需要加以大力度的职业技能培训，以便农村劳动力能够更好的适应乡村振兴和后扶贫时代的产业扶贫发展路径，并逐渐以自身的高技能条件反作用于农村的产业技能提升和发展。最后，如果我们看收入分段区间低收入户的教育程度人口比例，并没有太大差别，这个和前文所分析的扶贫政策的有效性相关，不再赘述。

接下来，我们来考察低收入户的健康程度问题，参见表8-6。人们通常认为教育是人力资本，却不知健康也是一种类型的人力资本。健康在个人收入决定中与教育具有相同的重要作用，而它在影响陷入贫困的因素中具有更加突出的作用。因此，不论从消除贫困的战略方面考虑，还是从降低收入不平等的政策方面考虑，健康的程度都具有重要意义。表中统计信息显示，当前阶段的未脱贫户的健康程度最差，表现为拥有健康人口比例仅为64%，低于脱贫户12个百分点。此外，尚未脱贫人口的长期慢性病人口比例、大病和残疾规模也要显著高于脱贫户和整体平均水平。由此可见因病致贫是目前贫困户的主要贫困特征和致贫原因，上述结果与当前对贫困户的致贫原因构成的判断也是较为一致的。结合2010年到2013年营养和健康状况调查显示，普通农村儿童生长迟缓的发生率高达11.3%，贫困地区生长迟缓的发生率高达19.5%，体现出中西部贫困地区农村儿童仍存在营养不良和生长迟缓的问题，发育迟缓、营养不良尽管短时期内不会转化为健康问题，但长期将会影响到健康程度。另外，上述事实也再次反映出一个东西部人口结构的差异：西部地区儿童多（生育率高）、老人少、预期寿命短、医疗发达程度低；东部地区儿童少（生育率低）、老人多、预期寿命长、医疗发达程度高。也正由于上述人口构成，相应地造成人群本身在健康程度上存在一些结构性的差异。

更进一步，我们专门对因残致贫问题进行分析。表8-7显示出未脱贫卡户中残疾人群比例较高，例如未脱贫户中有残疾人证的人口占全部未脱贫户人口的比例为17.3%，而全部样本仅为8.2%，脱贫户中有残疾人证的人群比例仅为7.9%。进一步从劳动力能力来看，16—60岁中未脱贫户的残疾人比例更高，占21.9%，对应全部样本和脱贫户该比例仅为7.9%和7.6%。尽管上述结论已经很能说明问题，即目前我国政府认定的尚未脱贫人口中，因残致贫占很高的比例，但由于很多残疾人仍然具有劳动能力，因此需要对残疾人内部进行进一步区分才能更准确分析因残致贫这一根本原因。故此，我们统计了16—60岁有残疾人证且丧失劳动力的人口比例，以及对应年龄阶段有残疾人证的半劳动力占比。结果仍然显示出未脱贫人口当中劳动力残疾且丧失（或部分丧失）劳动力是未脱贫户致贫的主要原因。以表8-7的统计结果来看，未脱贫户中劳动力呈现因残疾而完全丧失劳动力的比例为9.1%，半劳动力比例为6.4%，二者加总约在15.5%，即将近16%的尚未脱贫劳动力是因残疾而影响到其自身劳动力。再结合未脱贫家庭人口平均规模（结合表8-3，约为2.7人），则这16%的劳动力缺失可能导致30%—50%的未脱贫家庭长期陷于贫困状态，需要政府救助。当然，如果我们从收入区间的结果来看，政府的扶贫补助成效是突出和显著的，表现为如果仅按照收入区间来划分，那么各个区间的残疾人口分布比例比较接近。

整体上，通过本部分对不同低收入群体人力资本能力差别的分析，一个明显的特征是卡户中的低收入人口仍然存在人力资本欠缺的问题。但如果按照收入区间划分，不同收入区间内部的群体性结构性差异会遭到弱化，贫困户和非贫困户的结构性差异被目前的扶贫成效所稀释。尽管如此，我国建档立卡户当中低收入群体的包括健康程度、受教育水平、劳动力结构、家庭抚养负担等问题仍然值得关注。

（三）低收入卡户间的行为特征差异：务工

本部分重点考察与低收入群体的人力资本能力相关但是侧重点不同的一个内容，即低收入卡户的外出务工方面的行为差异（参见表8-8）。从不同类型户以及不同收入区间低收入人口的特征差异比较结果来看，脱贫户外出务工人群比例要高于未脱贫户，越高收入的低收入人口其务工比例要高于偏低收入区间的低收入群体。上述结果表明务工与收入水平有着较为密切的关系，甚至是农户提高收入来源的主要解释因素之一。具体来讲，脱贫户县内务工人口比例为16%，高出未脱贫户5个百分点；收入位列于6500元以上的低收入户务工比例均在15%以上，而收入在绝对贫困标准上下的人群其务工人口比例仅为10%。从务工外出的距离看，多数务工行为发生在省外，其次是省内务工，再次是省内县外区域，最后是县内务工。上述趋势较为值得我们关注，因为从卡户的外出务工地的分布可以看出县内务工的人口分布最少，很可能是县内经济不够发达，不足以创造足够的务工机会所致。故此未来一个发展重点可能是积极发展县内经济，通过更多创造县内的就近工作机会，为低收入户提供合宜距离下的工作机会，这样一来也可以很大程度上避免务工成年人子女的严重留守问题。

表8-8的最后三行观测了外出务工人员的平均外出时间。其中，很明显的趋势是脱贫户、相对富裕的低收入人口的外出务工时间更长，约为7—8个月/年，而未脱贫户和收入水平较低的低收入户的外出务工时间为6—7个月/年。这个比较好理解，即表明更高的务工时间可以带来更高的工资性收入，进而更大程度的改善家庭成员的人均可支配收入水平。相对而言，尚未脱贫的农户外出务工时间也相对较少，从而收益较低。

三、低收入卡户与绝对贫困卡户的收入结构

（一）低收入卡户与绝对贫困卡户的收入差异

本部分我们细致分析低收入卡户的收入结构（参见表8-9）。

首先，从人均纯收入的差距上看，未脱贫户和脱贫户之间的收入差距还是比较大的，两者收入差距超过3000元。如果分析上述差距的来源，那么工资性差距占据主要位置。从分项收入占比看，未脱贫户的工资性收入仅占全部纯收入的三成，但脱贫户的工资性收入则占全部收入的六成。上述差距也构成了未脱贫户与脱贫户收入差距之间的主要来源，以及绝对贫困户（以及收入低于4000元的卡户）与非绝对贫困户之间的差别。

其次，从经营性收入占比来看，未脱贫户和脱贫户的整体性经营性收入均占纯收入的两成左右，但绝对贫困户（以及收入低于4000元的卡户）的经营性收入占比高达四成以上，这表明我国农村收入处于低端的农户仍然以传统农业经营行为为主，其他来源收入较少，收入来源单一，且农业收入受自然因素影响程度较高，从而也制约了其获取更高收入的可能性。

第三，从财产性收入来看，我们可以观测到未脱贫户的财产性收入占比略高于脱贫户，但由于从绝对值看未脱贫户的资产收入是远低于脱贫户的，因此这一统计结果更多反映的是未脱贫户收入来源的单一问题。此外另一个解释是当前精准扶贫阶段下贫困户的人均资产收入分红。由于这一项主要来自于政府，在未来扶贫政策可能发生转变的前提下，上述未脱贫户财产收入占比更高的趋势能否持续下去是值得思考的问题。

第四，从人均转移性收入占比的整体差异性趋势上看，一个值得关注的是未脱贫户的转移性收入过高的问题。2019年数据显示，未脱贫户人均纯收入中的仅五成来自转移性收入（其中低保占一半；特困供养金、养老保险和其他转移性收入各占八分之一左右），这一统计结果恰恰体现出尚未脱贫户是当前阶段的弱势群体，较难通过自身劳动获得更高收入来源。此外，转移性收入占

比与人均收入的关系在一定程度上呈现U形曲线：除了收入最高的组分之外，转移性收入占比大致呈现先迅速下降，后缓慢上升的形态，而该U形曲线的底部恰好位于绝对贫困线附近，即人均收入为0.75—1倍和1—1.25倍绝对贫困线的分组附近。换言之，这部分群体的收入中，转移性收入的占比最低。这或许在一定程度上能够说明，由于当前扶贫工作的重点在于消除绝对贫困问题，扶贫政策对于上述边缘群体的关注和扶持力度相对较低。

（二）对建档立卡户中脆弱户的分析

如果进一步将人均纯收入高于绝对贫困线，但扣除转移性收入之后，其收入水平低于绝对贫困线的群体定义为脆弱群体，在全部已脱贫人口中，仍然有一定比例属于该群体，未能实现稳定脱贫。特别是对于收入介于1—1.25倍绝对贫困线之间的人群中，约有1/3属于脆弱低收入群体；收入更高的群体中，仍有部分人口属于该群体；即使对于收入高于2倍绝对贫困线，已经完全脱离了低收入状态的人群而言，其中仍有6%以上的属于脆弱群体。相较于其他低收入群体，以上定义的脆弱低收入群体具有年龄偏大、劳动能力欠缺、身体健康状况较差的特点；相应地，其主要致贫原因中，因病、因残和因缺劳动力而致贫者更为普遍。

两类低收入群体显著的特征差异提示我们，应当对特征不同的低收入群体，有针对性地确定帮扶措施和力度。对于确实因为年龄、健康等原因，不具备生产经营活动能力提升潜力的人群，应当通过农村低保、五保等社会福利措施，或者新农保等社会保险方式予以兜底，保障其基本生活水平；对于那些仍具有劳动能力的人群，则应当着重提高他们的技能水平，改善其健康状况，减轻家庭负担，提高其劳动意愿。这对于保持并提高扶贫工作精准度，以及由就业扶贫和产业扶贫等开发式扶贫政策、社会保障政策和社会保险政策组成的大扶贫政策内部的协调联动提出了新的要求。

整体上，本部分关于收入结构的分析与前文分析的未脱贫户的基本结构性特征的主要结论一脉相承，即由于未脱贫户主要集中在抚养负担较重的家庭中，可能以生活在贫困落后地区为主，自身人力资本较差因而缺少务工能力也难以获取务工机会，因此只能在落后地区以务农为主，进而影响其收入和生活水平。长此以往也容易导致贫困的世代传递。但也正因为如此，对当前阶段仍然处于绝对贫困状态下的贫困农户，结合其自身和家庭其他成员的结构性特征，政府兜底保障可能是为其缓解贫困的最好途径和方式。而在后续建设过程中，如果能有效结合乡村振兴的进程，地方政府和社会力量为这些弱势群体及其子女提供更好的受教育机会和工作机会，那么此类最脆弱群体中的一部分也会在发展中得到生活上的进一步改善，以及能力的进一步提高，从而在长期中缓解或解决贫困的代际传递问题。

四、建档立卡户的致贫原因分析

（一）建档立卡户的主要致贫原因探析

主要和次要致贫原因是建档立卡数据中较为独特的信息来源。通过对主要和次要致贫原因变量的汇总、排序和比较，不仅能够进一步印证此前对于绝对贫困人口和低收入群体的结构性特征分析的统计结果，更有助于明确两类贫困群众以及地方干部对于扶贫政策最为迫切的需求及其差异，以便在今后的扶贫工作中更好地做到“因人施策、因地制宜”。

表8-10给出了建档立卡户的致贫原因分析。致贫原因-1是只按照主要致贫原因所做的统计，致贫原因-2则按照所有致贫原因进行了汇总处理（篇幅所限不再单列，参见附表9）。第一种方式将最主要的致贫原因作为突出的内容呈现出来，而第二种分析方式则有助于我们更全面地把握所有可能的致贫原因。

（二）不同类型建档立卡户间致贫因素差异分析

整体上我们发现，对绝对贫困人口和低收入群体，最普遍的致贫原因包括因病、因残、缺劳力、缺资金或缺技术，但低收入群体对技术和资金的需求更为迫切。

以2019年度建档立卡数据为例，无论对于绝对贫困人口还是低收入群体，如果按汇总后的主要和次要致贫原因的重要性排序，因病、因残、缺劳力、缺技术、缺资金而致贫始终排在各类致贫原因的前列，上述问题是两类群体脱贫之路上共同面临的主要挑战。

当然，脱贫户和未脱贫户在上述方面有所差异，以致贫原因-1分析，脱贫户因残和因病加总比例达到50%以上，但未脱贫户除了上述致贫因素占主体，包括因学、缺技术、缺资金也都占据主体地位，故而对政府支持的依赖度也更高。

五、小结

基于上述统计信息得到如下主要结论：

第一，总体而言，绝对贫困人口与低收入群体的特征共性大于差异，绝对贫困仍然在未来阶段值得重视。一方面在于因天灾人祸所引起的绝对贫困问题不可能杜绝，从政策上需要有效结合临时救济制度，对上述群体进行兜底；另一方面，丧失劳动力而失去增收来源的群体可能是另一部分绝对贫困人群的重要来源，仍需要采用低保兜底的手段才能有效扶助缺乏劳动力的极端贫困人群。

第二，从区域分布上看，一个较为明显的趋势是，即便将贫困标准从绝对转换为低收入线，低收入人群的区位分布并未发生转变。从东西部地区来看，建档立卡户中的低收入户仍然主要分布在西部地区、重点县、深度县和连片特困地区。此外，深度县和少数民族贫困县由于其自身绝对人口规模较小，因此从规模上观察不到明显的规模集中现象，但这并不等于深度县和少数民族贫困县的低收入问题有所缓解。剩余人口的空间分布发生变化：分布在经济欠发达区域的绝对贫困人口和低收入人群占比提高，低收入人群的空间分布相对更为分散。

第三，在低收入人口内部，超过35%的人口收入介于绝对贫困线和1.5倍绝对贫困线区间内，这部分群体尽管从收入水平上看超越了极端贫困线，但收入水平并不高，仍然有较大的概率返回到绝对贫困状态，因此为相对脆弱人口。现行的标准下虽然我国一些人口已经脱离了绝对贫困状态，但依然在绝对贫困线附近徘徊，并有较大的概率返贫，但这部分人口被排除在现行扶贫政策之外，生活状况、居住条件等甚至不如绝对贫困人口。从政策上，我们认为要建立健全防贫机制，建立预警机制，并且继续结合精准扶贫的思路，有针对性地对上述群体进行救助。而对于1.5倍绝对贫困线到低收入线的部分居民，我们认为其已经具备了稳定增收的潜能，可能在未来阶段通过致富的双手实现其收入水平的进一步提升。因此，对最后一部分三分之一的群体我们的建议是监测为主。

第四，两类人群的结构特征差异主要体现在三个维度：低收入人群的劳动能力略强于绝对贫困人口；低收入人群的技能状况略优于绝对贫困人口；低收入群体的健康状况优于绝对贫困人口，患病和残疾的比例均较低。

第五，绝对贫困人口的主要致贫原因包括因病、因残、缺技术、缺劳力和缺资金，其中因病、因残比例约占一半以上，若考虑次要致贫原因则更高；低收入人群除因病、因残致贫的首要原因外，缺技术和缺资金致贫的比例超过绝对贫困人口，而缺劳动力致贫的比例低于绝对贫困人口。两类人群对扶贫政策存在不同需求。

第六，工资性收入是绝对贫困人口和低收入人群共同的首要收入来源，份额均占一半以上。绝对贫困人口的次高收入来源为转移性收入，占比接近三分之一；低收入人群的次高收入来源为经营性收入，转移性收入占比甚至低于全国农村平均水平。

第七，欠发达地区仍存在大量具有劳动能力和劳动意愿的人力资源未得到有效利用。地理劣势和劳动力偏低的技能水平互为因果，增加脱贫难度。

第八，收入略高于绝对贫困线的低收入群体的收入增速低于其他群体，处于收入增速-收入水平U形曲线底部区域。考虑到脱贫人口大多进入该区间，应增加对该群体的关注并在制度上予以充分保障。

表8-3 建档立卡户中低收入户的基本结构性特征

	建档立卡户				绝对贫困 / 低收入群体（只参照人均纯收入标准作为识别信息，提取人均纯收入低于现行标准的人口进行计算）										
	全部样本	未脱贫户	脱贫户	其中：脱贫监测户	绝对贫困	3000-3500 元	3500-4000 元	4000-4500 元	4500-5000 元	5000-5500 元	5500-6000 元	6000-6500 元	6500-7000 元	7000-7500 元	7500-8000 元
人口规模（万人）	8582.4	266.3	8316.2	167.8	133.9	163.1	275.4	464.9	455.9	783.4	640.8	597.8	526.7	478.3	439.7
总户数（户）	2618.8	97.8	2521.0	47.7	36.0	47.3	75.9	131.0	130.5	229.5	189.9	179.1	159.1	146.2	134.8
平均年龄（岁）	40.1	39.8	40.1	38.8	34.6	38.1	37.7	38.4	39.2	40.0	40.4	40.2	40.6	40.7	40.6
16 岁以下人口占比	17.7%	22.6%	17.5%	22.8%	25.9%	19.2%	21.0%	21.9%	21.1%	20.4%	19.5%	19.3%	18.7%	18.3%	18.1%
16-60 岁（含）人口占比	60.4%	52.1%	60.7%	54.2%	58.4%	63.3%	60.4%	56.8%	56.3%	55.6%	56.3%	57.1%	57.3%	57.4%	58.3%
60 岁以上人口占比	21.9%	25.2%	21.8%	23.0%	15.7%	17.5%	18.6%	21.3%	22.6%	24.0%	24.1%	23.6%	24.0%	24.2%	23.7%
汉族人口规模占比	73.7%	64.9%	74.0%	61.6%	57.4%	65.1%	63.4%	63.6%	66.2%	74.9%	75.4%	75.8%	76.0%	76.3%	76.4%
女性人口规模占比	46.4%	44.2%	46.5%	47.8%	46.9%	46.4%	47.7%	48.5%	48.3%	48.8%	48.3%	47.8%	47.4%	46.9%	46.6%
家庭人口规模（人）	3.3	2.7	3.3	3.5	3.7	3.4	3.6	3.5	3.5	3.4	3.4	3.3	3.3	3.3	3.3

表8-4　建档立卡户中低收入户的基本结构性特征：人力资本

		建档立卡户			绝对贫困 / 低收入群体（只参照人均纯收入标准作为识别信息，提取人均纯收入低于现行标准的人口进行计算）										
		全部样本	未脱贫户	脱贫户	绝对贫困	3000-3500元	3500-4000元	4000-4500元	4500-5000元	5000-5500元	5500-6000元	6000-6500元	6500-7000元	7000-7500元	7500-8000元
劳动力	16-60岁普通劳动力占比	82.3%	62.3%	82.8%	75.4%	77.5%	79.1%	79.9%	79.8%	81.1%	81.1%	81.3%	81.3%	81.5%	81.8%
	16-60岁技能劳动力占比	1.3%	0.8%	1.3%	1.5%	1.3%	1.3%	1.2%	1.4%	1.2%	1.2%	1.3%	1.3%	1.3%	1.3%
	16-60岁丧失劳动力占比	4.0%	13.2%	3.7%	5.1%	4.3%	3.6%	3.8%	4.1%	4.2%	4.4%	4.4%	4.4%	4.4%	4.3%
	16-60岁弱劳动力或半劳动力（即有劳动能力的病人）占比	4.6%	11.3%	4.5%	5.4%	3.3%	2.9%	3.7%	4.2%	4.5%	4.7%	4.7%	4.9%	5.0%	4.9%
	16岁以下无劳动力（即未成年人）占比	29.2%	43.3%	28.9%	44.2%	30.2%	34.7%	38.4%	37.4%	36.7%	34.6%	33.8%	32.7%	31.9%	31.0%
	60岁以上无劳动力占比	22.1%	31.4%	21.8%	19.6%	19.0%	21.2%	25.8%	27.0%	27.9%	27.3%	25.8%	25.9%	25.8%	24.6%
	60岁以上弱劳动力或半劳动力（即健康老年人，能从事一些简单劳动）占比	8.7%	12.1%	8.6%	3.7%	2.5%	3.4%	5.9%	7.2%	9.4%	9.7%	9.7%	10.1%	10.5%	10.3%

表8-5　建档立卡户中低收入户的基本结构性特征：教育程度

	建档立卡贫困户			绝对贫困 / 低收入群体（只参照人均纯收入标准作为识别信息，提取人均纯收入低于现行标准的人口进行计算）										
	全部样本	未脱贫户	脱贫户	绝对贫困	3000-3500 元	3500-4000 元	4000-4500 元	4500-5000 元	5000-5500 元	5500-6000 元	6000-6500 元	6500-7000 元	7000-7500 元	7500-8000 元
16 岁及以上文盲或半文盲比例	12.1%	21.1%	11.8%	14.9%	11.6%	11.4%	13.5%	13.8%	13.4%	13.3%	12.9%	13.1%	13.2%	12.8%
16 岁及以上小学文化比例	37.2%	42.3%	37.0%	43.2%	37.5%	38.5%	41.1%	41.5%	39.5%	39.1%	38.4%	38.2%	37.7%	37.2%
16 岁及以上初中文化比例	35.1%	23.7%	35.4%	27.1%	35.3%	34.7%	31.0%	30.5%	32.5%	32.9%	33.7%	33.9%	34.2%	34.8%
16 岁及以上高中文化比例	5.0%	2.8%	5.1%	3.1%	4.3%	4.3%	3.9%	3.9%	4.4%	4.5%	4.6%	4.7%	4.8%	4.8%
16 岁及以上大专比例	2.1%	0.7%	2.1%	0.9%	1.1%	1.1%	1.2%	1.2%	1.5%	1.6%	1.6%	1.7%	1.8%	1.9%
16 岁及以上本科及以上比例	0.9%	0.3%	0.9%	0.5%	0.4%	0.4%	0.5%	0.5%	0.6%	0.6%	0.7%	0.7%	0.7%	0.8%

表8-6　建档立卡户中低收入户的基本结构性特征：健康程度

	建档立卡贫困户			绝对贫困 / 低收入群体（只参照人均纯收入标准作为识别信息，提取人均纯收入低于现行标准的人口进行计算）										
	全部样本	未脱贫户	脱贫户	收入低于2995元的人群	3000-3500元	3500-4000元	4000-4500元	4500-5000元	5000-5500元	5500-6000元	6000-6500元	6500-7000元	7000-7500元	7500-8000元
健康人口规模占比	75.6%	64.1%	75.9%	80.6%	80.2%	80.5%	77.7%	76.1%	74.2%	74.0%	74.3%	73.9%	73.7%	74.0%
长期慢性病人口规模占比	15.5%	17.7%	15.5%	10.0%	11.5%	12.2%	14.3%	15.2%	16.9%	16.8%	16.5%	16.6%	16.7%	16.5%
大病规模占比	2.2%	5.1%	2.1%	3.2%	2.5%	2.0%	2.1%	2.2%	2.3%	2.3%	2.2%	2.2%	2.2%	2.2%
残疾规模占比	8.2%	17.3%	7.9%	7.5%	6.8%	6.3%	6.9%	7.7%	7.9%	8.3%	8.4%	8.8%	9.1%	9.0%

表8-7　建档立卡户中低收入户的基本结构性特征：残疾人口占比

	建档立卡户			边缘户	绝对贫困 / 低收入群体（只参照人均纯收入标准作为识别信息，提取人均纯收入低于现行标准的人口进行计算）										
	全部样本	未脱贫户	脱贫户	边缘户	绝对贫困	3000-3500 元	3500-4000 元	4000-4500 元	4500-5000 元	5000-5500 元	5500-6000 元	6000-6500 元	6500-7000 元	7000-7500 元	7500-8000 元
有残疾人证人群占比	8.2%	17.3%	7.9%	3.1%	7.5%	6.8%	6.3%	6.9%	7.6%	7.8%	8.3%	8.4%	8.8%	9.1%	9.0%
16-60 岁有残疾人证人群占比	7.9%	21.9%	7.6%	3.5%	8.8%	7.1%	6.6%	7.3%	8.1%	8.3%	8.7%	8.6%	8.8%	8.8%	8.7%
16-60 岁有残疾人证且丧失劳动力占比	2.4%	9.1%	2.2%	1.0%	2.6%	2.0%	1.7%	2.0%	2.4%	2.5%	2.7%	2.7%	2.8%	2.8%	2.8%
16-60 岁有残疾人证的半劳动力占比	2.3%	6.4%	2.1%	0.9%	2.5%	1.6%	1.4%	1.7%	2.0%	2.1%	2.3%	2.3%	2.4%	2.5%	2.5%

表8-8　建档立卡户中低收入户的基本结构性特征：务工人口比例

	建档立卡贫困户			绝对贫困 / 低收入群体（只参照人均纯收入标准作为识别信息，提取人均纯收入低于现行标准的人口进行计算）										
	全部样本	未脱贫户	脱贫户	绝对贫困	3000-3500 元	3500-4000 元	4000-4500 元	4500-5000 元	5000-5500 元	5500-6000 元	6000-6500 元	6500-7000 元	7000-7500 元	7500-8000 元
县内务工人口占比	15.5%	11.0%	15.6%	10.4%	10.4%	10.7%	11.1%	12.0%	12.8%	13.8%	14.5%	15.1%	15.6%	15.9%
省内县外务工人口占比	6.1%	3.1%	6.2%	4.9%	3.9%	3.9%	4.4%	4.6%	4.8%	5.0%	5.3%	5.5%	5.6%	5.8%
省外务工人口占比	12.3%	6.4%	12.5%	9.9%	9.2%	9.1%	8.7%	8.8%	8.5%	8.9%	9.6%	10.0%	10.4%	11.2%
县内务工人口平均外出时间（月）	7.50	6.70	7.60	6.80	6.30	6.30	6.00	6.30	6.50	6.60	6.80	6.90	7.10	7.20
省内县外务工人口平均外出时间（月）	8.10	6.80	8.10	7.30	6.90	7.30	6.90	7.10	7.00	7.10	7.20	7.30	7.50	7.60
省外务工人口平均外出时间（月）	8.40	7.00	8.50	7.60	7.30	7.00	6.90	7.40	7.50	7.60	7.80	7.80	8.00	8.10

表8-9 建档立卡户中低收入户的收入结构:2019年

	建档立卡贫困户			绝对贫困 / 低收入群体（只参照人均纯收入标准作为识别信息，提取人均纯收入低于现行标准的人口进行计算）										
	全部样本	未脱贫户	脱贫户	绝对贫困	3000-3500元	3500-4000元	4000-4500元	4500-5000元	5000-5500元	5500-6000元	6000-6500元	6500-7000元	7000-7500元	7500-8000元
人均纯收入（元）	8502	5383	8602	2294	3268	3757	4236	4736	5235	5735	6235	6737	7236	7734
人均工资性收入占比	63.2%	32.5%	63.8%	38.1%	43.1%	44.4%	46.9%	48.5%	51.7%	53.2%	55.8%	56.6%	57.7%	59.6%
人均生产经营性收入占比	23.9%	21.9%	23.9%	47.7%	44.7%	44.0%	37.8%	34.6%	29.8%	28.7%	26.7%	25.9%	24.8%	23.7%
人均财产性收入占比	3.5%	5.9%	3.4%	2.5%	2.6%	3.2%	3.3%	3.3%	3.4%	3.6%	3.6%	3.7%	3.8%	3.7%
其中：人均资产收益扶贫分红收入占比	1.3%	3.3%	1.3%	0.6%	0.4%	0.6%	0.9%	1.2%	1.3%	1.5%	1.5%	1.6%	1.6%	1.6%
人均其他财产性收入占比	2.1%	2.7%	2.1%	1.9%	2.2%	2.6%	2.4%	2.1%	2.1%	2.1%	2.1%	2.1%	2.1%	2.1%
人均转移性收入占比	18.3%	48.3%	17.7%	32.5%	25.3%	21.6%	24.3%	25.6%	25.3%	24.8%	23.8%	23.5%	23.1%	22.0%
人均计划生育金占比	0.2%	0.4%	0.2%	0.1%	0.1%	0.1%	0.1%	0.2%	0.2%	0.2%	0.2%	0.2%	0.2%	0.2%
人均低保金占比	6.4%	25.1%	6.0%	19.4%	14.5%	10.0%	9.5%	10.1%	8.7%	9.0%	8.7%	8.7%	8.4%	8.0%
人均特困供养金占比	1.2%	6.8%	1.1%	0.6%	0.5%	0.4%	0.3%	0.5%	0.5%	0.7%	1.1%	1.3%	1.8%	1.8%
人均养老保险金占比	3.3%	5.6%	3.2%	4.7%	2.9%	3.2%	4.7%	4.9%	5.3%	5.1%	4.7%	4.5%	4.3%	4.0%
人均生态补偿金占比	1.1%	1.0%	1.1%	1.5%	1.5%	1.3%	1.6%	1.5%	1.4%	1.3%	1.3%	1.2%	1.2%	1.1%
人均其他转移性收入占比	6.2%	9.4%	6.1%	6.2%	5.8%	6.6%	8.2%	8.4%	9.2%	8.5%	7.8%	7.5%	7.2%	6.9%

表8-10 建档立卡户中低收入户的致贫原因分析：2019年

		建档立卡贫困户			绝对贫困 / 低收入群体（只参照人均纯收入标准作为识别信息，提取人均纯收入低于下行标准的人口进行计算）										
		全部样本	未脱贫户	脱贫户	收入低于2995元的人群	3000-3500元	3500-4000元	4000-4500元	4500-5000元	5000-5500元	5500-6000元	6000-6500元	6500-7000元	7000-7500元	7500-8000元
致贫原因-1，只取主要致贫原因，统计各类原因下的人口占比	因病	26.5%	30.8%	26.4%	19.9%	19.1%	19.1%	22.5%	24.4%	28.4%	28.0%	27.7%	28.1%	28.2%	28.0%
	因残	11.1%	20.5%	10.8%	9.9%	7.6%	6.7%	8.1%	9.5%	10.2%	11.0%	11.4%	12.0%	12.4%	12.5%
	因学	7.6%	5.9%	7.6%	8.7%	7.0%	7.0%	6.7%	6.7%	6.5%	6.7%	7.1%	7.0%	7.2%	7.5%
	因灾	1.2%	1.0%	1.2%	1.2%	1.4%	1.4%	1.4%	1.2%	1.1%	1.1%	1.1%	1.1%	1.1%	1.1%
	缺土地	1.9%	2.1%	1.9%	1.9%	2.2%	2.3%	2.1%	2.0%	1.9%	1.8%	1.8%	1.8%	1.8%	1.8%
	缺水	0.2%	0.1%	0.2%	0.1%	0.3%	0.3%	0.2%	0.2%	0.2%	0.2%	0.2%	0.2%	0.2%	0.1%
	缺技术	26.4%	16.2%	26.7%	26.0%	26.8%	28.1%	26.9%	26.9%	25.4%	25.4%	25.5%	25.2%	25.0%	25.1%
	缺劳力	5.7%	10.7%	5.6%	6.7%	7.4%	7.0%	6.4%	6.4%	6.2%	6.2%	6.1%	6.2%	6.2%	6.0%
	缺资金	13.5%	6.6%	13.7%	15.4%	19.8%	21.1%	19.1%	16.5%	14.4%	13.8%	13.3%	12.8%	12.3%	12.1%
	交通落后	2.4%	3.4%	2.4%	6.0%	3.9%	2.8%	2.9%	2.8%	2.7%	2.6%	2.5%	2.5%	2.4%	2.3%
	动力不足	3.4%	2.6%	3.5%	4.0%	4.2%	4.0%	3.6%	3.4%	3.0%	3.0%	3.1%	3.1%	3.1%	3.2%

第五篇

结论和建议

第九章 结论和政策建议

一、主要结论

（一）贫困治理视角下的基本判断

从贫困治理角度，研究发现一个国家乡村振兴体系的完善程度和乡村振兴能力的高低，很大程度上取决于协调运用政府、市场和社会三种机制的能力。实践中，三种机制共同构成了支持贫困地区、贫困社区和贫困农户内生发展动能的力量。

从国际经验来看，在乡村振兴领域取得突出进展的国家，一个共性的特征是将乡村振兴视为国家战略的重要组成部分，通过专门的政策支持，改善欠发达地区的基础设施和公共服务，并着力通过面向欠发达地区、低收入人口的特殊金融政策、补贴政策、能力建设等综合的手段，形成一揽子政策支持体系，从而为贫困地区和贫困人口改善生计水平提供条件。从我国乡村振兴的实践中来看，同样遵循着此种路径。西方的参与式发展理论被扶贫实践所采用，就形成了参与式扶贫。

参与式扶贫以政府为扶贫主体，以欠发达村为扶贫单元，通过相应的赋权增能机制，使低收入户能够参与到扶贫项目的决策、实施、监控与评估过程之中，以此激发低收入户的参与热情和参与意愿，提高低收入户自我发展和自主脱贫的能力，从而解决低收入问题①。参与式扶贫作为一种旨在重构扶贫权力

① 刘俊生，何炜.从参与式扶贫到协同式扶贫:中国扶贫的演进逻辑——兼论协同式精准扶贫的实现机制[J].西南民族大学学报(人文社科版)，2017，38(12):205-210.

结构和扶贫资源配置的创新型扶贫模式，其不仅仅是扶贫技术层面的改变，也是对传统自上而下的救济式扶贫和开发式扶贫思路的变革。其理念主要表现为：一是把扶贫对象视为扶贫主体。参与式扶贫认为欠发达地区的当地人最了解自身和当地的情况，强调以扶贫对象为主体，以满足扶贫对象的需求为目的，让扶贫对象直接参与扶贫项目的决策，在扶贫项目的选择上实现了群众充分参与的民主决策机制①。二是强调参与双方的共赢。参与式扶贫承认扶贫对象在长期的生产生活过程中积累了丰富的乡土知识，这些乡土知识有助于其在外界的帮扶下解决自身的低收入问题。三是注重扶贫对象能力的培养。参与式扶贫把扶贫对象视作参与主体，只有扶贫对象具备了一定的参与能力，才能更好地参与到整个扶贫项目的过程之中。因此，参与式扶贫除了传统的物质帮扶之外，也注重扶贫对象能力的培养，在扶贫项目实施过程中，通过一些能力提升项目，提高扶贫对象的发展能力。

参与式扶贫将低收入群体纳入到乡村振兴主体中，低收入群体既是扶持对象也是参与主体，成为多元中心论的重要部分。公共治理范式中的参与主体包括政府、社会组织、企业、低收入群体等多元主体，此治理模式摆脱市场或政府“单中心”的治理方式，建立了政府、市场、社会三维框架下的“多中心”治理模式，即协同式乡村振兴和发展模式。该模式凭借多元参与主体的知识、技术和资源等优势，可以为低收入户提供多样化的帮扶，满足低收入户多元化的需求，能更好地解决农户的权利低收入问题。

乡村振兴的公共治理范式中，制度供给主体为政府、市场和社会，尤其是低收入人口的协同，制度选择目标为多元价值整合。具体而言，较之政府主导范式和市场主导范式中所形成的“中心-边缘”结构，公共治理范式中的主体结构处于以低收入人口为核心的协同状态；较之政府主导范式所单纯强调的公

① 楚永生.参与式扶贫开发模式的运行机制及绩效分析——以甘肃省麻安村为例[J].中国行政管理，2008(11):48-51.

平目标和市场主导范式所强调的效率目标，公共治理范式强调基于过程的公平、参与和基于结果的效率、满意度等多元价值的整合。公共治理范式的兴起具有必然性，这种必然性不仅源于政府主导范式和市场主导范式的缺陷，更源于乡村振兴中低收入人口的主体地位。

公共治理范式的形成揭示了治理道路逐步以低收入群体的实际需求为导向，以事实性扶贫代替政治性扶贫。中国乡村振兴道路的一个基本经验在于，将中国农村低收入问题，置于中国农村改革与发展的宏大历史语境中认识，坚持对致贫因素的结构分析与个体分析相结合，在推动农村整体层面制度改革和政策供给的同时，强调对于欠发达地区和低收入人口差异性的理解和尊重，保持国家乡村振兴体系对各个时期农村低收入问题的时代特点，以及不同地区、社区、低收入人口多元化、差异化需求的良好回应性①。2000 年以来，中国国家乡村振兴体系，逐渐形成了“大扶贫”的工作格局，政府、市场与社会协同的体制机制正在逐渐完善和成熟。通过“大扶贫”的理念，整合最为广泛的行业投入和政策资源，以此为基础开展综合性的扶贫开发，综合性的帮扶措施满足了基础设施、基本公共服务、基础产业、基层组织能力建设以及劳动力素质等多方面的需求，从而缓解农村多维要素匮乏的要求。

（二）定量分析视角下的主要结论

本书探讨了中国贫困发生机制，主要切入点是基于绝对贫困线与低收入线（相对贫困线）。从定量角度分析，基于对低收入标准和低收入发生率的测算，主要得到如下发现：一、以不同参照系设置的低收入线有显著差别。体现在5%—100%间隔下（以均值为基数或者是中位数为参照系）的结果性差异，及“全国一条线”“农村一条线”“城镇一条线”“全国各省线”“农村各省线”和“城镇各省线”之间的巨大差异。二、从低收入线的设置值分布的整体趋势

① 吕方,梅琳.“精准扶贫”不是什么?——农村转型视阈下的中国农村乡村振兴[J].新视野,2017(02):35-40.

上看，城镇低收入线高于全国低收入线，全国低收入线又高于农村低收入线。即便我们对比同一个省份内部不同的低收入标准，城乡差距也不容忽视。三、从低收入线的国际比较和我国的设置比较结果看，考虑到当前我国正处于从消除农村绝对贫困向建立解决低收入人口脱贫长效机制的过渡阶段，未来一段时期内，低收入人口识别线与绝对线之间的差距不宜过大，因此，绝对线1.5—2倍之间的过渡变动可能是更为稳健的。初步来看，对应五年巩固期的低收入人口识别线可以设置在30%—55%中位收入区间。基于前述分析，本书认为以居民中位收入35%、40%、45%、50%和55%为标准，以“农村一条线”“城镇一条线”“各省城镇线”和“各省农村线”标准下对应低收入发生率及其规模的主要结果比较具有参考价值（具体分析结果可回顾第四章第七小节分析）。从低收入人口规模上看，如果结合“农村一条线”方法推算农村居民中位收入35%、40%、45%、50%和55%标准下的低收入人口规模，那么“全国一条线”标准下全国农村低收入人口规模分别约为7200万人、9500万人、1.1亿人、1.4亿人和1.6亿人，“分省农村线”下全国低收入人口规模分别约为6200万人、8000万人、1亿人、1.2亿人和1.5亿人；如果结合“城镇一条线”方法推算城镇居民中位收入35%、40%、45%、50%和55%标准下的低收入人口规模，那么“全国一条线”标准下全国城镇低收入人口规模分别约为8600万人、1.2亿人、1.5亿人和1.9亿人和2.4亿人，“分省农村线”下全国低收入人口规模分别约为7800万人、1亿人、1.4亿、1.8亿人和2.1亿人。

（三）对低收入人口的结构特性分析结果

基于建档立卡低收入户的统计信息，得到如下主要结论：

第一，总体而言，绝对贫困人口与低收入群体的特征共性大于差异，绝对贫困仍然在未来阶段值得重视。一方面在于因天灾人祸所引起的绝对贫困问题不可能杜绝，从政策上需要有效结合临时救济制度，对上述群体进行兜底；另一方面，因丧失劳动力而失去增收来源的群体可能是另一部分绝对贫困人群的重要来源，仍需要采用低保兜底的手段才能有效扶助缺乏劳动力的极端贫困人群。

第二，从区域分布上看，一个较为明显的趋势是，即便将贫困标准从绝对转换为相对，贫困人口的区位分布也并未发生转变。从东、西部地区来看，建档立卡户中的低收入户仍然主要分布在西部地区、贫困重点县、深度贫困县和连片特困地区，此外，深度贫困县和少数民族贫困县由于其自身绝对人口规模较小，因此从规模上观察不到明显的规模集中现象，但这并不等于深度贫困县和少数民族贫困县的低收入问题有所缓解。剩余贫困人口的空间分布发生变化：分布在经济欠发达区域的绝对贫困人口和低收入人群占比提高，低收入人群的空间分布相对更为分散。

第三，在低收入人口内部，超过35%的人口收入介于绝对贫困线和1.5倍绝对贫困线区间内，这部分群体尽管从收入水平上看超越了绝对贫困线，但收入水平并不高，仍然有较大的概率返回到绝对贫困状态，因此为相对脆弱人口。现行的标准下虽然我国一些贫困人口已经脱离了绝对贫困状态，但依然在绝对贫困线附近徘徊，并有较大的概率返贫，但这部分人口被排除在现行扶贫政策之外，生活状况、居住条件等甚至不如绝对贫困人口。从政策上，我们认为要建立健全防贫机制，建立反贫困预警机制，并且继续结合精准扶贫的思路，有针对性的对上述群体进行救助。而对于1.5倍绝对贫困线到低收入线的部分居民，我们认为其已经具备了稳定增收的潜能，可以在未来阶段通过致富的双手实现其收入水平的进一步提升。因此，对最后一部分三分之一的群体我们的建议是监测为主。

第四，两类人群的结构特征差异主要体现在三个维度：低收入人群的劳动能力略强于绝对贫困人口；低收入人群的技能状况略优于绝对贫困人口；低收入群体的健康状况优于绝对贫困人口，患病和残疾的比例均较低。

第五，绝对贫困人口的主要致贫原因包括因病、因残、缺技术、缺劳动力和缺资金，其中因病、因残比例约占一半以上，若考虑次要致贫原因则更高。

低收入人群除因病、因残致贫的首要原因外，缺技术和缺资金致贫的比例超过绝对贫困人口，而缺劳动力致贫的比例低于绝对贫困人口。两类人群对扶贫政策存在不同需求。

第六，工资性收入是绝对贫困人口和低收入人群共同的首要收入来源，份额均占一半以上。绝对贫困人口次高的收入来源为转移性收入，占比接近三分之一；低收入人群的次高收入来源为经营性收入，转移性收入占比甚至低于全国农村平均水平。欠发达地区仍存在大量具有劳动能力和劳动意愿的人力资源未得到有效利用。地理劣势和劳动力偏低的技能水平互为因果，增加脱贫难度。

第七，收入略高于绝对线的低收入群体的收入增速低于其他群体，处于收入增速-收入水平U形曲线底部区域。考虑到脱贫人口大多进入该区间，应增加对该群体的关注并在制度上予以充分保障。

（四）欠发达地区的识别方式

1. 欠发达地区的识别原则

一、要以新名称命名欠发达地区。不同于绝对贫困救助时代，低收入时期不能再沿用前期的贫困县概念，否则容易让群众和干部产生错误理解，建议以“欠发达地区”或“欠发达县”作为新名称。二、要充分考虑我国城乡差距和区域差距巨大的现实情况。在城乡差距水平仍较高的前提下，需要避免扶贫的资源在城市聚集，防止城乡差距的进一步扩大；同时，对欠发达地区的分配应当进一步向西部倾斜，可以在欠发达地区数量的确定上有所减少，但要更加突出重点。在中央要重点支持解决关系全局、发展难度大、对解决不平衡不充分问题有着关键意义的地区；同时把握“中央统筹，省负总则，县抓落实”的总思路不变的基本原则。

2. 欠发达地区的识别方法

欠发达地区的确立应当有一套完整的度量指标体系。从历史沿革上看，

1986年我国第一次确定贫困县，此后进行过三次调整，从规律上看，均主要以区域内居民人均收入为统计标准（如国贫县的确立），以县域GDP、政府财政等作为辅助参考变量（如连片特困地区的确立）。基于此，本书建议构建三类欠发达地区的设置方案，分别是收入导向法、发展导向法和综合导向法。

第一，收入导向法。该方法以县域为单位，把县内人均可支配收入作为排序依据，找寻低收入县。这种方法也可以延伸为人均GDP导向法，可将人均可支配收入指标用县域内人均GDP作为替代。这种欠发达地区判定方法的好处是延续了我国前期贫困县的确定思路，与地方经济发展程度挂钩，简单好操作且容易理解。

第二，发展导向法。该方法基于多维视角，以县域发展为主要指标，综合识别欠发达地区（县）。借鉴片区的多维指标确定思路，可选取的县域指标包括科教文卫的相关发展，如学生—教师比例、每千人病床数、五岁以下儿童死亡率等。这种设定方法的好处在于更加关注县域内的包容性发展概念，但同时对县域数据指标的采集和数据准确性有更高的要求。

第三，综合导向法。综合导向法同时兼顾了县域农村居民的人均收入水平和多维发展水平两项内容，即融合了前文所提到的收入导向法和发展导向法两个层面。在操作上，同时需要加入与科教文卫发展相关的指标，以及人均县域国内生产总值、人均县域财政一般预算性收入、县域农民人均纯收入等与低收入群体的困难程度高度相关的指标。这种方法的好处是具有综合性，同时考察经济发展程度与居民生活水平两类具化维度，但操作上的复杂性也要比前两类更高。

在判定方面，建议按照程度从低到高排序，取最低10%（或一定比例）的县区作为欠发达地区。

二、政策建议

（一）低收入标准的确定

1.将2021—2030年作为“绝对—低收入标准过渡期”，分城、乡设置“城镇低收入指导线”和“农村低收入指导线”。

2.低收入标准设计在城镇/农村居民中位收入的35%或40%。预计2021年初期全国农村低收入发生率在12%—17%之间，人口规模在6200万—9500万人左右；全国城镇低收入发生率在9%—14%之间，人口规模约为7800万—1.2亿人。

3.在“城镇低收入指导线”和“农村低收入指导线”基础上，有条件、有能力的省份可以适当上调省份内低收入救助标准，但经济发展程度较弱的省份不可以随意在省份内降低此全国指导线。

4.在“绝对—低收入标准过渡期”内，每隔五年提升一次低收入标准，到2030年前后稳定在居民中位收入的50%，实现国际接轨。

（二）对低收入线的设计与建议

关于低收入标准的设置，一种方案是效仿欧洲发达国家的测算方式，即使用居民中位收入的一定比例（例如40%、50%等）作为低收入标准。这种方式的好处在于可以实现国际接轨，也会令中国的低收入程度具有国际可比性。当然，我们也建议上述低收入标准的制定方式要结合本国实际情况（方案参见下文）。另一种方式是结合最低生活保障标准的N倍测算方式。可以以“城乡统筹”标准+地方低保标准来考虑发达省份低收入标准的制定是否具有可行性；以“城乡差异”+地方低保标准考虑其余省份的低收入标准制定是否具备可行性。这种方式比较简单，只需要与低保挂钩即可。但低保的N倍数无法实现省际间的统一，可能导致地方间的低收入结果不具有可比性，甚至产生混乱。因此课题组认为可能短期内居民中位数的方式更具有可取性。

考虑到我国农村的绝对贫困的全面消除，若采用低收入的概念进行度量，那么城镇地区也必然存在一部分低收入人口，我们是否有必要建立城乡统一的低收入线？经过分析发现若采用城乡一条线的标准，那么对于农村居民来说大部分群体将要陷入低收入之中，造成较大的财政压力，而城镇居民的低收入发生率则较低，因此短期内我们并不建议采用全国一条线的低收入标准，而是城、乡各自采用收入中位数的某个比例进行估计。

低收入标准调整的具体建议：选用居民中位收入30%—40%为低收入线，可以从全国层面制定城镇、农村各自的低收入线基线作为基础低收入指导线。有条件有能力的省份可以上调，但经济发展程度较弱的省份不可以随意降低此标准。对应发展规律每隔五年调整一次低收入标准，到2030年稳定在居民中位收入的50%，与国际接轨。具体调整方式为：五年之内低收入标准不变，低收入线绝对值仅随物价和农村居民收入分配格局变动。调整期之前，首先要对低收入状况和国家扶助能力进行评估，以决定在2025—2030年期间是否调整低收入线，可以上调、下调或保持不变。依此类推，直至2030年将低收入标准固定在居民中位收入的50%水平，实现与OECD国家接轨。称谓上，考虑到未来现行标准下的极端低收入人口已经得到消除，建议改为低收入人群或者低收入群体。扶贫目标上，不再把扶贫目标定在减少低收入人口数量上，而是要通过各种手段实现他们收入的更快增长，即年收入高于社会人均收入若干个百分点。这不仅具有缩小收入差距的意义，同时也避免了建档立卡下产生的一部分农户刻意“争当低收入户”的逆向激励。

（三）来自国际启示的潜在前沿问题探索

第一，可以考虑延续并推进我国“精准扶贫”时期探索的“收入”+“两不愁三保障”多维性识别和救助方略，未来阶段进行低收入与多维要素结合的有益探索。

第二，从我国实际情况出发，在未来阶段个税制度更加完善的基础上，探索中国低收入税前、税后的差别将是重要的考虑方向，一种思路是可在城镇地区做先行改革试点。

第三，对于“（传统意义上的）非低收入家庭是否也存在低收入人口”，以及“低收入家庭中是否低收入人口的程度也会有所差别”等关键性问题，如果引入家庭等值规模概念，则上述问题将可以得到一定程度地解决。故课题组建议符合中国国情的等值规模要专门开展课题研究。

（四）对缓解欠发达地区状况的政策建议

第一，重视财政补贴在缓解低收入中的作用。建议通过给予当地财政转移支付、税收减免、专项扶贫贴息贷款等一系列政策优惠，用于改善欠发达地区的经济发展环境，并通过优化产业结构、增加资本积累、改善财政收入等途径发挥对当地经济社会发展的作用。

第二，构建多措并举的开发式扶贫体系。针对欠发达地区的产业结构落后、结构单一、基础设施条件差、交通不便、信息闭塞等问题，建议在辅助手段上采用侧重多措并举的支持方式，如在兴建产业基础上，保障当地教育科学文化卫生事业的顺利发展和公用基础设施的完好运行，同时更加注重扶贫资金投入的精准性，以不断缩小区域差距为主要目标。

第三，推动优势产业升级、尊重市场规律。建议以政府力量推动欠发达地区的优势产业发展，但在资金支持上要尊重市场规律，一是要推动农业高质量发展，二是开展优势特色产业集群建设。具体做到坚持主体投入和政府引导相结合，发挥政府扶持引导作用，加强统筹协调，做好政策和财政支持，实行省份负总责、市县抓落实的工作机制，形成推动优势特色产业集群发展的合力。

第四，以税收减免政策刺激欠发达地区的企业发展。建议通过对欠发达县的企业减征一定比例的税收来鼓励和支持当地企业的发展；通过专项扶贫贴息贷款为欠发达县的生产活动和经济发展提供直接信贷支持（注意此类信贷支持只能用于生产投资）；同时要改善当地投资环境，积极吸引区域外部投资以增加资本积累，促进当地经济发展。

第五，增强财政投入力量，打破区域内发展的恶性循环。由于地方缺乏充足的财政资金，欠发达地区常常陷入“低收入→低储蓄、低教育→低物质和人力资本积累→低产出→低收入”和“低收入→低购买力→投资引诱不足→低私人和公共资本形成→低产出→低收入”的恶性发展循环。依据区域经济干预理论，建议持续增强财政对欠发达地区基础设施建设和产业发展支持方面的投入力量，打破区域内发展的恶性循环。

第六，在片区开发上注意基础设施与主体功能区的生态环境保护原则相结合。按照功能区要求和基本公共服务均等化原则，将其与新时期低收入缓解和扶贫开发结合起来，合理引导资源向目标功能区流动，推进主体功能区与扶贫开发的良好融合。同时，要建立以主体功能作为横向转移支付的直接目标。要在欠发达地区的扶贫开发中重视地区的主体功能，且因地制宜、鼓励探索建立地区间横向援助机制，生态环境受益地区应采取资金补助、定向援助、对口支援等多种形式，对重点生态功能区因加强生态环境保护造成的利益损失进行补偿，以逐步实现重要区域生态保护补偿全覆盖，基本形成符合我国国情的生态保护补偿制度体系。

第七，强化低收入区域确定和成效评估过程的科学性。欠发达地区的评估应该以详实跟踪数据记录、科学的政策评估方法为基础，双管齐下，对扶贫资金使用效率和效果进行综合评估。在详实跟踪数据体系建设方面，建议通过建档立卡、低收入区域发展指标的整体性跟踪记录两个方面，形成区域间和区域内的跨期可比详实数据库，作为评估的依据。在科学的政策评估方法设计方面，一是通过随机实验方法，选择“试点欠发达地区”进行为期3—5年的跟踪分析，可以借鉴2019年诺贝尔经济学奖获得者阿比吉特·巴纳吉(Abhijit Banerjee)、埃丝特·迪弗洛(Esther Duflo)和迈克尔·克雷默(Michael Kremer)的随机试验设计方法；二是通过现代计量经济学和社会学领域的先进研究方法，对欠发达地区的发展做政策评估研究。

（五）针对低收入群体的差异化扶持政策

消除绝对贫困后，对于处于低收入标准以下的人口不再使用“绝对贫困”一词来衡量，转而采用“低收入群体”等来表述。进入低收入治理阶段，虽然大部分群体的生活水平随着经济发展、社会保障政策得到明显改善，但还有部分群体难以跳出低收入群体，特别是老弱病残、儿童、妇女等弱势群体。针对完全或部分丧失劳动能力的特殊低收入群体，要完善农村养老制度、医疗保障制度等，保障基本生活，同时要创新社会救助方式，推动由物质和资金救助为主向物质、资金、精神、能力等相结合的综合援助转变，提高服务救助能力。在帮助特定群体的同时提高其自我发展的意愿和能力。对于有劳动能力的低收入群体，要实施开发性的扶贫措施，以提高其家庭收入水平。一方面，发展有利于低收入群体增收的益贫性产业。在欠发达地区发展优势特色农业，发挥农业的多种功能，增强新型经营主体的带动能力，让更多低收入群体在产业链条上受益。另一方面，促进低收入群体充分就业。在金融、土地等方面出台优惠政策，鼓励劳动密集型产业向欠发达地区转移，吸纳无业低收入群体就业；搭建创业平台，鼓励低收入群体自主创业，并对其进行技能培训，提升低收入群体的就业能力。

（六）制定差异化的时序和区域发展战略

乡村振兴战略制定时充分考虑到各地区发展不协调的问题，因而制定了差异化的发展战略。从时间上来看，乡村振兴战略在时间段上分为三个阶段。第一阶段到2022年，即党的二十大召开之时，乡村振兴的制度框架和政策体系初步健全，乡村振兴取得阶段性成果。这一阶段是战略的探索和完善期，企业应该紧跟政策导向，力争在第一阶段制定未来发展和参与农村建设的战略目标。第二阶段是到2035年，乡村振兴取得决定性进展，农村农业现代化基本实现。这一层面的目标是农村现代化基本完成，之于企业而言，应在乡村地区完善产业链条，全面打开农村市场。第三阶段到2050年，乡村全面振兴，农业强、农村美、农民富全面实现。此阶段企业应完全开拓农村市场，实现城乡生产要素的自由配置，城乡发展一体化。

依据时间脉络可以制定符合地方实际情况的区域发展策略，以解决我国东中西部在政治、经济、文化各方面存在差异化的问题。后续乡村振兴策略绝对不能“一刀切”，需要依据各地的实际情况制定区域性策略。依据梯次推进乡村振兴的原则，可以将企业发展的区域分为引领区、重点区和攻坚区三类。引领区多是东部沿海发达地区，人口净流入较多、集体经济实力强、农村生产生活基础较为完善，这类区域到2022年基本实现农村农业现代化。引领区的企业发展策略应是构建城乡命运共同体，转变以城市为主的发展视角，重视乡村的多元价值，积极开发多元的文化功能和经济功能，促进三产融合，构建城乡产业和市场一体化。重点区域以中部中小城市和小城镇周边以及广大平原、丘陵地区的乡村为主，这类地区旨在2035年基本实现农村农业现代化。此区域企业的发展策略要具备“三农视野”，依据农村、农民的实际情况来谋划发展、设计方案，要做到企业的业务类型和乡村需求相匹配，企业的组织形式和乡村新型经营主体相结合。攻坚区以革命老区、民族地区、边疆地区、集中连片特困地区为主，旨在2050年实现农村农业现代化。攻坚区自身发展能力较弱，多元中心主体可以发挥市场主体的资金、技术、信息等要素优势，以及社会主体的劳动力和帮扶经验、政府主体的政策优势和财政力量，共同帮助低收入地区挖掘资源优势，实现资源向产品进而向资本的转化，真正帮助低收入民众融入现代市场经济体系，培养地区的造血功能和内生动力，保障乡村发展的可持续性。

（七）共同富裕时代下的治理战略转向与政策重点

第一，乡村振兴成为战略主题和乡村振兴向低收入转变。本书建议乡村振兴成为战略主题和乡村振兴向低收入转变。全面消除绝对贫困后并不意味着贫困问题消失，低收入问题会因阶层分化的存在而长期存在。低收入形成的重要原因是贫富差距拉大，研究低收入问题也就是研究低收入群体收入在总收入中的分配问题。虽然中国的减贫事业取得显著成绩，但中国农村地区、城乡、区域间发展不平衡的问题日趋明显。农村地区不平等程度加大、城市与农村居民之间的收入差距扩大、区域发展差距都是未来社会治理面临的问题。相关研究认为经济增长、收入不平等和贫困之间具有长期协整性，农村人均纯收入的提高是促进贫困减少和低收入人群收入提升的影响因素，收入不平等在一定程度上阻碍了贫困减少，经济增长对贫困减少的积极效应大于收入不平等对贫困减少的消极效应[①]。为解决此三类问题，我国开始推行低收入和乡村振兴战略，此是未来乡村振兴的发展方向。

第二，以公共价值整合多元价值的理念转变。公共性是乡村振兴的根本属性，这是由扶贫的本质内涵及其目标决定的，此公共性从根本上决定了扶贫必须以公共价值为目标[②]。扶贫，即是让欠发达地区和低收入人口改变状态，使其能够享受社会经济发展成果，维护社会稳定，实现社会公平正义。农村乡村振兴范式变迁的内核在于多元主体间的利益联接与分配格局的变化。具体而言，政府主导范式之所以属于供给主导型制度变迁范畴，乃是由于这种乡村振兴范式“可以纯粹因在不同选民集团之间对现有收入进行再分配而发生”。其利益分配通过政府命令、政策等强制性手段来进行，利益分配范围局限于政府与欠发达地区之间。当政府补贴和农产品产业化等条件使得农业企业由亏转盈时，农业企业等市场主体参与扶贫的积极性便被“撬动”了，即市场主体获得了“在原有制度安排下无法得到的获利机会”[③]。

---

① 攸频，田菁.贫困减少与经济增长和收入不平等的关系研究——基于时序数据[J].管理科学，2009，22(04):115-120.

② 翟军亮，吴春梅.农村乡村振兴的范式转型与未来路径——兼议产业精准扶贫的推进路径[J].西北农林科技大学学报(社会科学版)，2019，19(04):44-51.

③ 林毅夫.关于制度变迁的经济学理论:诱致性变迁与强制性变迁[M]//R·科斯.财产权利与制度变迁——产权学派与新制度学派译文集（刘守英，译）上海人民出版社，1994，384.

参考文献

1. 陈志钢、周云逸、樊胜根，2020:《全球视角下的乡村振兴思考》，《农业经济问题》第2期。
2. 陈宗胜，2017:《中国多维扶贫走在世界前列》，人民日报出版社。
3. 程蹊、陈全功，2019:《较高标准贫困线的确定：世界银行和美英澳的实践及启示》，贵州社会科学。
4. 楚永生，2018:《参与式扶贫开发模式的运行机制及绩效分析——以甘肃省麻安村为例》，《中国行政管理》第11期。
5. 邓汉慧、邓璇，2007:《发达国家农业现代化经验对我国农业发展的启示》，《农业经济问题》第9期。
6. 丁志伟、张改素、王发曾、康珈瑜、高岭，2016:《中国工业化、城镇化、农业现代化、信息化、绿色化“五化”协调定量评价的进展与反思》，《地理科学进展》第1期。
7. 杜宇能、潘驰宇、宋淑芳，2018:《中国分地区农业现代化发展程度评价——基于各省份农业统计数据》，《农业技术经济》第3期。
8. 冯朝睿，2014:《连片特困地区多中心协同反贫困治理的初步构想》，《云南社会科学》第4期。
9. 韩士元，1999:《农业现代化的内涵及评价标准》，《天津社会科学》第5期。
10. 何仁伟、李光勤、刘运伟、李立娜、方方，2017:《基于可持续生计的精准扶贫分析方法及应用研究——以四川凉山彝族自治州为例》，《地理科学进展》第2期。
11. 洪银兴，2018:《新时代社会主义现代化的新视角——新型工业化、信息化、城镇化、农业现代化的同步发展》，《南京大学学报（哲学·人文科学·社会科学）》第2期。
12. 胡景北，2008:《对经济发展过程的若干逻辑观察》，《上海金融学院学报》第2期。

13. 胡景北，2015:《刘易斯经济发展理论：成就、问题和发展前景》,《社会科学》第12期。

14. 胡月、田志宏，2019:《如何实现乡村的振兴？——基于美国乡村发展政策演变的经验借鉴》,《中国农村经济》第3期。

15. 黄承伟、覃志敏，2015:《我国农村乡村振兴体系演进与精准扶贫》,《开发研究》第2期。

16. 黄宗晔、游宇，2018:《农业技术发展与经济结构变迁》,《经济研究》第2期。

17. 蒋翠侠、许启发、李亚琴，2011:《中国家庭多维贫困的统计测度》,《统计与决策》第22期。

18. 蒋永穆、卢洋、张晓磊，2019:《新中国成立70年来中国特色农业现代化内涵演进特征探析》,《当代经济研究》第8期。

19. 冷志明、茹楠、丁建军，2017:《中国精准扶贫治理体系研究》,《吉首大学学报(社会科学版)》第2期。

20. 李雪萍、陈艾，2016:《社会治理视域下的乡村振兴》,《贵州社会科学》第4期。

21. 林闽钢，2020:《低收入的理论与政策聚焦——兼论建立我国低收入的治理体系》,《社会保障评论》第1期。

22. 林毅夫，1994:《关于制度变迁的经济学理论：诱致性变迁与强制性变迁》(中译本)，上海人民出版社。

23. 林毅夫，2011:《新结构经济学——重构发展经济学的框架》,《经济学(季刊)》第1期。

24. 凌经球，2019:《乡村振兴战略背景下中国乡村振兴战略转型探析》,《中央民族大学学报(哲学社会科学版)》第3期。

25. 刘俊生、何炜，2017:《从参与式扶贫到协同式扶贫：中国扶贫的演进逻辑——兼论协同式精准扶贫的实现机制》,《西南民族大学学报(人文社科版)》第12期。

26. 刘晓越，2004：《中国农业现代化进程研究与实证分析》，《统计研究》第2期。

27. 吕方、梅琳，2017：《"精准扶贫"不是什么？——农村转型视阈下的中国农村乡村振兴》，《新视野》第2期。

28. 吕剑平、马亚飞，2020：《小农户与现代农业发展有机衔接》，《重庆工商大学学报(社会科学版)》第5期。

29. 莫光辉，2016：《精准扶贫: 中国扶贫开发模式的内生变革与治理突破》，《中国特色社会主义研究》第2期。

30. 宁亚芳，2020：《2020年后贫困标准调整的逻辑与构想》，《中州学刊》第7期。

31. 邱海洋、胡振虎，2019：《绿色农业创业与乡村振兴——基于互联网普及门槛效应的视角》，《西安财经学院学报》第3期。

32. 潘晓娟、张辰龙，2001：《我们的全球伙伴关系》，吉林人民出版社。

33. 沈扬扬、李实，2020：《如何确定低收入标准？——兼论"城乡统筹"低收入的可行方案》，《华南师范大学学报 (社会科学版)》第2期。

34. 沈扬扬、詹鹏、李实，2017：《扶贫政策演进下的中国农村多维贫困：1995-2013》，北京师范大学中国收入分配研究院工作论文。

35. 孙久文、夏添，2019：《中国扶贫战略与2020年后低收入线划定——基于理论、政策和数据的分析》，《中国农村经济》第10期。

36. 唐钧，2002：《社会政策的基本目标：从克服贫困到消除社会排斥》，《江苏社会科学》第3期。

37. 田野、黄进、安敏，2021：《乡村振兴战略下农业现代化发展效率评价——基于超效率DEA与综合熵值法的联合分析》，《农业经济问题》第3期。

38. 汪晨、万广华、吴万宗，2020：《中国减贫战略转型及其面临的挑战》,《中国工业经济》第1期。
39. 汪三贵、郭子豪，2015:《论中国的精准扶贫》,《贵州社会科学》第5期。
40. 王春光，2021:《迈向共同富裕——农业农村现代化实践行动和路径的社会学思考》,《社会学研究》第2期。
41. 王国敏、周庆元，2012:《我国农业现代化测评体系的构建与应用》,《经济纵横》第2期。
42. 王萍萍，2015:《中国农村贫困标准与国际贫困标准的关系》,《2015年中国农村贫困监测报告》。
43. 王小林、Sabina Alkire, 2009:《中国多维贫困测量：估计和政策含义》,《中国农村经济》第12期。
44. 王小林、冯贺霞，2020:《2020年后中国多维低收入标准：国际经验与政策取向》,《中国农村经济》第3期。
45. 文丰安，2020:《乡村振兴战略与农业现代化治理融合发展：价值、内容及展望》,《西南大学学报(社会科学版)》第4期。
46. 徐维祥、舒季君、唐根年，2015:《中国工业化、信息化、城镇化和农业现代化协调发展的时空格局与动态演进》,《经济学动态》第1期。
47. 杨骅骝、周绍杰、胡鞍钢，2018:《中国式扶贫：实践、成就、经验与展望》,《国家行政学院学报》第6期。
48. 杨立雄、谢丹丹，2007:《“绝对的相对”，抑或“相对的绝对”——汤森和森的贫困理论比较》,《财经科学》第1期。
49. 叶前林、何伦志，2014:《美国推进农业现代化发展的做法及启示》,《经济纵横》第4期。
50. 叶兴庆、殷浩栋，2019:《从消除绝对贫困到缓解低收入：中国减贫历程与2020年后的减贫战略》,《改革》第12期。
51. 叶兴庆，2018:《新时代中国乡村振兴战略论纲》,《改革》第1期。

52. 攸频、田菁，2009：《贫困减少与经济增长和收入不平等的关系研究——基于时序数据》，《管理科学》第4期。
53. 俞可平，2000：《治理与善治》，社会科学文献出版社。
54. 翟军亮、吴春梅，2019：《农村乡村振兴的范式转型与未来路径——兼议产业精准扶贫的推进路径》，《西北农林科技大学学报(社会科学版)》第4期。
55. 张凤凉、蒲海燕，2001：《反乡村振兴结构中政府功能的缺陷及完善对策》，《理论探讨》第6期。
56. 张晖，2020：《乡村振兴战略的政治经济学阐释》，《求索》第1期。
57. 张琦、沈扬扬，2020：《不同低收入标准的国际比较及对中国的启示》，《南京农业大学学报(社会科学版)》第4期。
58. 张全红，2010：《对中国农村贫困线和贫困人口的再测算》，《农村经济》第2期。
59. 张挺、李闽榕、徐艳梅，2018：《乡村振兴评价指标体系构建与实证研究》，《管理世界》第8期。
60. 张欣、池忠军，2015：《反乡村振兴结构创新——基于中国扶贫脱贫实践的思考》，《求索》第1期。
61. 张永丽、徐腊梅，2019：《中国农村贫困性质的转变及2020年后反贫困政策方向》，《西北师大学报(社会科学版)》第 5期。
62. 张昭、吴丹萍，2018：《多维视角下贫困的识别、追踪及分解研究——基于中国家庭追踪调查(CFPS)数据》，《华中农业大学学报(社会科学版)》第3期。
63. 赵武、王姣玥，2015：《新常态下“精准扶贫”的包容性创新机制研究》，《中国人口·资源与环境》第2期。
64. 郑长德、单德朋，2016：《集中连片特困地区多维贫困测度与时空演进》，《南开学报(哲学社会科学版)第3期。

65. 周迪、程慧平，2015:《中国农业现代化发展水平时空格局及趋同演变》,《华南农业大学学报(社会科学版)》第1期。

66. 周绍杰、杨骅骝、张君忆，2019:《中国2020年后扶贫新战略——扶贫成就、主要目标、总体思路与政策建议》,《中国行政管理》第11期。

67. 周扬、郭远智、刘彦随，2018:《中国县域贫困综合测度及2020年后减贫瞄准》,《地理学报》第8期。

68. 朱梦冰、李实，2017:《精准扶贫重在精准识别贫困人口——农村低保政策的瞄准效果分析》,《中国社会科学》第9期。

69. 左停、贺莉、刘文婧，2019:《低收入治理理论与中国地方实践经验》,《河海大学学报(哲学社会科学版)》第6期。

70. 左停、金菁、李卓，2017:《中国打赢脱贫攻坚战中反乡村振兴体系的创新维度》,《河海大学学报(哲学社会科学版)》第5期。

71. 左停、李世雄，2020:《2020年后中国农村贫困的类型、表现与应对路径》,《南京农业大学学报(社会科学版)》第4期。

72. Adam Smith , 1776, "An Inquiry into the Nature and Causes of the Wealth of Nations", W. Strahan and T. Cadell, London.

73. Alkire, S. Foster, J. Seth, S. et al., 2015, "Multidimensional Poverty Measurement and Analysis", Oxford: Oxford University Press.

74. Alkire, S. Foster, J., 2011, "Understandings and misunderstandings of multidimensional poverty measurement", Working Papers, 9(2):289-314.

75. Alkire, S. Foster, J., 2011, "Counting and Multidimensional Poverty Measurement", Journal of Public Economics, 95(7): 476-487.

76. Alkire, S. Seth, S ., 2015, "Multidimensional Poverty Reduction in India, between 1999 and 2006: Where and How?", World Development,

72 (1)：93-108.

77. Atkinson A.B., Rainwater L., Smeeding T.，1995，"Income Distribution in OECD countries"，OECD, Paris.

78. Benjamin Seebohm Rowntree .，1901，“Poverty: A Study of Town Life”，Macmillan.

79. Booth.，1902，“ Life and Labour of the People in London”，New York: Macmillan and Company.

80. Booth，C.，1903，“Life and Labour of the People in London”，London:Macmillan & Co，Umiatl.

81. Benoit Decerf . Karel Van den Bosch and Tim Goedemé.，2017，“A New Measure of Income Poverty for Europe” .

82. Bourguignon，F. and S. R. Chakravarty.，2003，“The Measurement of Multidimensional Poverty”，Journal of Economic Inequality, 1(1): 25–49.

83. Chakravarty，S.R，Deutsch. J，Silber. J.，2008，“On the Watts Multidimensional Poverty Index and its Decomposition”，World Development，36(6):1067-1077.

84. Chen, S.，M. Ravallion，2012，“More Relatively Poor in a Less Absolutely-Poor World”，World Bank Policy Research Working Paper, No. 6114, The World Bank, Washington, DC.

85. Citro, Constance F.，Robert，T.，and Michael editors.，1995，“Measuring Poverty: A new approach”，Washington, DC: National Academy Press, 501 .

86. Dalaker, Joseph.,Mary Naifeh，1998，U.S. Bureau of the Census, Current Population Reports, Series P60-201, Poverty in the United States: 1997, U.S. Government Printing Office, Washington, DC.

87. Deaton, A.，2010，“Price Indexes, Inequality, and the Measurement of World Poverty”，American Economic Review，100（1）：5-34.

88. Deepa Narayan., 2000, "Voices of the Poor: Can anyone Hear Us?", World Bank.

89. Edwin Cannan, 1948, "Wealth: A Brief Explanation of the Causes of Economic Welfare", New York: Staples Press.

90. Forster, M. F., and M. Mira D'ercole, 2012, "The OECD Approach to Measuring Income Distribution and Poverty", Counting the Poor: New Thinking About European Poverty Measures and Lessons for the United States, Edited by Douglas J. Besharov and Kenneth A. Couch, Oxford University Press.

91. Forster, M., 1994, "Measurement of Low Incomes and Poverty in A Perspective of International Comparisons", OECD Labour Market and Social Policy Occasional Papers, No. 14, OECD Publishing.

92. Foster, J. Thorbecke, G. E., 1984, "A Class of Decomposable Poverty Measures", Econometrica, 52(3):761-766.

93. Friedman. Rose. D., 1965, "Poverty: Definition and Perspective", American Enterprise Institute for Public Policy Research (Report), Washington, D.C.

94. Fuchs, V., 1967, "Redefining Poverty and Redistributing Income", The Public Interest, 88-95.

95. Gollin, D., D. Lagakos., M. E. Waugh, 2014, "The Agricultural Productivity Gap", Quarterly Journal of Economics, 129(2): 939-993.

96. Hayami, Y., V. W.Ruttan, , 1971, "Agricultural Development: An International Perspective", John Hopkins Press.

97. Hoff, Karla., Sen, Arijit., 2005, "The Kin System as a Poverty Trap?", World Bank Policy Research Working Paper, No. 3575.

98. Jessica Semega, Melissa Kollar, John Creamer, Abinash Mohanty., 2019,

"Income and Poverty in the United States: 2018 Current Population Reports", Issued September.

99. Jean Dreze, Amartya Sen., 2013, "India and its Contradictions", Princeton University Press, Princeton, NJ.

100. John Kenneth Galbraith., 1958, "The Affluent Society", A Mentor Book.

101. Lin, J. Y., 2012, "New Structural Economics: A Framework for Rethinking Development and Policy", Washington, DC: World Bank.

102. Lin, Justin Yifu., 1992, "Rural Reforms and Agricultural Growth in China", The American Economic Review, 82(1): 34–51.

103. linor Ostrom, Lary Schroeder, Susan Wynne., 1993, "Institutional Incentives and Sustainable Developmet Infrastructure Policies in Perspective", Boulder .CO:Westview Pres.

104. Martinez, A . Perales, F,, 2017, "The Dynamics of Multidimensional Poverty in Contemporary Australia", Social Indicators Research, 130(02): 479-496.

105. Moisio, P., 2004, "A Latent Class Application to the Multidimensional Measurement of Poverty", Quality & Quantity, 38(6):703-717.

106. OECD., 1976, "Public Expenditure on Income Maintenance Programs", Paris: Organization for Economic Co-operation and development, 69.

107. Peter Townsend., 1979, "Poverty in the United Kingdom", London: Allen Lane.

108. Pigou, Arthur C., 1920, "The Economics of Welfare", London: Macmillan and Co.

109. Ravallion M., 1997, "Can High Inequality Developing Countries Escape Absolute Poverty", Economics Letters, 56:51-57.

110. Ravallion, M., 2011, "A Comparative Perspective on Poverty Reduction in

Brazil, China, and India", The World Bank Research Observer, 26(01): 71-104.

111. Ravallion, M., 2011, "On Multidimensional Indices of Poverty", Worldbank Policy Reseach Working Paper, WPS5580.

112. Rowntree, B.S., 1997, "Poverty:A Study of Town Life", London:Routledge Press.

113. Sen, A. K., 1976, "Poverty: An Ordinal Approach to Measurement", Econometrica, 44(2):219-231.

114. Sen, Amartya., 1976, "Poverty: An Ordinal Approach to Measurement", Econometrica, 44 (2): 219-231.

115. Sen, Amartya., 1983, "Choice, Welfare, and Measurement", Oxford: Basil Blackwell.

116. Sen, Amartya., 1985, "Commodities and Capabilities (1st ed.)", New York: North-Holland Sole distributors for the U.S.A. and Canada, Elsevier Science Publishing Co.

117. Sen, Amartya., 1999, "Choice, Welfare, and Measurement", Cambridge, Massachusetts: Harvard University Press.

118. Sen, Amartya., Bernard Williams., 1982, "Utilitarianism and beyond", Cambridge: Cambridge University Press.

119. Thomas, B.K., Muradian, R., DeGroot. G., et al., 2009, "Multidimensional Poverty and Identification of Poor Households: A Case from Kerala, India", Journal of Human Development and Capabilities, 10(2):237-257.

120. Townsend, P., 1979, "Poverty in the United Kingdom:A Survey of Household Resources and Standards of Living", Berkeley:University of California Press.

121.Townsend.，1979，“Poverty in the U.K.”，London:Penguin.
122.Tsui.KY.，2002，“Multidimensional poverty indices”，Social Choice and Welfare，19(1)：69-93.
123.UNDP.，2010，“Human Development Report: The Real Wealth of Nations: Pathways to Human Development”，New York: Oxford University Press.
124.Wagle，U.R.，2008，“Multidimensional Poverty Measurement: Concepts and Applications”，Economic Studies in Inequality，95(02): 476–487.
125.Wan, G., Wang, C., Zhang, X.，2020，“The Poverty-Growth-Inequality Triangle: Asia 1960s to 2010s”，Social Indicators Research，153:795–822.
126.WorldBank.，2000，“World Development Report, 2000/2001: Attacking Poverty”，New York: Oxford University Press.
127.Yoshida，N.，Katayama，R.，Singh.，2013，“Poverty Measurement: International Experiences”，World Bank.

附 录

专项研究1　我国低收入标准研究

按照“十四五”期间巩固脱贫成果的基本定位，科学合理确定低收入标准。报告提出“十四五”期间，低收入线的制定，采取“分城乡设线”优于“城乡统筹线”，“全国分城乡线”优于“分省分城乡线”，收入的“中位数法”优于“均值法”。初步建议是：以城镇、农村居民收入中位数的35%或40%作为“十四五”期间的低收入监测标准，衔接下一阶段低收入工作。

一、低收入线设定基准的若干讨论

第一，城乡差距决定“城乡分线”优于“城乡统筹线”。在城乡居民收入差距背景下会得到城镇低收入线>全国低收入线>农村低收入线。即以“城乡统筹线”框定农村低收入人口有高估风险；框定城镇低收入人口有低估风险。说明短期内“城乡统筹”时机尚未成熟，“城乡分线”优于“城乡统筹线”。

第二，省份差异决定“全国分城乡线”优于“分省份分城乡线”。操作层面上，以“分省份分城乡”方式设线容易形成繁复统计框，导致全国低收入度不可比。不能因为上海、北京、浙江等发达省份实现了低保“城乡统筹”，就将低收入统筹思路迅速推向全国。“全国分城乡线”更利于中央统筹，优于“分省份分城乡线”。

第三，建议按“中位收入比例法”设线。（1）相对“低保比例法”，推荐“收入比例法”。这是因为：从内涵上，低保是对困难群体的救助，贴近绝对贫困内涵，而低收入与收入分配概念相联系；从统计口径上，低保线分省份、分城乡甚至分城市，不利于中央有效统筹和把控全局；从工作目标上，低保是对无发展能力一类人群的救助，低收入标准可同时履行低收入监测和开发扶贫职能；“收入比例法”遵循国际惯例，便于国际比较。（2）“中位数”优于“均值”，均值会受高收入群体收入极值的影响，中位数则更接近大众收入客观水平。

二、对低收入线设定标准的讨论

（一）低收入线设定方式

结合国内外理论与实践，我们划分了六类低收入线设定方式，分别为“全国一条线”“农村一条线”“城镇一条线”“全国各省份线”“农村各省份线”和“城镇各省份线”（参见表1）。

表1　六类低收入的具体设置方式

相对线名称	设置参照系、取值方式和标准设置方式	适用群体
1. 全国一条线	按照全国居民人居可支配收入从低到高排序，计算 5% 到 100% 标准下农村常住居民人均 / 中位可支配收入下结果	全国、城镇、农村、各省份
2. 农村一条线	单独考虑农村常住户，计算 5% 到 100% 标准下农村居民人均 / 中位可支配收入下结果	农村、各省份农村
3. 城镇一条线	单独考虑城镇常住户，计算 5% 到 100% 标准下城镇居民人均 / 中位可支配收入下结果	城镇、各省份城镇
4. 全国各省份线	单独考虑各省份（但不分城乡）常住户，计算 5% 到 100% 标准下全国各省份居民人均 / 中位可支配收入下结果	（不分城乡）各省份
5. 农村各省份线	单独考虑各省份农村常住户，计算 5% 到 100% 标准下农村各省份居民人均 / 中位可支配收入下结果	各省份农村
6. 城镇各省份线	单独考虑各省份城镇常住户，计算 5% 到 100% 标准下城镇各省份居民人均 / 中位可支配收入下结果	各省份城镇

资料来源：作者整理。

（二）设定建议及其论证

结合我国“十四五”期间巩固脱贫成果目标，初步建议是：以城镇、农村居民收入中位数的35%或40%作为“十四五”期间的低收入监测标准，衔接下一阶段低收入工作。论证如下（参见表2）：

首先，若设置低于35%的低收入标准，如降为30%，折算出其仅为农村绝对贫困线的1.2倍，低收入人口发生率低于10%；在城镇，其标准约为城镇低保线的1.8倍，低收入人口发生率仅为7%。城、乡低收入标准高于30%。

第二，若设置高于40%的低收入标准，比如提高至45%，折算出其为农村绝对贫困线近2倍，低收入人口发生率20%；城镇线约为城镇低保的近3倍，低收入人口发生率20%。考虑到过渡期下，标准间的变动差距不宜过大，城、乡低收入人口标准应低于45%。

第三，按照建议标准，2021年农村低收入人口的名义值约为6000—7000元，低收入人口发生率约为12%—17%，低收入人口规模约为6200万人—9500万人；同期城镇低收入线的名义值约为16000—18000元，低收入人口发生率约为9%—14%，低收入人口规模约为7800万人—1.2亿人。

表2　各低收入标准下的低收入测算结果

	低收入标准：按居民中位数的 X%	标准（元）		规模	
		2018 年 *	2021 年（推算值 **）	低收入人口发生率	低收入人口规模（万人）
农村	30%	3654	4997	9%	5311
	35%	4263	5830	13%	7184
	40%	4872	6663	17%	9465
	45%	5481	7496	20%	11410
城镇	30%	8893	11203	7%	5992
	35%	10375	13070	10%	8637
	40%	11858	14937	14%	11639
	45%	13340	16804	18%	15240

注：*2018年农村和城镇低收入线的计算数据来源为国家统计局公布数据；**2021年农村线按照农村居民年均名义收入增速10%估算，2021年城镇线按照城镇居民年均名义收入增速8%估算。

此外，关于低收入人口设定标准还有以下两点建议：第一，考虑到城乡间发展差异，建议分城乡设置“指导线”，国家统计层面暂不设置分省份标准，有条件、有能力的省份可以在“指导线”基础上适当对省份内低收入人群认定标准进行上调；第二，考虑到与国际接轨的需要，建议每隔五年提升一次标准，到2030年前后稳定在居民中位收入的50%，实现国际接轨。

专项研究2 全面建成小康社会后欠发达地区可持续发展问题研究

我国农村绝对贫困人口得到全面消除，贫困县实现摘帽，贫困村实现出列，中国的贫困问题将逐步从消除绝对贫困、巩固脱贫攻坚成果，转向建设缓解低收入长效机制。在新时期下是否仍然要框定欠发达地区呢？本研究对此给出肯定回答。理由是低收入时代下，立足国家区域发展战略、乡村振兴战略和国家主体功能区建设需求，国家的开发式扶贫政策应该逐步由侧重个人向侧重重点区域转变，解决整体性、区域性贫困问题，达到缩小区域差距的目标。那么，如何确定低收入区域？低收入区域有哪些特点？本书将对上述问题做出研究。

一、欠发达地区的识别原则与识别方法

（一）欠发达地区的识别原则

一、要以新名称命名欠发达地区。不同于绝对贫困救助时代，低收入时期不能再沿用前期的贫困县概念，否则容易让群众和干部产生错误理解，建议以“欠发达地区”或“欠发达县”作为新名称。

二、要充分考虑我国城乡差距和区域差距巨大的现实情况。在城乡差距水平仍较高的前提下，需要避免扶贫的资源在城市聚集，防止城乡差距的进一步扩大；同时，对欠发达地区的分配应当进一步向西部倾斜，可以在欠发达地区数量确定上有所减少，但要更加突出重点。在中央要重点支持解决关系全局、发展难度大、对解决不平衡不充分问题有着关键意义的地区；同时把握“中央统筹，省负总则，县抓落实”的总思路不变的基本原则。

（二）欠发达地区的识别方法

第一，收入导向法。该方法以县域为单位，以其县内人均可支配收入作为排序依据，找寻低收入县。这种方法也可以延伸为人均GDP导向法，则可将人均可支配收入指标用县域内人均GDP作为替代。这种欠发达地区判定方法的好处是延续了我国前期贫困县确定的思路，与地方经济发展程度挂钩，简单好操作且容易理解。

第二，发展导向法。该方法基于多维视角，以县域发展为主要指标，综合识别欠发达地区（县）。借鉴片区的多维指标确定思路，可选取的县域指标包括科教文卫的相关发展，如学生—教师比例、每千人病床数、五岁以下儿童死亡率等。这种设定方法的好处在于更加关注县域内的包容性发展概念，但同时对县域数据指标的采集和数据准确性有更高的要求。

第三，综合导向法。综合导向法同时兼顾了县域农村居民的人均收入水平和多维发展水平两项内容。在操作上，同时需要加入与科教文卫发展相关的指标，以及人均县域国内生产总值、人均县域财政一般预算性收入、县域农民人均纯收入等与低收入群体的困难程度高度相关的指标。在实施上，首先按照收入导向法按人均收入排序来界定不同收入排序的县，再在不同收入排序下的县内部按照发展导向法考察其发展不完善情况。

二、欠发达地区分布情况

（一）收入导向法下识别低收入区域

从省份分布上看，无论以什么样的标准截取人均收入最低的一部分县，均可以发现识别出欠发达地区主要集中分布在中部和西部省份。其中：中部山西、河南、湖北、江西、安徽，西部贵州、云南、甘肃和宁夏是主要的低收入县的主要分布省份。

上述结果显示的基本结论是，从县域人均GDP排序的原则来看，西部和中部是低收入的主要分布地，且主要低收入分布省份为：中部陕西、河南、湖北，西部贵州、云南、甘肃和宁夏。对于这条标准所确定的欠发达地区究竟与现有我国国贫县的确立有什么关系，本书第七章第三小节已加以分析。

（二）发展导向法下识别低收入区域

从以发展导向法得到的区县指标遭遇剥夺的全国分布情况看。整体结果显示，如果从最严重的情况看，同时遭遇四个指标剥夺的县主要分布在西部地区，其次是中部地区，较少的县分布在发达东部地区；如果将门槛降低，同时在三个指标上遭遇剥夺的县中，还是主要分布在中西部地区，但是也有一部分东部县区符合上述多维剥夺情况；如果将门槛下降到同时遭遇两个指标剥夺的县，那么中部地区较多县符合这一条件，西部和东部地区的县分布较为平均。

（三）综合导向法下识别低收入区域

综合导向法的好处是具有综合性，但复杂性也要更高。在应用上，拟将区域判定为四种类型（参见表1）：

1. 经济与发展均匮乏的极端欠发达重点区域。政策启示是要作为“最优先关注的欠发达地区”。

2. 经济驱动力不足型欠发达地区。政策启示是“加强经济支持，营造发展动力”。

3. 发展匮乏型欠发达地区。政策启示是“增加民生相关的发展支持”。

4. 脆弱地区。此类区域从政策上不需要特殊支持，但对此类地区要“作为监测对象”，以防其发展动力不足陷入到前三类区域当中。

表1　综合导向法的基本思路及其政策含义

	判定标准		所判定区域匮乏属性	区域判定类型	政策启示
	经济视角	发展视角			
1	县域人均收入排序最低10%的县	在2个及以上维度遭受剥夺	经济与发展均匮乏的极端欠发达重点区域	第一类区域	最优先关注的欠发达地区
2		在2个及以下维度遭受剥夺	经济驱动力不足型欠发达地区	第二类区域	加强经济支持，营造发展动力
3	县域人均收入排序最低20%的县	在2个及以上维度遭受剥夺	发展匮乏型欠发达地区	第三类区域	增加民生相关的发展支持
4		在2个及以下维度遭受剥夺	脆弱地区	第四类区域	作为监测对象

从综合导向法下四种类型欠发达地区的分布情况看，由于限制更为严格，因此框定的县区较少。整体上，极端欠发达的一、二类地区，约集中分布在西部地区，包括甘肃、宁夏和陕西的部分县区（主要集中在西海固地区），以及贵州、四川、云南和重庆的部分县区。这一主要结论和前文结论基本一致，不再赘言。

以综合导向法寻找欠发达地区，一个可以肯定的结论是，西部地区的县占主体地位，且越是欠发达程度较深的界定方式中，我们越能够找到更多的西部地区县。这说明西部地区在发展和人均收入上均存在较为薄弱的环节，需要更多的财政支持。

三、对缓解欠发达地区欠发达状况的政策建议

第一，重视财政补贴在缓解低收入中的作用。建议通过给予当地财政转移支付、税收减免、专项扶贫贴息贷款等一系列政策优惠，用于改善欠发达地区经济发展环境，并通过优化产业结构、增加资本积累、改善财政收入等途径发挥对当地经济社会发展的作用。

第二，构建多措并举的开发式扶贫体系。针对欠发达地区的产业结构落

后、结构单一、基础设施条件差、交通不便、信息闭塞等问题，建议在辅助手段上采用侧重多措并举的支持方式，如在兴建产业基础上，保障当地教育科学文化卫生事业的顺利发展和公用基础设施的完好运行，同时更加注重扶贫资金投入的精准性，以不断缩小区域差距为主要目标。

第三，推动优势产业升级、尊重市场规律。建议以政府力量推动欠发达地区的优势产业发展，但在资金支持上要尊重市场规律，一是要推动农业高质量发展，二是开展优势特色产业集群建设。具体做到坚持主体投入和政府引导相结合，发挥政府扶持引导作用，加强统筹协调，做好政策和财政支持，实行省份负总责、市县抓落实的工作机制，形成推动优势特色产业集群发展的合力。

第四，以税收减免政策刺激欠发达地区的企业发展。建议通过对欠发达地区的企业减征一定比例的税收来鼓励和支持当地企业的发展；通过专项扶贫贴息贷款为欠发达地区的生产活动和经济发展提供直接信贷支持（注意此类信贷支持只能用于生产投资）；同时要改善当地投资环境，积极吸引区域外部投资以增加资本积累，促进当地经济发展。

第五，增强财政投入力量，打破区域内发展的恶性循环。由于地方缺乏充足的财政资金，欠发达地区常常陷入“低收入→低储蓄、低教育→低物质和人力资本积累→低产出→低收入”和“低收入→低购买力→投资引诱不足→低私人和公共资本形成→低产出→低收入”发展的恶性循环。依据区域经济干预理论，建议持续增强财政对欠发达地区基础设施建设和产业发展支持方面的投入力量，打破区域内发展的恶性循环。

第六，强化低收入区域确定和成效评估过程的科学性。欠发达地区的评估应该以详实跟踪数据记录、科学的政策评估方法为基础，双管齐下，对扶贫资金使用效率和效果进行综合评估。在详实跟踪数据体系建设方面，建议通过建档立卡、低收入区域发展指标的整体性跟踪记录两个方面，形成区域间和区域内的跨期可比详实数据库，作为评估的依据。在科学的政策评估方法设计方面，一是通过随机实验方法，选择“试点欠发达地区”进行为期3—5年的跟踪分析（可以借鉴2019年诺贝尔经济学奖获得者的随机试验设计方法）；二是通过现代计量经济学和社会学领域的先进研究方法，对欠发达地区的发展做政策评估研究。

专项研究3　提前谋划缓解低收入长效机制

未来，我国农村绝对贫困人口将得到全面消除，贫困县实现摘帽，贫困村实现出列，中国的贫困问题将逐步从消除绝对贫困、巩固脱贫攻坚成果，转向缓解低收入的长效扶贫治理机制建设工作中来。新的扶贫概念决定了要有新的扶贫治理手段，提前谋划建立解决扶贫长效机制的长期构想具有必要性和迫切性。

从概念上看，低收入与发展差距在概念和内涵上有天然联系，缓解低收入的战略要求未来的扶贫目标要转向关注收入分配和地区发展差距问题。因此，下一阶段的扶贫工作在思路上，要实现从解决绝对贫困向缓解低收入的过渡转变，重点结合缩小地区发展差距、缩小居民收入差距两项转变思路，确保低收入群体和低收入人群跟上现代化发展的步伐，共同分享社会经济发展的成果。

一、认清扶贫长效机制建设中的三个重要转变

2019年党的十九届四中全会明确指出“建立解决低收入的长效机制”，2020年国务院《关于抓好“三农”领域重点工作，确保如期实现全面小康的意见》提出“扶贫工作重心转向解决低收入”，标志着“解决低收入”会成为未来扶贫工作的核心内容。因此，在提前谋划缓解低收入长效机制的过程中，首先要关注扶贫长效机制建设过程中的三个重要转变。

一是扶贫工作要从“农村贫困”向“城乡统筹”转变。《国家人口发展规划（2016—2030年）》明确指出要实现“探索建立符合国情的低收入人口治理体系，推动扶贫开发由主要解决绝对贫困向缓解低收入转变，由主要解决农村贫困向统筹解决城乡低收入转变，实现全体人民共同迈入全面小康社会、共同

迈向现代化”。由此可见，建立“城乡统筹”的扶贫制度和政策体系顺应我国战略发展进程。与此同时，伴随我国进入经济新常态，我国经济增速有所放缓，加之2020年上半年新冠疫情的影响和国际贸易格局的变化，给我国城镇社会经济发展造成了一定程度的冲击；再结合我国城镇内部差距水平一直在高位徘徊的现实情况，城镇低收入问题不容忽视。因此，缩小城镇差距、缓解城镇低收入、建立城乡统筹的扶贫制度和政策体系，令城镇与农村一道迈向缓解低收入扶贫新时代，是历史的必然和时代的要求。

二是低收入线的制定要从“绝对标准”向“相对标准”转变。上世纪80年代以来，我国一直以绝对标准界定贫困和识别贫困人口。从我国所确定的农村绝对贫困标准上看，“1978年贫困线”是按1978年的物价水平制定的收入贫困线，其标准可以保证每人每天2100大卡热量的营养水平，是一条最低水平的生存线；“1998年贫困线”将食物消费占支出的比重降低到60%，提高了非食物支出占比，收入达到这个标准，农民可以基本达到温饱水平；一直沿用至今的“2010年贫困线”，在考虑“有吃、有穿”基础上还考虑了保障基本的衣、住、用、行以及义务教育、基本医疗等需求，是全面建成小康社会的最低线。但结合低收入的内涵，未来在迈向缓解低收入的时代过程中，低收入标准需要顺势调整。未来在低收入标准设定方面，要超越绝对线和物质概念，将缩小收入差距和公共服务的差异作为缓解低收入的工作重点，在经济发展和社会发展的一系列政策中明确低收入群体的社会保障体系建立与完善。

三是扶贫对象要从“瞄准到人”向“兼顾区域”转变。进入到低收入扶贫治理时代，是否要框定低收入区域呢？本书给出肯定回答。理由在于：其一，在城乡差距水平仍较高的前提下，需要避免扶贫的资源在城市聚集，构建低收入区域乡村发展与乡村振兴体系，防止城乡差距的进一步扩大。其二，立足国家区域发展战略、乡村振兴战略和国家主体功能区建设需求，国家的开发式扶贫政策应该逐步由侧重个人向兼顾重点区域转变，解决整体性、区域性问题，达到缩小区域差距的目标。据此，在低收入治理时代确立低收入区域，将有助于从长期缩小区域差距，推动欠发达地区发展，符合我国实现共同富裕的最终奋斗目标。

二、论如何制定低收入标准

不同于绝对贫困线可以依照满足居民生活最低限度制定出一条通用标准，低收入线要考虑区域差距问题。因此，在低收入标准制定中要考虑：是按照全国统一标准设定低收入线，还是城乡分开、抑或是省份分开设线？仅是上述思路的分化，就会产生“全国一条线”“农村一条线”“城镇一条线”“全国各省线”“农村各省线”和“城镇各省线”六种不同的低收入线制定方式。若进一步思考低收入的具体设定标准，是结合地方实践以考量区域内最低5%—10%的人群，作为低收入线的反推依据？还是参照国际做法，将居民收入均值或中位数的50%或60%作为低收入线的计算标准？抑或按照地方低保标准的1.5倍法设定低收入线？对于究竟采用哪种低收入设定方式，目前学界尚无定论。但可以肯定的是，标准设定方案的多样化组合上，六种潜在区域界定方式，能够幻化出上千种低收入标准的结果。

那么，要如何制定低收入标准？我们认为一条好的低收入线，既要符合低收入内涵，服从国家减贫战略的整体性要求，同时要兼顾财政转移支付现实能力；对标国内要有利于中央统筹，对标全球要实现国际接轨。在此基础上：

第一，城乡差距决定了“城乡分线”优于“城乡统筹线”。在城乡居民收入差距背景下会得到城镇低收入线>全国低收入线>农村低收入线。即以“城乡统筹线”框定农村低收入人口有高估风险；框定城镇低收入人口有低估风险。说明短期内“城乡统筹”时机尚未成熟，“城乡分线”优于“城乡统筹线”。

第二，省份差异决定了“全国分城乡线”优于“分省分城乡线”。操作层面上，以“分省分城乡”方式设线容易形成繁复统计框，导致全国低收入度不可比。不能因为上海、北京、浙江等发达省份实现了低保“城乡统筹”，就将低收入统筹思路迅速推向全国。“全国分城乡线”更利于中央统筹，优于“分省分城乡线”。

第三，建议按照“中位收入比例法”设线。排除“低保比例法”的原因是低保是对困难群体的救助，更贴近绝对低收入而非低收入内涵；且低保是对无发展能力一类人群的救助，低收入可同时履行低收入监测和开发扶贫职能。排除“均值比例法”的原因是均值会受高收入群体收入极值的影响，中位数则更接近大众收入客观水平。

基于上述论证，鉴于现阶段城乡居民收入差距较大，建议分城乡设置低收入线。在低收入标准设定上，考虑到低收入线的转变幅度不宜过大，基于权衡扶贫范围与扶贫力度的综合考量，建议采用居民收入中位数的40%作为低收入标准。为了便于对扶贫成效进行观测和评估，建议在一定周期内（如五年）保持低收入线不变，即每年只根据物价指数调整，不基于收入分布重新测算。

三、关于确立欠发达地区的几类探索

欠发达地区在确立过程中要充分考虑我国城乡差距和区域差距巨大的现实情况。在欠发达地区的识别方法和确立方式上，应当建立一套完整的度量指标体系，以确保低收入区域认定的科学性和合理性。从历史沿革上看，1986年第一次确定欠发达县，此后进行过三次调整；从规律上看，均主要以区域内居民人均收入为统计标准（如国贫县的确立），以县域GDP、政府财政等作为辅助参考变量（如连片特困地区的确立）。基于此，我们提出三类欠发达地区的设置方案，分别是收入导向法、发展导向法和综合导向法。

收入导向法。该方法以县域为单位，以其县内人均可支配收入作为排序依据，找寻低收入县。这种方法也可以延伸为人均GDP导向法，则可将人均可支配收入指标用县域内人均GDP作为替代。这种欠发达地区判定方法的好处是延续了我国前期欠发达县确定的思路，与地方经济发展程度挂钩，简单好操作且容易理解。

发展导向法。该方法基于多维视角，以县域发展为主要指标，综合识别欠发达地区（县）。借鉴片区的多维指标确定思路，可选取的县域指标包括科教文卫的相关发展，如学生—教师比例、每千人病床数、五岁以下儿童死亡率等。这种设定方法的好处在于更加关注县域内的包容性发展概念，但同时对县域数据指标的采集和数据准确性有更高的要求。

综合导向法。综合导向法同时兼顾了县域农村居民的人均收入水平和多维发展水平两项内容。在操作上，同时需要加入与科教文卫发展相关的指标，以及人均县域国内生产总值、人均县域财政一般预算性收入、县域农民人均纯收入等与欠发达程度高度相关的指标。在实施上，首先按照收入导向法按人均收入排序来界定不同收入排序的县，再在不同收入排序下的县内部按照发展导向法考察其发展不完善情况。综合导向法的好处是具有综合性，但其复杂性也要更高。在应用上，可以将区域判定为四种类型（参见表1）：

第一类型：经济与发展均匮乏的极端欠发达重点区域。这类地区同时满足“县域人均收入位列排序最低10%”且“在2个以上维度遭受剥夺”的条件，同时在经济与发展方面有较大缺口，属于“经济与发展均匮乏的极端欠发达重点区域”，因此被判定为第一类区域，政策启示是要作为“最优先关注的欠发达地区”。

第二类型：经济驱动力不足型欠发达地区。这类地区满足“县域人均收入位列排序最低10%”，但在发展状态上表现较好，“在2个及以下维度遭受剥夺”，属于“经济驱动力不足型欠发达地区”，因此被判定为第二类区域，政策启示是“加强经济支持，营造发展动力”。

第三类型：发展匮乏型欠发达地区。这类地区在经济上表现较好，位列“县域人均收入排序最低20%的县”，但在发展状态上表现较差，“在2个及以上维度遭受剥夺”，属于“发展匮乏型欠发达地区”，因此被判定为第三类区域，政策启示是“增加民生相关的发展支持”。

第四类型：脆弱地区。此类地区在经济和发展上均处于较好状态，但仍具有一定脆弱性，属于脆弱地区，故被判定为第四类区域，从政策上不需要特殊支持，但对此类地区要“作为监测对象”，以防其发展动力不足陷入到前三类区域当中。

表1　综合导向法的基本思路及其政策含义

	判定标准		所判定区域匮乏属性	区域判定类型	政策启示
	经济视角	发展视角			
1	县域人均收入排序最低10% 的县	在 2 个以上维度遭受剥夺	经济与发展均匮乏的极端欠发达重点区域	第一类区域	最优先关注的欠发达地区
2		在 2 个及以下维度遭受剥夺	经济驱动力不足型欠发达地区	第二类区域	加强经济支持，营造发展动力
3	县域人均收入排序最低20% 的县	在 2 个以上维度遭受剥夺	发展匮乏型欠发达地区	第三类区域	增加民生相关的发展支持
4		在 2 个及以下维度遭受剥夺	脆弱地区	第四类区域	作为监测对象

在框定的重点低收入区域方面，我们认为分配应当进一步向西部倾斜，可以在欠发达地区数量确定上有所减少，但要更加突出重点。在中央要重点支持解决关系全局、发展难度大、对解决不平衡不充分问题有着关键意义的地区；同时把握“中央统筹，省负总则，县抓落实”的总思路不变的基本原则。

此外，要避免和前期的“贫困县”“贫困片区”命名方式重合，否则容易让群众和干部产生错误理解。故此，我们以“欠发达地区”或“欠发达县”作为新的命名方式。

四、建议：确立扶贫长效机制的指导思想和目标任务

坚持党对扶贫工作的领导，坚持精准扶贫、精准脱贫的基本方略是新时期

缓解低收入时代下的扶贫开发工作的基本指导思想。要坚持将缓解低收入任务与落实主体责任有机结合，充分发挥政治优势和制度优势，继续强化党和政府在巩固拓展脱贫成果中的主体责任，按照中央统筹、省负总责、市县抓落实的工作机制，坚持问题导向和目标导向，提高效率，利用有限资源发挥更大效用。

要将保障脱贫攻坚成果作为低收入时代扶贫工作的底线任务。构建缓解低收入长效机制，前提是巩固脱贫攻坚成果。只有在巩固的基础上拓展脱贫成效，才能实现可持续性的脱贫，为乡村振兴和治理低收入打牢基础。

要循序渐进以七个目标作为构建缓解低收入长效机制的长期任务。一要进一步弥补"两不愁三保障"的短板，大面积消除各类致贫因素；二要强化兜底保障体系，筑牢持续脱贫防线，从源头上筑起"截流闸"；三要促进基础设施和公共服务的全面提升，补齐欠发达地区的短板，争取实现均等化；四要提升欠发达地区和低收入人口的发展能力，达到逐步缩小居民间收入差距的目标；五要构建和培育脱贫内生动力机制，提升低收入人群和落后地区的发展动力和活力；六要创新绿色乡村发展与乡村振兴举措，实现生态保护和脱贫致富双赢；七要进一步加强国际乡村发展与乡村振兴交流与合作，推进构建人类命运共同体，开辟新局面。

附录1　数据和测算方法介绍

（一）数据来源

本研究使用了两套数据。其一是2018年中国家庭收入调查项目，用途是基于全国微观住户的收支变化与收入分配情况，测算全国、分省份、分城乡的低收入线和低收入发生率，并推算低收入规模；第二套数据来自国务院扶贫办信息中心所统计的建档立卡数据，该数据统计对象为农村住户中被列为“建档立卡”系统的所有户的包括家庭成员基本信息、收入状况、致贫原因等变量，是目前为止最为完善的全国农户的档案信息数据。我们主要介绍本书所用的第一套数据。

中国家庭收入调查项目由北京师范大学中国收入分配研究院2019年启动，为中国家庭收入调查系列调查中的第六轮。中国家庭收入调查项目（China Household Income Project）又称CHIP调查，分别于1989年、1996年、2003年、2008年、2014年和2019年先后进行了6次全国性的调查项目，在国内外具有广泛的知名度，尤其是CHIP调查从1988年延续至今，跨越了40多年的中国经济史，使之成为一项谱写中国经济变化的重要数据来源。CHIP2018在城镇和农村共计调查了约20000多户常住家庭，调查省份包括北京、山西、内蒙古、辽宁、江苏、安徽、山东、河南、湖南、湖北、广东、重庆、四川、云南、甘肃，总共15个省份，涵盖我国东、中、西三个地区；调查内容包括家庭住户的个体特征、家庭特征、收入支出信息、就业工作信息、社会保障信息等多个方面。下文将会依据CHIP2018的数据对我国低收入规模进行测算。本书采用样本的基本统计信息可以参见表1。

表1　CHIP2018样本的基本情况

	住户样本（户）	住户占比	个体样本（人）	个体占比
城镇	12701	61.46%	41503	57.69%
农村	7963	38.54%	30444	42.31%
总计	20664		71947	

数据来源：CHIP2018，作者整理。

表1对CHIP2018的原始数据进行了简单处理，最后的基本描述结果显示CHIP2018有12701户城镇常住家庭（包含流动人口），41503个城镇个体，7963户农村家庭，30444个农村个体。根据国家统计局《2018年国民经济和社会发展统计公报》的数据显示，2018年我国城镇常住人口城镇化率为59.58%。CHIP2018的城镇农村样本比例与国家统计局公布的城镇化率相当接近，相差不到2个百分点。尽管如此，为了排除这2个百分点可能带来的误差，后文的结果都使用了城乡权重进行调整。

（二）子样本数据与全样本之间的差异

进一步，表2列出了利用CHIP2018计算的全国、城镇和农村住户人均可支配收入的中位数。值得注意的是利用CHIP2018计算的中位数都要低于统计局公布的中位数据，这是因为微观住户调查数据通常都会面临高收入群体拒访和低报的问题，因此导致调查数据的中位数较低。由于缺少高收入样本，CHIP2018中位数计算的低收入发生率会低于实际水平。为了纠正CHIP2018高收入样本缺失的问题，我们也利用了统计局公布的中位数计算低收入标准，然而因为CHIP2018高收入样本缺失，因此统计局公布中位数计算的低收入发生率会高于实际水平。我们将CHIP2018计算的低收入发生率作为下限，将统计局公布计算的低收入发生率作为上限，但是后文的分析主要基于CHIP2018计算的低收入率进行。

从表2能够看出CHIP2018微观数据中城镇居民人均可支配收入的中位数

为29462元，农村居民人均可支配收入的中位数为12140元，城镇中位数是农村的2.43倍，体现了我国城乡之间较大的收入差距，这同时意味着如果利用全国中位数19780元，按“全国一条线”的标准来识别低收入人口，农村人口将占据绝大部分。

表2　CHIP2018中位数与统计局公布对比

	CHIP2018 中位数（元）	统计局公布中位数（元）
全国	19780	24336
城镇	29462	36413
农村	12140	13066

数据来源：由作者整理所得。

（三）低收入测算方式

为了测算中国的低收入状况，我们可以运用上述低收入线的设定方法和FGT指数来衡量我国的低收入发生率，如公式1。首先，利用微观数据库中的收入信息得到收入的中位数IncP50，根据不同的相对标准设定，可以得到低收入的标准线z，然后，在微观数据库中根据该标准构造FGT指数。当α等于0的时候，FGT指数测量低收入的发生率；当α等于1时，FGT指数测量低收入的深度；当α等于2时，FGT指数测量低收入的强度。α越大，低收入群体的权重越高，FGT指数对低收入群体也就变得越敏感。对于本研究，我们暂且考虑规模，也就是α等于0的时候计算所得的低收入群体发生率。公式1给出了中位数50%、60%标准下的计算方式。

$$FGT(\alpha)=\frac{1}{N}\sum_{i}^{q}(\frac{z-Inc_i}{z})^{\alpha};$$
$$z=0.5\times Inc_{p50};or$$
$$z=0.6\times Inc_{p50}$$

公式1

附录2 调研分析1：广东省农村贫困户人均可支配收入核查办法

1. 2019年贫困户人均可支配收入计算时间。从2018年12月1日开始至2019年11月30日作为2019年贫困户家庭收入的调查年度。由驻村干部将贫困户2019年度每月的收入情况采集录入到广东扶贫信息系统即可，由系统自动计算该户全年人均可支配收入。调查员可在系统中打印贫困户收入核查表进行入户调查。

2. 人均可支配收入计算方法。广东省精准扶贫开发考核主要涉及贫困户人均可支配收入，其计算公式是：

家庭人均可支配收入={〔工资性收入+家庭经营收入+财产性收入+转移性收入（不含非正常收入所得）〕—费用}÷家庭人口。

——工资性收入。指农村住户家庭人口中受雇于单位和个体企业，靠付出劳动获得的收入。工资性收入是指应发工资，包括基本工资、奖金、补贴、缴纳住房公积金、养老保险、医疗保险和缴纳的所得税。其中包括现金收入和福利发放实物折算的收入，也包括在单位消费后从工资扣除的部分收入，如在单位宿舍居住所扣除的住房费和水电费等。

——家庭经营收入。农村住户以家庭为生产单位进行生产筹划和管理而获得的收入。一是农业生产经营收入包括以家庭承包或租赁生产工具开展农业生产所获得的收入；二是销售农产品的收入；三是自产用于家庭生活消费的农产品折算收入，未销售或未消费库存的农产品不能作为收入，用于生产消耗的农产品不能作为自产自用折算收入（用于饲养的粮食、蔬菜）；四是第二、三产业经营收入，包括以家庭经营方式（家庭成员做老板的）经营小作坊、小商店、客运货运、餐馆、小理发铺等获得的收入（注意：雇用8人以上企业的收入不能计算在家庭经营收入当中，批发零售要扣除进货成本）。

——财产性收入。指金融资产或有形非生产性资产的所有者向其他机构单位提供资金或将有形非生产性资产供其支配，作为回报而从中获得的现金收入。具体有：利息、股息和分红；租金收入；其他收益等。

——转移性收入。指农村住户和住户成员无须付出任何对应物而获得的货物、服务、资金或资产所有权等。具体有：家庭非常住人口带回和寄回；亲友赠送、慰问；退休金；抚恤、救济、救灾金；农业支持保护补贴、农机补贴、生态林补助等；低保金、养老金、贫困学生生活慰问金（不含学生生活补助金）等。

注意：非经常性收入所得相关收入，不能计入总收入。主要是指农村住户和住户成员得到的不具收入特性的款项。非经常性收入所得也可用于农村住户和成员的消费支出，包括：支取的储蓄存款、借款、贷款、保险赔款、博彩获得、调查补贴、一次性工伤补贴、婚丧礼金、出卖财产（一次性因土地征收的偿还款收入）等和计入农户投入的危房改造补助金、扶持产业发展的“以奖代补”款或生产物资折算款以及政策性教育补助贫困学生生活费等其他款项。

——费用的统计口径。家庭生产经营费用主要指为家庭经营而支出的生产费用、税费支出及生产性固定资产折旧。一是生产费用。指农村住户以家庭为基本生产经营单位从事生产经营活动而消费的商品和服务。农业生产费用支出指农村住户家庭经营农业所支付的费用，如种籽、肥料、农药、小农具购置和修理费、油料费、耕畜的饲料、饲草费、机耕费、排灌费、电费等；其他行业生产费用支出：指农村住户家庭经营其他行业所支付的费用，包括生产经营耗用的原料、燃料、电费及小型工具的购置、维修等开支，还包括所耗用商品的运输成本等。二是税费支出。主要指家庭经营其他行业生产中支付的营业税费。注意：如果单纯从事农业生产经营的农户没有税费支出。三是生产性固定资产折旧。对用于家庭经营生产活动的固定资产，以购置原值按照20年计提、计算、分摊作为生产性固定资产的折旧，计算到生产成本当中（从农村调查情况看，折旧计算复杂且金额不大，在此可忽略计算）。

3. 收入数据调查方法。

一要掌握家庭人口基本情况。家庭常住人口是计算人均可支配收入的基数，因此要认真核实每户贫困户的家庭常住人口数量，尤其是本户户籍人口中没有常住在家里的人口，如本户主要劳动力外出打工的，或者本户人口的在校学生，应统计在本户当中；如外嫁女户籍仍在本户但不常住本户的，不计算。有关下面所提到的收入和费用支出，都要围绕着家庭全体人口进行收集统计。

二要把握工资收入水平。从外出打工去向判断收入水平。根据不同区域打工情况，以不同工资水平测算家庭工资收入。如在珠三角地区，一般以不低于最低工资收入3000元衡量；在本地打工，则以不低于本地最低工资收入水平衡量。（参见表1）

表1　2019年广东各类地区最低工资收入水平标准（与2018年相同）

类别	最低工资标准（元/月）	最低工资标准（元/小时）	适用地区
一类	2100	20.3	广州
	2200	20.3	深圳
二类	1720	16.4	珠海、佛山、东莞、中山市
三类	1550	15.3	汕头、惠州、江门、肇庆市
四类	1410	14	韶关、河源、梅州、汕尾、阳江、湛江、茂名、清远、潮州、揭阳、云浮市

注意防止少报工资收入。个别贫困户在申报工资收入时多以外出打工成员寄回或带回收入进行申报，这是不对的，应以务工时每月实际工资为准填报。注意出现“工资收入低于消费支出”的现象。目前，一般外出打工的月均消费水平最低也要1000元（包括房租、饮食、水电费、日用品消耗、交通、电讯等），如果申报工资收入低于这个标准，估计有遗漏的可能，要引导申报人正确申报。注意包含看不见的工资性收入，如外出打工居住在厂区宿舍的，可能

所发工资已经扣除房租、税费和电费；还有单位代为缴纳的住房公积金、养老保险、医疗保险和缴纳的所得税。

三要查清家庭农业生产。要查清有没有家庭种植粮食、蔬菜、水果等，查清有没有养殖的三鸟、生猪等。查清家庭产出农产品去向：通过了解销售农产品数量，以市面价格计算销售农产品收入；通过了解每天家庭生活消费自产农产品数量，以市面价格和一年365天折算自产自用农产品收入金额。

四要了解其他行业经营。要通过了解家庭其他行业经营情况，查清经营什么？经营收入多少？费用支出多少？

五要调查财产性和转移性收入。结合财产性收入包涵的内容进行逐项询问调查：要针对利息，股息和分红，（耕地或物业）租金收入，其他收益等这四项具体询问，尤其是银行存款利息；结合转移性收入包涵的内容进行逐项询问调查：要针对家庭非常住人口带回和寄回，亲友赠送，退休金，抚恤、救济、救灾金，农业支持保护补贴、农机补贴、生态林补助等，以及最低生活保障金、养老金、贫困学生生活补助金等项目具体询问。

4. 有关数据的审核方法。一是正确统计家庭全体成员。一般来说，特困户的家庭人口数在1－2人之间，贫困户和一般农户原则上不超过6人。二是收不抵支现象。从调查表看，有家庭经营收入和家庭经营生产费用的统计指标，在审核当中，我们应该注意家庭经营收入应大于家庭经营费用。一般来说贫困户在这方面是收大于支，但非贫困户中由于当年投资较大，收入还没有实现的，对此要扣除这方面的投入。三是总数小于集中数现象。从调查指标设计看，贫困户收入情况调查表中的集中收入数，不能大于总收入数，最多是等于总收入数。四是防止财产性和转移性收入空缺。首先是财产性收入方面，一般家庭都有银行存款，因此利息肯定会有的，鉴于其他方面就看住户的有关情况；其次是转移性收入方面，五保、低保户应该有社会保障金，贫困户应该有扶贫款和慰问品，还有亲友赠送款在贫困户和样本户当中一定会有的。五是经营收入与生产费用并存。一般来说，有家庭经营收入，就必须有家庭经营费用。为此在审核当中要注意，不论是农业生产还是其他行业的家庭经营，都会有费用的发生。

附录3　调研分析2：鄄城县探索低收入人群的治理

一、鄄城县探索低收入治理的思考初衷

党的十九届四中全会公报中有许多亮点与新的提法、新的概括。比如："国家治理效能""建立不忘初心、牢记使命的制度""构建服务全民终身学习的教育体系"，等等。习近平总书记指出，我们五百年以后还会有贫困。他强调，我们必须深刻认识我国贫困问题的长期性、艰巨性、复杂性，做好打持久战的思想准备。即使全面建成小康社会目标实现，我国仍处于社会主义初级阶段，一定程度上的贫困问题肯定仍然会存在。鄄城县牢记习近平总书记的重要讲话精神，把扶贫开发当作是一项长期的历史任务。这将是鄄城县一项长期的任务，需要通过长效机制的设计来实现。

（一）探索低收入治理的整体考虑

一是解决低收入是巩固当前脱贫成果的现实需要。对于刚刚摆脱绝对贫困的群体，其生活水平仍然相对较低，发展能力也相对较弱，在经济下行期尤其存在较高的返贫风险。这部分群体无疑是低收入群体的重要构成部分。

二是解决低收入也是解决新时代社会主要矛盾的重要举措。党的十九大提出新时代我国社会主要矛盾已经转化为"人民日益增长的美好生活需要和不平衡不充分的发展之间的矛盾"。低收入是一个以社会平均水平为参照的概念，较高的低收入人口比例反映的是社会总体收入差距较大的现实。解决低收入，强调的是不仅仅要满足最基本的生活水平需要，还要缩小与社会平均生活水平

的差距，解决发展不平衡的问题。

三是建立解决低收入问题的长效机制，对破解当前经济增长困境有重要意义。收入差距较大是我国居民消费增长的重要原因，其原因在于高收入群体边际消费倾向低但消费增长空间不大，低收入群体边际消费倾向高但面临流动性约束消费也难以获得增长。如果边际消费倾向高的低收入群体的收入水平得不到显著增长，当前消费增长乏力的问题也就难以得到解决。解决低收入，必然需要通过各种手段提高低收入群体的收入水平，改善收入分配格局，从而促进总体的消费水平提高。

（二）探索低收入人群治理的工作要求

低收入标准一般是按照全社会收入中位数的一定比例来确定，这一比例通常在40%至60%之间。如果以城乡居民人均收入中位数的50%为基准进行测算，2018年我国城镇居民的低收入标准为14128元，农村为4811元，远高于目前大约年人均收入4000元左右的绝对贫困标准。据此推算，2018年我国城镇和农村的低收入人口比例分别为14.5%和19.1%。与消除绝对贫困相比，我国解决低收入的目标要求更高、对象范围更广、致贫原因更复杂、动态性更强。

一是低收入治理不再满足于“两不愁三保障”这一基本要求，而是着力增强自我发展能力，拓宽发展空间，缩小收入差距，提高低收入人群生活品质，目标要求更高。二是低收入人群的认定，也不再是以基本生存条件作为基准，而是以社会整体平均发展水平作为基准，与其距离处于一定范围的人群都需要考虑，低收入对象范围更广。三是低收入人群的致困原因会更加复杂多样，低收入关注的是低收入人群发展机会的巩固和生活品质的提升，比绝对贫困关注的点要更丰富。四是低收入的动态性更强。受宏观经济波动和个人收入稳定性较差的影响，低收入群体比绝对贫困群体的动态性更强、管理难度更大，对统计监测、政策制订和实施都带来更大挑战。五是统筹城乡扶贫是未来解决低收入问题中必然要面对和解决的现实问题。目前我国农村和城市的扶贫政策分属于两个独立体系，二者之间缺少成熟有效的衔接机制。农村扶贫已经形成了完整的政策体系，但针对城市政策的制定与实施仍分散在多个部门，如民政部、人社部、教育部等都有资金投入。亟需尽快建立起城乡统一的扶贫信息系统、社会救助体系和公共服务体系。

（三）探索低收入治理的规划措施

鄄城县推动了解决低收入与乡村振兴战略实施在规划任务、政策支持、项目资金、体制机制等方面的有机衔接，探索建立了长短结合、标本兼治的体制机制。

一是规划任务上衔接。结合鄄城县打造“现代农业大县”的中长期目标和“十四五”规划编制，把高质量打赢脱贫攻坚战、解决低收入的重点任务特别是产业发展、乡村基础设施建设、农村环境改善等工作，融入乡村振兴战略目标任务。按照乡村振兴“二十字”总要求，科学把握产业扶贫与“产业兴旺”、生态扶贫与“生态宜居”、精神智力扶贫与“乡风文明”、驻村帮扶与“治理有效”、高质量脱贫与“生活富裕”等方面的结合点，实现乡村振兴与脱贫攻坚有机衔接、共同推进。

二是政策支持上衔接。把部分扶贫帮扶政策转化、优化为常态化支持政策，推动聚焦精准扶贫对象个体发展与支持乡村振兴多元主体合作发展相衔接，积极探索政府主导下多元主体共同参与的解决低收入与乡村振兴工作格局；推动特惠性扶贫政策与普惠性民生政策相衔接，加大教育、医疗、基础设施等投入力度，提升乡村基本公共服务均等化水平；推动福利性政策与提升乡村能力的发展性政策相衔接，在解决低收入中提升乡村发展新动能。

三是资金项目上衔接。谋划实施乡村振兴重点项目、产业发展、新型社区等工作时，注重与解决低收入通盘考虑，统筹安排项目资金，既保障乡村振兴战略推进实施，又兼顾解决低收入工作需要，确保项目资金发挥最大效益。

四是体制机制上衔接。把脱贫攻坚工作中积累的成功经验和典型做法，比如县乡村“三级书记”抓脱贫攻坚的组织领导机制、工作推进机制、资金投入机制、考核评价机制等，转化为推动乡村振兴战略实施的生动实践，以乡村振兴激发低收入群众的内生动力和外在活力，逐步实现共同富裕。

（四）探索低收入治理的推进机制

鄄城县按照探索低收入治理的指导思想，成立各种保障机制促进低收入治理政策落实和可持续乡村发展与乡村振兴目标实现。

一是加强组织领导。成立县解决低收入领导小组，县委书记、县长任组长，县委副书记任常务副组长，有关县级领导任副组长，各乡镇（街道）、有关行业部门主要负责人任成员，领导小组下设办公室，办公室设在县扶贫办，具体负责统筹、协调、解决低收入工作。各乡镇（街道）、有关行业部门成立专门班子，落实具体人员，专职做好解决低收入各项工作。

二是建立联席会议制度。建立解决农村低收入长效机制联席会议制度，定期研究、调度、推进工作开展，及时解决工作中遇到的困难问题。对于低收入原因复杂或救助事项特殊，难以由一个部门承担或找不到相应救助政策的，及时召开联席会议，实行“一事一议”，研究制定综合救助方案，多措并举解决救助事宜。对于按照统一标准实施救助之后仍然存在特殊困难的低收入家庭，采取一事一议的方式给予一定额外救济。

三是强化资金保障。把解决农村低收入人口所需资金纳入年度预算，建立增长机制，确保财政投入与试点任务相适应，撬动金融和社会资金、资本更多地投向低收入长效机制试点工作领域；加大财政涉农资金整合力度，做好资金整合使用项目规划，提高资金使用效能；通过组织爱心一日捐、慈善募捐、文化义演等活动，组织单位、企业、个人捐款，所得款项用于支持解决农村低收入人口工作；积极争取上级相关政策方面资金，最大限度地解决资金缺口问题。

四是开展督导考核。把各乡镇（街道）、县直有关部门解决农村低收入工作开展情况纳入年终综合考评。县纪委监委、“两办”督查室、县扶贫办成立督查专班，对解决低收入工作进行嵌入式督查，对弄虚作假、优亲厚友、虚报冒领和部门单位不作为、假作为等现象，严肃追责问责。

二、鄄城县低收入标准的设置情况

党的十九届四中全会作出了“坚决打赢脱贫攻坚战，巩固脱贫攻坚成果，建立解决低收入长效机制”的重大部署。鄄城县作为全省解决农村低收入长效机制试点县，要探索构建“即时出现、即时纳入、即时帮扶、即时解困”以及长短结合、标本兼治的解决低收入长效体制机制，推动脱贫攻坚与乡村振兴有机衔接。

（一）鄄城县低收入标准设置的基本原则

一是科学界定，合理纳入。重点围绕“帮扶谁、怎样扶、谁来扶、怎样退”等关键问题，通过自动纳入、申请认定等办法，合理确定低收入线和低收入人员识别、纳入、退出等。

二是综合施策，脱贫解困。通过扶贫政策、兜底保障等措施，实现稳定“脱贫”；通过部门、社会救助帮扶、孝善美德赡养等措施，实现有效“解困”；通过就业创业、产业带动、激发内力等措施，实现“增收致富”。

三是动态管理，有进有出。对低收入人口实行动态管理，符合条件的即时纳入；低收入人口的退出，原则上每年核实调整一次，经核实达到退出条件的，核定退出，不再享受相关政策扶持。

（二）鄄城县低收入标准的确定方式

综合考虑鄄城县经济发展水平和财政状况，采取“一线、三重点、十不纳”的办法，确定农村低收入人口范围。

一是“一线”，即低收入标准线：

参照国务院扶贫办政策法规司编写的《脱贫攻坚前沿问题研究》中“部分国家将低于平均收入40%的人口归于低收入人口”的做法，2019年鄄城县农民人均可支配收入为13689元，按40%比例折算为5475元。按农村低保线的一定倍数作为低收入线，2019年鄄城县低保标准为4200元，初步确定按低保标准的1.3倍计算为5460元。综合考虑各种因素，2020年确定将5500元作为当前我县农村低收入标准线，以后每年根据经济社会发展状况逐年递增。

二是“三重点”，即应纳入低收入范围的三个重点群体：

非建档立卡易致贫户群体。主要是非建档立卡的独居老人、大病慢性病户和无劳动能力户，非建档立卡低保户、五保户直接纳入低收入人口。

非建档立卡低收入群体。主要是年人均纯收入在5500元以下且没有“十不纳”情形的非建档立卡低收入户，纳入低收入人口。

非建档立卡边缘群体。主要是农村流动人口和农民工中一些文化程度低、身体健康差、年龄偏大的收入不稳定群体，或收入虽然相对稳定但家中有残疾、重病家庭生活开支较大的生活困难群体。

三是“十不纳”，即出现下列情形之一的，原则上不得纳入低收入人口：

户内家庭成员拥有并经常使用乘用车辆、用于经营的大型农机具的（不含残疾人代步车、摩托车、农用车等用于基本生产生活的小型机动车）；

户内家庭成员在城镇购买商品房的（易地扶贫搬迁、黄河滩区居民迁建以及农村新型社区建设、“两新融合”项目的除外）；

户内家庭成员注册公司、企业并雇佣他人从事经营性活动的；

户内家庭成员有机关、事业单位财政供养人员或国有公司、企业正式干部职工的；

户内家庭成员具有投资行为且人均投资数额超过低保标准2倍以上的；

有意隐瞒家庭人口、收入财产状况，或者提供虚假证明材料，或者拒绝配合家庭状况调查，致使无法准确核实家庭收入和财产的；

子女有赡养能力、无特殊困难的；

家庭成员中有自费出国留学的；

家庭成员中有组织、参与非法上访的，参与赌博、吸毒、打架斗殴、寻衅滋事、长期从事邪教活动、自身原因入狱等对社会造成危害行为的；

实际生活水平明显高于低收入标准的。

专栏：农村低收入人口调查报告与人员公示

农村低收入人口调查报告（样本）

收到**镇**行政村**自然村***提交的《农村低收入人口申请表》后，我镇于****年**月**日组织调查组（成员姓名、职务）实地进行核实，通过入户核实、走访村内群众、召开座谈会、调查取证等方式，对该户有关情况进行调查。现将有关情况报告如下。

一、采取措施

1.入户核实。包括家庭成员情况、相关信息、住房情况、家庭设施、交通工具、致贫原因等。

2.走访群众。通过走访村内相对熟悉了解该户家庭情况的群众，了解其家庭经济状况，重点排查“十不纳”情况。

3.召开座谈会。召集包括村委会在内的相关人员，对该户是否应纳入农村低收入人口进行讨论。

二、调查结果

对以上调查情况逐项进行综合分析，找准致贫原因。

三、调查结论

1.是否建议纳入农村低收入人口。

2.建议采取哪些帮扶措施。

四、承诺制

以上情况均为实地调查取证，信息真实准确，如有弄虚作假行为，将自愿承担一切责任。

调查人：（签字、摁手印）

2020年**月**日

注：调查取证材料（相关调查人签字）、影像资料等注意留存档案，与调查报告一并报送。

****镇**村农村低收入人口纳入人员名单公示**

经本户申请，根据**年**月**日村民代表会议民主评议结果，经乡镇调查组现场核实、县扶贫办审核，我村***等**户拟纳入农村低收入人口范围，现予以公示（名单附后）。公示期7天，如有异议，请从即日起7日内向村“两委”提出意见。

监督电话：

（村两委盖章）

2020年**月**日

农村低收入人口纳入人员名单

序号	户主姓名	家庭人口	年人均可支配收入	致贫原因	备注

（三）鄄城县低收入群体的识别和退出

鄄城县在低收入群体的识别和退出方面创新工作机制，探索形成了比较合理和标准的规范化工作流程，为指导低收入治理工作奠定了坚实的基础。

一是精准识别。低收入人口识别共分为“个人申请、现场核实、乡镇审核、公示公告、县级备案”五个步骤。

个人申请。以自愿申请为前提条件，申请人认为符合申请条件的，可由户主或共同生活的家庭成员填写《农村低收入人口申请表》，经村党支部召集党员代表、村民代表、包村干部等（合计人数不少于20人）进行民主评议，通过民主评议的由村党支部上报至属地乡镇政府。

现场核实。在收到相关人员报送的《农村低收入人口申请表》后3个工作日内，属地乡镇应组织2人以上调查人员，现场核实相关情况，通过入户核实、走访村内群众等方式，撰写《农村低收入人口调查报告》，经调查人员、相关协助调查人员签字后，连同相关证明材料一并报送至属地乡镇。

乡镇审核。属地乡镇扶贫办负责审核把关相关材料，对明显不符合条件的，按照政策规定及时告知申请人。

公示公告。属地乡镇对拟纳入农村低收入人口的名单，要以村为单位，在相关人员所在村公示栏内公示公告7个工作日后，结果如无异议，将相关人员正式纳入农村低收入人口范围。

县级备案。属地乡镇对纳入农村低收入人口名单和公示公告结果，及时报县扶贫办备案。

二是精准退出。

1.退出条件。

通过落实帮扶措施，符合以下条件的，以户为单位按程序退出，不再享受低收入相关政策：

家庭人均可支配收入稳定超过低收入线的；

致贫因素消除的（指因学致贫家庭学生毕业后实现稳定就业，因病致贫家庭患病成员治愈或去世等）；

出现“十不纳”情形之一的；

死亡、户籍和常住地迁出鄄城县的。

2.相关程序。

由低收入人员所在村党支部召集党员代表、村委会成员、村民代表、包村干部等进行民主评议，举手表决；

通过评议后，对拟退出低收入人员名单在村内予以公示公告7个工作日；

属地乡镇将退出低收入人员名单和公示公告结果报送至县扶贫办备案。

专栏：彭楼镇低收入识别工作方案

一、识别对象

人均纯收入低于5500元的家庭，低保家庭、五保家庭、残疾人家庭。

二、重点关注

1、五保家庭。

2、低保家庭。

3、孤儿。

4、残疾人家庭。

5、患有大病家庭。

6、单纯依靠土地收入农户。

7、主要依靠土地收入，平时打零工收入家庭。

8、没有长期稳定工作，无长期稳定收入家庭。

9、家中有上大学学生，无特别突出收入家庭。

10、虽有能赡养的子女，但就不赡养的家庭（签订不再赡养协议书）。

11、无特殊技能、无固定工作、无长期固定收入人群，特别是家中有在校本科以下学生的支出型家庭。

三、识别原则

简单明了、易于操作、符合实际。

四、识别方法

1、村委会根据村民家庭情况，提报初选名册。根据家庭收入，生活主要支出，家庭成员生病、务工、求学等情况综合考量。

2、镇组织人员入户调查。主要调查收入、支出、家庭成员情况、子女情况。根据家庭情况，对照积分制量化评分标准进行评分。对得分异常情况进行综合考评、一户一议，形成初选名册。

3、召开村民代表会议，对初选名册进行民主评议，形成拟定名册。

4、对拟定名册进行公示、公告。

5、完成公示、公告后进行系统录入。

五、帮扶措施

1、国家政策。

（1）上级普惠性政策按照上级政策帮扶。对于低保户、五保户、残疾人等有特定补贴政策的按要求全部落实到位，主要由残联、民政部门负责。

（2）对于在校学生，按照相关政策落实教育救助，对于低收入人员加大教育资助力度。

（3）对于患有大病人员，增加报销比例。

2、分类施策。

（1）结合实际提供务工岗位。充分利用扶贫车间、扶贫项目安置有劳动能力的人员进行就业。

（2）利用扶贫项目受益资金，设立公益岗、激励金。

一是与环境综合整治相结合。在村内卫生整治、除草等活动中，优先利用有劳动能力的贫困户进行，按时间、工作量发放补贴，激励村民积极劳动致富。

二是与美丽庭院创建相结合。设立美丽庭院创建基金，定期评比，根据效果发放激励金，对于无劳动能力户，建立结对帮扶机制，并予以奖励。

三是与创建平安村庄相结合。根据平安村庄建设，在冬季设立打更巡逻公益岗，优先安排低收入户劳力，既增加低收入户的收入，又解决了村内问题。

四是与弘扬传统美德相结合。开展孝善扶贫，大力宣传孝文化，通过建立孝善基金，鼓励子女赡养父母。

五是与村庄公益活动相结合。结合村庄不同特点，设立公益岗位，充分发挥资金的促进作用。

彭楼镇人民政府

2020年6月18日

附图

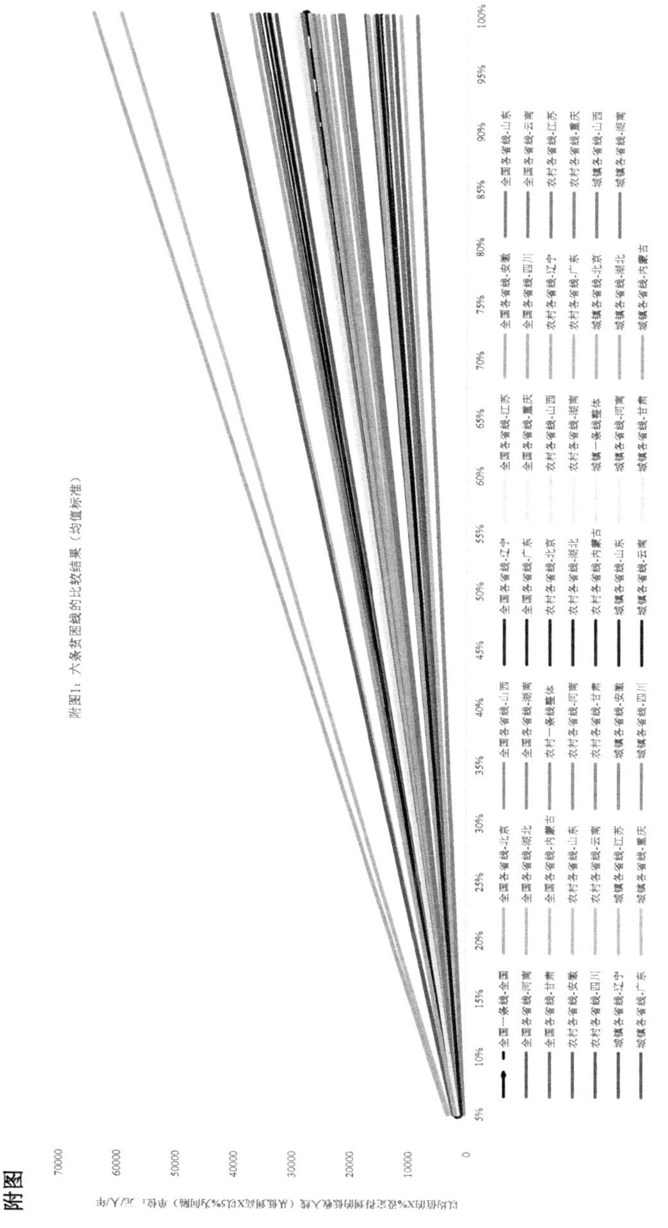
附图
附图1：六条贫困线的比较结果（均值标准）
以均值的X%设定得到的低收入线（从低到高X以5%为间隔）单位：元/人/年
70000
60000
50000
40000
30000
20000
10000
0
5%
10%
15%
20%
25%
30%
35%
40%
45%
50%
55%
60%
65%
70%
75%
80%
85%
90%
95%
100%
全国一条线-全国
全国各省线-北京
全国各省线-山西
全国各省线-辽宁
全国各省线-江苏
全国各省线-安徽
全国各省线-山东
全国各省线-河南
全国各省线-湖北
全国各省线-湖南
全国各省线-广东
全国各省线-重庆
全国各省线-四川
全国各省线-云南
全国各省线-甘肃
全国各省线-内蒙古
农村一条线整体
农村各省线-北京
农村各省线-山西
农村各省线-辽宁
农村各省线-江苏
农村各省线-安徽
农村各省线-山东
农村各省线-河南
农村各省线-湖北
农村各省线-湖南
农村各省线-广东
农村各省线-重庆
农村各省线-四川
农村各省线-云南
农村各省线-甘肃
农村各省线-内蒙古
城镇一条线整体
城镇各省线-北京
城镇各省线-山西
城镇各省线-辽宁
城镇各省线-江苏
城镇各省线-安徽
城镇各省线-山东
城镇各省线-河南
城镇各省线-湖北
城镇各省线-湖南
城镇各省线-广东
城镇各省线-重庆
城镇各省线-四川
城镇各省线-云南
城镇各省线-甘肃
城镇各省线-内蒙古

附图2：六条贫困线的比较结果（中位数标准）

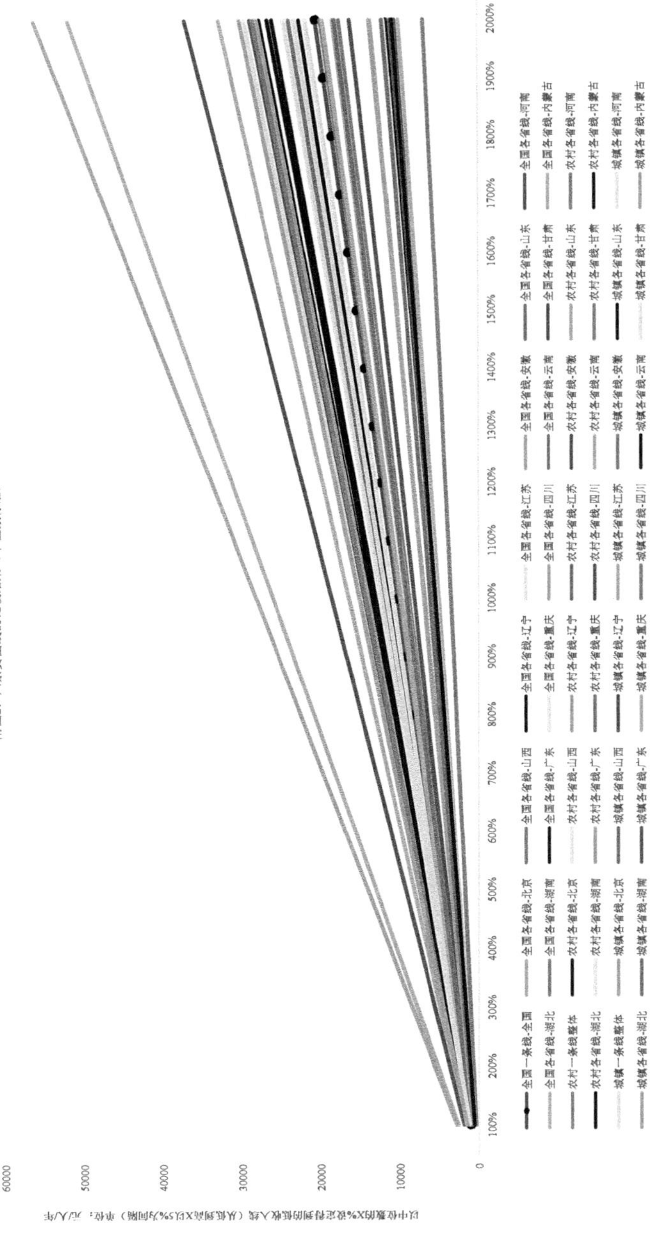

附表1　不同低收入制定标准下的低收入线

	农村																			
	以人均收入的 X% 为低收入标准（单位：元）																			
	5%	10%	15%	20%	25%	30%	35%	40%	45%	50%	55%	60%	65%	70%	75%	80%	85%	90%	95%	100%
农村	756	1513	2269	3026	3782	4539	5295	6052	6808	7565	8321	9078	9834	10591	11347	12104	12860	13617	14373	15130
北京	1434	2869	4303	5737	7172	8606	10040	11475	12909	14343	15777	17212	18646	20080	21515	22949	24383	25818	27252	28686
山西	649	1298	1946	2595	3244	3893	4541	5190	5839	6488	7136	7785	8434	9083	9731	10380	11029	11678	12326	12975
辽宁	724	1447	2171	2894	3618	4341	5065	5788	6512	7235	7959	8682	9406	10129	10853	11576	12300	13024	13747	14471
江苏	1103	2206	3308	4411	5514	6617	7719	8822	9925	11028	12130	13233	14336	15439	16541	17644	18747	19850	20952	22055
安徽	729	1458	2187	2916	3645	4374	5103	5832	6561	7290	8019	8748	9477	10206	10935	11664	12393	13122	13851	14580
山东	812	1625	2437	3249	4061	4874	5686	6498	7311	8123	8935	9747	10560	11372	12184	12996	13809	14621	15433	16246
河南	696	1392	2087	2783	3479	4175	4871	5566	6262	6958	7654	8350	9045	9741	10437	11133	11829	12524	13220	13916
湖北	741	1483	2224	2966	3707	4449	5190	5932	6673	7414	8156	8897	9639	10380	11122	11863	12604	13346	14087	14829
湖南	721	1442	2163	2885	3606	4327	5048	5769	6490	7211	7932	8654	9375	10096	10817	11538	12259	12980	13701	14423
广东	862	1724	2586	3448	4311	5173	6035	6897	7759	8621	9483	10345	11208	12070	12932	13794	14656	15518	16380	17242
重庆	700	1399	2099	2799	3498	4198	4898	5597	6297	6997	7696	8396	9095	9795	10495	11194	11894	12594	13293	13993
四川	641	1282	1923	2564	3205	3846	4488	5129	5770	6411	7052	7693	8334	8975	9616	10257	10898	11539	12181	12822
云南	577	1154	1732	2309	2886	3463	4040	4618	5195	5772	6349	6926	7504	8081	8658	9235	9812	10390	10967	11544
甘肃	432	865	1297	1729	2162	2594	3027	3459	3891	4324	4756	5188	5621	6053	6485	6918	7350	7783	8215	8647
内蒙古	788	1576	2364	3152	3940	4727	5515	6303	7091	7879	8667	9455	10243	11031	11819	12606	13394	14182	14970	15758
	以中位收入的 X% 为低收入标准（单位：元）																			
	5%	10%	15%	20%	25%	30%	35%	40%	45%	50%	55%	60%	65%	70%	75%	80%	85%	90%	95%	100%
农村	609	1218	1827	2436	3045	3654	4263	4872	5481	6090	6699	7308	7917	8526	9135	9744	10352	10961	11570	12179
北京	1302	2603	3905	5207	6509	7810	9112	10414	11715	13017	14319	15621	16922	18224	19526	20827	22129	23431	24733	26034
山西	557	1115	1672	2229	2787	3344	3901	4459	5016	5573	6131	6688	7245	7803	8360	8917	9475	10032	10589	11147
辽宁	567	1134	1701	2269	2836	3403	3970	4537	5104	5672	6239	6806	7373	7940	8507	9075	9642	10209	10776	11343
江苏	907	1814	2721	3628	4535	5442	6349	7256	8163	9070	9977	10884	11791	12698	13605	14512	15419	16326	17233	18140

安徽	543	1087	1630	2174	2717	3261	3804	4348	4891	5435	5978	6521	7065	7608	8152	8695	9239	9782	10326	10869
山东	686	1372	2058	2744	3431	4117	4803	5489	6175	6861	7547	8233	8920	9606	10292	10978	11664	12350	13036	13722
河南	591	1183	1774	2365	2957	3548	4140	4731	5322	5914	6505	7096	7688	8279	8871	9462	10053	10645	11236	11827
湖北	582	1164	1747	2329	2911	3493	4075	4658	5240	5822	6404	6986	7568	8151	8733	9315	9897	10479	11062	11644
湖南	599	1198	1797	2396	2995	3594	4193	4792	5391	5990	6589	7188	7787	8386	8985	9585	10184	10783	11382	11981
广东	689	1379	2068	2758	3447	4137	4826	5516	6205	6895	7584	8273	8963	9652	10342	11031	11721	12410	13100	13789
重庆	609	1219	1828	2438	3047	3657	4266	4876	5485	6094	6704	7313	7923	8532	9142	9751	10360	10970	11579	12189
四川	553	1106	1659	2212	2766	3319	3872	4425	4978	5531	6084	6637	7191	7744	8297	8850	9403	9956	10509	11062
云南	500	999	1499	1998	2498	2998	3497	3997	4496	4996	5495	5995	6495	6994	7494	7993	8493	8993	9492	9992
甘肃	345	690	1035	1380	1725	2070	2415	2760	3105	3451	3796	4141	4486	4831	5176	5521	5866	6211	6556	6901
内蒙古	542	1084	1626	2167	2709	3251	3793	4335	4877	5418	5960	6502	7044	7586	8128	8670	9211	9753	10295	10837
	城镇																			
	以人均收入的 X% 为低收入标准（单位：元）																			
	5%	10%	15%	20%	25%	30%	35%	40%	45%	50%	55%	60%	65%	70%	75%	80%	85%	90%	95%	100%
城镇	1858	3716	5574	7432	9290	11148	13006	14864	16722	18580	20438	22296	24154	26012	27870	29728	31586	33444	35302	37160
北京	3212	6424	9636	12848	16060	19272	22484	25696	28907	32119	35331	38543	41755	44967	48179	51391	54603	57815	61027	64239
山西	1426	2851	4277	5702	7128	8553	9979	11404	12830	14255	15681	17106	18532	19957	21383	22809	24234	25660	27085	28511
辽宁	1649	3298	4948	6597	8246	9895	11545	13194	14843	16492	18141	19791	21440	23089	24738	26388	28037	29686	31335	32984
江苏	2156	4312	6468	8624	10780	12936	15092	17248	19404	21560	23716	25872	28028	30184	32340	34496	36652	38808	40964	43120
安徽	1732	3464	5197	6929	8661	10393	12125	13858	15590	17322	19054	20786	22519	24251	25983	27715	29448	31180	32912	34644
山东	1748	3495	5243	6991	8738	10486	12234	13981	15729	17477	19224	20972	22720	24467	26215	27963	29710	31458	33206	34953
河南	1485	2971	4456	5941	7427	8912	10397	11883	13368	14853	16339	17824	19309	20795	22280	23766	25251	26736	28222	29707
湖北	1700	3401	5101	6802	8502	10202	11903	13603	15303	17004	18704	20405	22105	23805	25506	27206	28907	30607	32307	34008
湖南	1813	3625	5438	7250	9063	10875	12688	14500	16313	18125	19938	21751	23563	25376	27188	29001	30813	32626	34438	36251
广东	2200	4399	6599	8798	10998	13197	15397	17596	19796	21995	24195	26394	28594	30793	32993	35192	37392	39592	41791	43991
重庆	1720	3441	5161	6881	8602	10322	12043	13763	15483	17204	18924	20644	22365	24085	25805	27526	29246	30966	32687	34407
四川	1709	3418	5127	6837	8546	10255	11964	13673	15382	17091	18800	20510	22219	23928	25637	27346	29055	30764	32474	34183
云南	1711	3421	5132	6842	8553	10263	11974	13684	15395	17106	18816	20527	22237	23948	25658	27369	29080	30790	32501	34211
甘肃	1463	2926	4390	5853	7316	8779	10243	11706	13169	14632	16096	17559	19022	20485	21949	23412	24875	26338	27801	29265
内蒙古	1869	3738	5608	7477	9346	11215	13085	14954	16823	18692	20561	22431	24300	26169	28038	29908	31777	33646	35515	37384

	城镇																			
	以中位收入的 X% 为低收入标准（单位：元）																			
	5%	10%	15%	20%	25%	30%	35%	40%	45%	50%	55%	60%	65%	70%	75%	80%	85%	90%	95%	100%
城镇	1482	2964	4447	5929	7411	8893	10375	11858	13340	14822	16304	17787	19269	20751	22233	23715	25198	26580	28152	29644
北京	2813	5627	8440	11254	14067	16881	19694	22508	25321	28134	30948	33761	36575	39388	42202	45015	47829	50642	53455	56269
山西	1197	2393	3590	4786	5983	7179	8376	9572	10769	11966	13162	14359	15555	16752	17948	19145	20341	21538	22735	23931
辽宁	1444	2887	4331	5774	7218	8661	10105	11548	12992	14435	15879	17322	18766	20209	21653	23097	24540	25984	27427	28871
江苏	1643	3286	4928	6571	8214	9857	11499	13142	14785	16428	18071	19713	21356	22999	24642	26285	27927	29570	31213	32856
安徽	1397	2794	4192	5589	6986	8383	9780	11177	12575	13972	15369	16766	18163	19560	20958	22355	23752	25149	26546	27943
山东	1382	2765	4147	5529	6912	8294	9677	11059	12441	13824	15206	16588	17971	19353	20735	22118	23500	24883	26265	27647
河南	1164	2327	3491	4654	5818	6982	8145	9309	10472	11636	12800	13963	15127	16290	17454	18618	19781	20945	22108	23272
湖北	1401	2802	4204	5605	7006	8407	9809	11210	12611	14012	15413	16815	18216	19617	21018	22419	23821	25222	26623	28024
湖南	1429	2857	4286	5714	7143	8572	10000	11429	12857	14286	15715	17143	18572	20000	21429	22857	24286	25715	27143	28572
广东	1857	3714	5571	7427	9284	11141	12998	14855	16712	18569	20425	22282	24139	25996	27853	29710	31566	33423	35280	37137
重庆	1415	2830	4246	5661	7076	8491	9906	11321	12737	14152	15567	16982	18397	19812	21228	22643	24058	25473	26888	28304
四川	1427	2854	4281	5708	7136	8563	9990	11417	12844	14271	15698	17125	18552	19979	21407	22834	24261	25688	27115	28542
云南	1332	2663	3995	5326	6658	7989	9321	10652	11984	13315	14647	15978	17310	18641	19973	21304	22636	23967	25299	26630
甘肃	1229	2458	3687	4916	6145	7374	8604	9833	11062	12291	13520	14749	15978	17207	18436	19665	20894	22123	23353	24582
内蒙古	1512	3024	4535	6047	7559	9071	10582	12094	13606	15118	16630	18141	19653	21165	22677	24189	25700	27212	28724	30236
	以人均收入的 X% 为低收入标准（单位：元）																			
	5%	10%	15%	20%	25%	30%	35%	40%	45%	50%	55%	60%	65%	70%	75%	80%	85%	90%	95%	100%
	农村																			
全国	1392	2784	4176	5568	6960	8352	9744	11136	12528	13920	15312	16703	18095	19487	20879	22271	23663	25055	26447	27839
北京	2973	5945	8918	11891	14863	17836	20809	23781	26754	29727	32699	35672	38645	41617	44590	47562	50535	53508	56480	59453
山西	1153	2306	3459	4612	5765	6919	8072	9225	10378	11531	12684	13837	14990	16143	17296	18449	19602	20756	21909	23062
辽宁	1375	2751	4126	5501	6876	8252	9627	11002	12377	13753	15128	16503	17878	19254	20629	22004	23379	24755	26130	27505
江苏	1732	3463	5195	6927	8658	10390	12121	13853	15585	17316	19048	20780	22511	24243	25975	27706	29433	31169	32901	34633
安徽	1287	2574	3861	5148	6434	7721	9008	10295	11582	12869	14156	15443	16729	18016	19303	20590	21877	23164	24451	25738
山东	1336	2673	4009	5345	6682	8018	9354	10691	12027	13364	14700	16036	17373	18709	20045	21382	22718	24054	25391	26727
河南	1081	2161	3242	4323	5403	6484	7564	8645	9726	10806	11887	12968	14048	15129	16209	17290	18371	19451	20532	21613
湖北	1239	2479	3718	4957	6197	7436	8675	9915	11154	12393	13633	14872	16111	17351	18590	19829	21069	22308	23547	24787

湖南	1327	2654	3981	5308	6635	7963	9290	10617	11944	13271	14598	15925	17252	18579	19906	21234	22561	23888	25215	26542
广东	1801	3602	5404	7205	9006	10807	12609	14410	16211	18012	19814	21615	23416	25217	27019	28820	30621	32422	34224	36025
重庆	1359	2718	4077	5436	6795	8154	9513	10872	12231	13590	14949	16308	17667	19026	20385	21744	23103	24462	25821	27180
四川	1170	2340	3510	4679	5849	7019	8189	9359	10529	11699	12869	14038	15208	16378	17548	18718	19888	21058	22228	23397
云南	1072	2143	3215	4287	5358	6430	7501	8573	9645	10716	11788	12860	13931	15003	16074	17146	18218	19289	20361	21433
甘肃	882	1763	2645	3526	4408	5290	6171	7053	7935	8816	9698	10579	11461	12343	13224	14106	14988	15869	16751	17632
内蒙古	1359	2718	4077	5436	6795	8154	9513	10872	12231	13590	14949	16308	17666	19025	20384	21743	23102	24461	25820	27179
	以中位收入的 X% 为低收入标准（单位：元）																			
	5%	10%	15%	20%	25%	30%	35%	40%	45%	50%	55%	60%	65%	70%	75%	80%	85%	90%	95%	100%
	农村																			
全国	1027	2054	3081	4108	5135	6162	7189	8216	9243	10270	11297	12324	13351	14378	15405	16432	17459	18486	19513	20540
北京	2599	5198	7797	10395	12994	15593	18192	20791	23390	25989	28588	31186	33785	36384	38983	41582	44181	46780	49379	51977
山西	878	1756	2635	3513	4391	5269	6147	7026	7904	8782	9660	10538	11417	12295	13173	14051	14929	15808	16686	17564
辽宁	1133	2265	3398	4530	5663	6795	7928	9060	10193	11325	12458	13590	14723	15855	16988	18120	19253	20385	21518	22650
江苏	1295	2591	3886	5182	6477	7773	9068	10364	11659	12955	14250	15546	16841	18137	19432	20728	22023	23319	24614	25910
安徽	982	1964	2946	3928	4910	5892	6874	7856	8838	9820	10802	11784	12766	13748	14730	15712	16694	17676	18659	19641
山东	990	1981	2971	3962	4952	5943	6933	7924	8914	9905	10895	11886	12876	13867	14857	15847	16838	17828	18819	19809
河南	810	1619	2429	3238	4048	4857	5667	6477	7286	8096	8905	9715	10524	11334	12144	12953	13763	14572	15382	16191
湖北	902	1804	2706	3608	4510	5412	6314	7216	8118	9020	9922	10824	11726	12628	13530	14432	15334	16236	17138	18040
湖南	994	1989	2983	3978	4972	5966	6961	7955	8949	9944	10938	11933	12927	13921	14916	15910	16905	17899	18893	19888
广东	1417	2834	4251	5668	7085	8502	9919	11336	12753	14170	15587	17004	18421	19838	21255	22672	24089	25506	26923	28340
重庆	1089	2179	3268	4357	5447	6536	7625	8715	9804	10893	11983	13072	14161	15251	16340	17429	18518	19608	20697	21786
四川	919	1838	2757	3676	4595	5514	6433	7352	8271	9190	10109	11028	11947	12866	13785	14704	15623	16542	17461	18380
云南	685	1369	2054	2738	3423	4107	4792	5476	6161	6845	7530	8214	8899	9583	10268	10952	11637	12321	13006	13690
甘肃	527	1053	1580	2107	2633	3160	3687	4213	4740	5267	5793	6320	6847	7373	7900	8427	8953	9480	10007	10534
内蒙古	981	1962	2943	3924	4905	5886	6867	7848	8829	9810	10791	11772	12753	13734	14715	15696	16677	17658	18639	19620

附表2 “全国一条线”下全国及各省份低收入发生率

	以人均收入的 X% 为低收入标准																			
	5%	10%	15%	20%	25%	30%	35%	40%	45%	50%	55%	60%	65%	70%	75%	80%	85%	90%	95%	100%
全国	0.8%	1.8%	3.8%	6.8%	10.2%	14.5%	18.6%	22.9%	27.4%	31.7%	35.9%	39.8%	43.7%	47.4%	50.8%	54.0%	57.1%	59.8%	62.2%	64.7%
北京	0.0%	0.2%	0.2%	0.6%	0.7%	0.8%	1.5%	2.1%	2.9%	3.5%	4.0%	4.9%	6.5%	8.0%	9.2%	10.4%	12.1%	13.5%	15.5%	18.6%
山西	0.2%	1.3%	4.0%	7.1%	11.3%	16.6%	22.1%	26.5%	31.7%	37.6%	42.8%	47.9%	51.3%	55.1%	58.2%	61.2%	63.7%	66.7%	68.5%	71.3%
辽宁	1.1%	2.6%	3.9%	6.6%	9.2%	12.0%	15.6%	18.8%	23.4%	27.1%	31.5%	35.5%	38.3%	41.9%	46.1%	49.1%	52.6%	55.3%	57.7%	61.0%
江苏	0.1%	0.1%	0.8%	2.2%	4.0%	6.7%	9.1%	12.3%	15.9%	19.2%	22.9%	27.0%	30.6%	34.5%	37.3%	40.4%	44.4%	47.9%	51.2%	53.8%
安徽	0.5%	2.1%	4.0%	7.9%	11.4%	16.8%	22.3%	26.9%	30.6%	35.6%	39.3%	42.8%	46.1%	49.6%	53.1%	56.4%	59.8%	62.7%	65.7%	67.9%
山东	1.4%	2.2%	4.0%	6.8%	8.7%	12.1%	15.8%	19.8%	25.1%	29.1%	34.0%	39.3%	44.2%	49.0%	52.7%	56.6%	59.1%	62.3%	65.2%	67.9%
河南	0.3%	1.1%	2.8%	6.4%	10.2%	16.2%	22.0%	28.6%	34.7%	41.0%	46.6%	51.7%	56.7%	60.2%	64.0%	67.3%	70.8%	73.3%	75.1%	77.5%
湖北	0.3%	1.4%	4.0%	6.3%	11.0%	16.3%	20.7%	25.6%	31.9%	36.5%	41.6%	45.8%	50.2%	54.3%	57.4%	60.8%	63.6%	65.8%	68.1%	69.9%
湖南	1.0%	2.2%	4.4%	7.7%	11.4%	16.2%	20.0%	25.0%	29.3%	33.3%	38.1%	41.7%	45.1%	48.6%	52.8%	56.5%	60.2%	62.8%	64.2%	67.4%
广东	0.3%	0.5%	1.9%	2.7%	4.7%	7.1%	9.5%	12.9%	15.7%	19.6%	22.2%	25.2%	29.0%	32.2%	35.3%	38.7%	41.4%	44.2%	47.4%	49.3%
重庆	0.0%	0.5%	1.1%	4.0%	6.4%	10.0%	13.5%	17.2%	21.4%	26.3%	29.5%	34.6%	38.2%	42.9%	47.9%	50.9%	54.8%	57.9%	62.1%	65.6%
四川	2.0%	4.9%	7.7%	12.2%	17.0%	21.1%	24.8%	28.8%	33.7%	37.4%	41.4%	44.8%	49.5%	52.9%	56.4%	60.5%	63.6%	66.1%	68.3%	71.2%
云南	1.3%	2.4%	5.4%	10.6%	17.0%	26.2%	32.5%	39.1%	45.3%	50.9%	55.2%	58.6%	62.4%	65.3%	67.5%	69.6%	72.2%	74.3%	75.9%	76.8%
甘肃	1.8%	5.3%	12.2%	22.6%	33.4%	40.5%	47.4%	51.9%	55.6%	59.6%	62.4%	64.6%	66.3%	69.0%	71.6%	73.1%	75.5%	77.4%	78.3%	79.2%
内蒙古	2.7%	3.9%	7.2%	11.6%	16.1%	21.5%	26.7%	29.8%	33.2%	36.2%	40.6%	42.7%	46.0%	49.6%	52.9%	55.6%	57.3%	59.2%	61.1%	63.2%
	以中位收入的 X% 为低收入标准																			
	5%	10%	15%	20%	25%	30%	35%	40%	45%	50%	55%	60%	65%	70%	75%	80%	85%	90%	95%	100%
全国	0.8%	1.8%	3.8%	6.8%	10.2%	14.5%	18.6%	22.9%	27.4%	31.7%	35.9%	39.8%	43.7%	47.4%	50.8%	54.0%	57.1%	59.8%	62.2%	64.7%
北京	0.0%	0.2%	0.2%	0.6%	0.7%	0.8%	1.5%	2.1%	2.9%	3.5%	4.0%	4.9%	6.5%	8.0%	9.2%	10.4%	12.1%	13.5%	15.5%	18.6%
山西	0.2%	1.3%	4.0%	7.1%	11.3%	16.6%	22.1%	26.5%	31.7%	37.6%	42.8%	47.9%	51.3%	55.1%	58.2%	61.2%	63.7%	66.7%	68.5%	71.3%
辽宁	1.1%	2.6%	3.9%	6.6%	9.2%	12.0%	15.6%	18.8%	23.4%	27.1%	31.5%	35.5%	38.3%	41.9%	46.1%	49.1%	52.6%	55.3%	57.7%	61.0%
江苏	0.1%	0.1%	0.8%	2.2%	4.0%	6.7%	9.1%	12.3%	15.9%	19.2%	22.9%	27.0%	30.6%	34.5%	37.3%	40.4%	44.4%	47.9%	51.2%	53.8%

安徽	0.5%	2.1%	4.0%	7.9%	11.4%	16.8%	22.3%	26.9%	30.6%	35.6%	39.3%	42.8%	46.1%	49.6%	53.1%	56.4%	59.8%	62.7%	65.7%	67.9%
山东	1.4%	2.2%	4.0%	6.8%	8.7%	12.1%	15.8%	19.8%	25.1%	29.1%	34.0%	39.3%	44.2%	49.0%	52.7%	56.6%	59.1%	62.3%	65.2%	67.9%
河南	0.3%	1.1%	2.8%	6.4%	10.2%	16.2%	22.0%	28.6%	34.7%	41.0%	46.6%	51.7%	56.7%	60.2%	64.0%	67.3%	70.8%	73.3%	75.1%	77.5%
湖北	0.3%	1.4%	4.0%	6.3%	11.0%	16.3%	20.7%	25.6%	31.9%	36.5%	41.6%	45.8%	50.2%	54.3%	57.4%	60.8%	63.6%	65.8%	68.1%	69.9%
湖南	1.0%	2.2%	4.4%	7.7%	11.4%	16.2%	20.0%	25.0%	29.3%	33.3%	38.1%	41.7%	45.1%	48.6%	52.8%	56.5%	60.2%	62.8%	64.2%	67.4%
广东	0.3%	0.5%	1.9%	2.7%	4.7%	7.1%	9.5%	12.9%	15.7%	19.6%	22.2%	25.2%	29.0%	32.2%	35.3%	38.7%	41.4%	44.2%	47.4%	49.3%
重庆	0.0%	0.5%	1.1%	4.0%	6.4%	10.0%	13.5%	17.2%	21.4%	26.3%	29.5%	34.6%	38.2%	42.9%	47.9%	50.9%	54.8%	57.9%	62.1%	65.6%
四川	2.0%	4.9%	7.7%	12.2%	17.0%	21.1%	24.8%	28.8%	33.7%	37.4%	41.4%	44.8%	49.5%	52.9%	56.4%	60.5%	63.6%	66.1%	68.3%	71.2%
云南	1.3%	2.4%	5.4%	10.6%	17.0%	26.2%	32.5%	39.1%	45.3%	50.9%	55.2%	58.6%	62.4%	65.3%	67.5%	69.6%	72.2%	74.3%	75.9%	76.8%
甘肃	1.8%	5.3%	12.2%	22.6%	33.4%	40.5%	47.4%	51.9%	55.6%	59.6%	62.4%	64.6%	66.3%	69.0%	71.6%	73.1%	75.5%	77.4%	78.3%	79.2%
内蒙古	2.7%	3.9%	7.2%	11.6%	16.1%	21.5%	26.7%	29.8%	33.2%	36.2%	40.6%	42.7%	46.0%	49.6%	52.9%	55.6%	57.3%	59.2%	61.1%	63.2%

附表3 “全国一条线”下城镇整体及城镇各省份低收入发生率

	以人均收入的 X% 为低收入标准																			
	5%	10%	15%	20%	25%	30%	35%	40%	45%	50%	55%	60%	65%	70%	75%	80%	85%	90%	95%	100%
城镇	0.2%	0.3%	0.7%	1.4%	2.4%	3.7%	5.4%	7.2%	9.5%	12.1%	15.1%	18.3%	22.0%	25.6%	29.4%	33.0%	36.5%	39.9%	42.9%	46.2%
北京	0.0%	0.1%	0.1%	0.3%	0.3%	0.4%	1.0%	1.2%	1.4%	1.6%	1.8%	2.3%	3.3%	4.5%	5.2%	5.9%	7.2%	3.2%	9.7%	12.7%
山西	0.0%	0.3%	0.5%	1.5%	3.0%	6.5%	10.1%	13.9%	18.2%	22.5%	26.2%	31.3%	34.7%	39.2%	42.4%	46.5%	49.7%	53.4%	55.9%	59.5%
辽宁	0.3%	0.5%	1.0%	2.1%	2.9%	3.4%	5.2%	6.6%	9.6%	12.3%	15.9%	18.7%	21.2%	24.8%	29.7%	33.2%	37.8%	41.1%	44.1%	48.0%
江苏	0.1%	0.1%	0.3%	1.0%	1.5%	3.1%	4.2%	5.2%	7.0%	8.3%	10.8%	13.9%	17.7%	21.0%	23.5%	26.0%	29.6%	33.7%	35.9%	39.8%
安徽	0.2%	0.6%	1.2%	2.3%	3.3%	4.2%	5.8%	7.3%	9.8%	13.0%	16.9%	20.4%	24.1%	27.5%	32.0%	35.5%	38.5%	42.4%	46.5%	49.8%
山东	0.0%	0.0%	0.2%	0.9%	1.7%	2.7%	4.9%	6.6%	9.5%	12.4%	16.3%	20.1%	24.2%	28.4%	32.3%	36.6%	39.3%	43.4%	46.6%	50.5%
河南	0.0%	0.0%	0.4%	0.8%	1.8%	3.6%	7.5%	10.5%	14.0%	17.6%	22.1%	27.1%	32.9%	37.2%	42.5%	46.6%	51.2%	54.7%	57.2%	60.4%
湖北	0.1%	0.5%	0.9%	1.8%	3.4%	4.6%	5.7%	7.0%	10.6%	13.4%	17.4%	21.6%	26.1%	30.4%	33.0%	37.0%	40.5%	43.9%	47.0%	49.7%
湖南	0.3%	0.3%	0.5%	1.4%	2.8%	4.2%	5.4%	8.2%	10.2%	12.6%	16.4%	18.8%	21.3%	25.0%	29.5%	33.8%	38.5%	41.8%	43.3%	47.8%
广东	0.1%	0.1%	0.3%	0.4%	0.9%	1.9%	2.3%	3.4%	4.4%	6.6%	8.3%	10.9%	14.6%	17.3%	20.3%	23.8%	26.1%	29.2%	32.3%	34.2%
重庆	0.0%	0.3%	0.5%	0.8%	1.1%	1.7%	2.4%	3.1%	4.8%	7.8%	9.9%	12.5%	15.4%	19.9%	26.1%	29.4%	34.2%	38.2%	44.1%	49.2%
四川	0.4%	0.4%	1.0%	1.5%	2.4%	4.0%	5.3%	6.9%	8.3%	10.7%	12.7%	15.7%	20.2%	23.7%	28.6%	33.7%	37.8%	40.7%	43.9%	48.4%
云南	0.2%	0.6%	2.3%	3.5%	5.7%	8.1%	11.5%	15.0%	18.7%	21.0%	22.8%	25.2%	29.4%	33.1%	35.9%	38.9%	42.7%	46.6%	49.9%	51.5%
甘肃	0.5%	0.9%	1.8%	6.8%	11.0%	14.0%	16.5%	19.8%	23.1%	26.3%	29.0%	30.9%	32.9%	36.8%	41.6%	44.3%	48.5%	52.0%	53.8%	54.9%
内蒙古	1.6%	1.9%	2.8%	5.1%	5.9%	7.3%	9.4%	10.8%	12.3%	14.2%	17.2%	18.7%	22.2%	25.5%	28.7%	31.1%	33.7%	36.6%	39.3%	42.8%
	以中位收入的 X% 为低收入标准																			
	5%	10%	15%	20%	25%	30%	35%	40%	45%	50%	55%	60%	65%	70%	75%	80%	85%	90%	95%	100%
城镇	0.2%	0.3%	0.7%	1.4%	2.4%	3.7%	5.4%	7.2%	9.5%	12.1%	15.1%	18.3%	22.0%	25.6%	29.4%	33.0%	36.5%	39.9%	42.9%	46.2%
北京	0.0%	0.1%	0.1%	0.3%	0.3%	0.4%	1.0%	1.2%	1.4%	1.6%	1.8%	2.3%	3.3%	4.5%	5.2%	5.9%	7.2%	8.2%	9.7%	12.7%
山西	0.0%	0.3%	0.5%	1.5%	3.0%	6.5%	10.1%	13.9%	18.2%	22.5%	26.2%	31.3%	34.7%	39.2%	42.4%	46.5%	49.7%	53.4%	55.9%	59.5%
辽宁	0.3%	0.5%	1.0%	2.1%	2.9%	3.4%	5.2%	6.6%	9.6%	12.3%	15.9%	18.7%	21.2%	24.8%	29.7%	33.2%	37.8%	41.1%	44.1%	48.0%
江苏	0.1%	0.1%	0.3%	1.0%	1.5%	3.1%	4.2%	5.2%	7.0%	8.3%	10.8%	13.9%	17.7%	21.0%	23.5%	26.0%	29.6%	33.7%	36.9%	39.8%

安徽	0.2%	0.6%	1.2%	2.3%	3.3%	4.2%	5.8%	7.3%	9.8%	13.0%	16.9%	20.4%	24.1%	27.5%	32.0%	35.5%	38.5%	42.4%	46.5%	49.8%
山东	0.0%	0.0%	0.2%	0.9%	1.7%	2.7%	4.9%	6.6%	9.5%	12.4%	16.3%	20.1%	24.2%	28.4%	32.3%	36.6%	39.3%	43.4%	46.6%	50.5%
河南	0.0%	0.0%	0.4%	0.8%	1.8%	3.6%	7.5%	10.5%	14.0%	17.6%	22.1%	27.1%	32.9%	37.2%	42.5%	46.6%	51.2%	54.7%	57.2%	60.4%
湖北	0.1%	0.5%	0.9%	1.8%	3.4%	4.6%	5.7%	7.0%	10.6%	13.4%	17.4%	21.6%	26.1%	30.4%	33.0%	37.0%	40.5%	43.9%	47.0%	49.7%
湖南	0.3%	0.3%	0.5%	1.4%	2.8%	4.2%	5.4%	8.2%	10.2%	12.6%	16.4%	18.8%	21.3%	25.0%	29.5%	33.8%	38.5%	41.8%	43.3%	47.8%
广东	0.1%	0.1%	0.3%	0.4%	0.9%	1.9%	2.3%	3.4%	4.4%	6.6%	8.3%	10.9%	14.6%	17.3%	20.3%	23.8%	26.1%	29.2%	32.3%	34.2%
重庆	0.0%	0.3%	0.5%	0.8%	1.1%	1.7%	2.4%	3.1%	4.8%	7.8%	9.9%	12.5%	15.4%	19.9%	26.1%	29.4%	34.2%	38.2%	44.1%	49.2%
四川	0.4%	0.4%	1.0%	1.5%	2.4%	4.0%	5.3%	6.9%	8.3%	10.7%	12.7%	15.7%	20.2%	23.7%	28.6%	33.7%	37.8%	40.7%	43.9%	48.4%
云南	0.2%	0.6%	2.3%	3.5%	5.7%	8.1%	11.5%	15.0%	18.7%	21.0%	22.8%	25.2%	29.4%	33.1%	35.9%	38.9%	42.7%	46.6%	49.9%	51.5%
甘肃	0.5%	0.9%	1.8%	6.8%	11.0%	14.0%	16.5%	19.8%	23.1%	26.3%	29.0%	30.9%	32.9%	36.8%	41.6%	44.3%	48.5%	52.0%	53.8%	54.9%
内蒙古	1.6%	1.9%	2.8%	5.1%	5.9%	7.3%	9.4%	10.8%	12.3%	14.2%	17.2%	18.7%	22.2%	25.5%	28.7%	31.1%	33.7%	36.6%	39.3%	42.8%

附表4 "全国一条线"下农村整体及农村各省份低收入发生率

	农村																			
	以人均收入的 X% 为低收入标准																			
	5%	10%	15%	20%	25%	30%	35%	40%	45%	50%	55%	60%	65%	70%	75%	80%	85%	90%	95%	100%
农村	1.6%	3.9%	8.1%	14.2%	21.0%	29.3%	36.5%	44.3%	51.8%	58.5%	64.2%	69.2%	73.3%	77.0%	79.9%	82.6%	85.2%	86.9%	88.6%	89.9%
北京	0.0%	0.3%	0.3%	2.1%	3.3%	3.3%	4.6%	8.1%	12.1%	15.6%	18.3%	21.6%	27.2%	30.4%	34.8%	39.2%	43.4%	47.8%	52.7%	56.6%
山西	0.6%	3.0%	10.5%	17.4%	26.6%	35.2%	44.2%	49.9%	56.7%	65.4%	73.6%	78.6%	82.1%	84.6%	87.3%	88.4%	89.8%	91.4%	91.7%	93.2%
辽宁	3.0%	7.7%	10.8%	17.4%	24.0%	32.6%	40.4%	47.7%	56.2%	62.2%	68.6%	75.2%	78.8%	82.5%	85.1%	87.1%	87.7%	89.1%	89.9%	91.8%
江苏	0.2%	0.2%	1.5%	3.8%	7.7%	12.0%	16.4%	22.9%	29.0%	35.5%	40.9%	46.4%	49.8%	54.5%	57.8%	61.6%	66.4%	69.0%	72.4%	74.7%
安徽	1.0%	4.0%	7.6%	15.1%	21.6%	32.7%	43.0%	51.4%	56.7%	63.9%	67.4%	71.0%	73.7%	77.3%	79.7%	82.6%	86.6%	88.0%	89.6%	90.5%
山东	3.2%	4.9%	8.8%	14.4%	17.7%	24.1%	29.9%	36.6%	45.0%	50.3%	56.6%	63.7%	69.7%	75.3%	78.6%	82.1%	84.2%	86.3%	88.8%	90.1%
河南	0.5%	2.1%	5.1%	11.7%	18.2%	28.1%	35.7%	45.9%	54.3%	63.2%	69.8%	75.1%	79.3%	81.9%	84.4%	86.9%	89.4%	90.9%	92.2%	93.7%
湖北	0.4%	2.3%	7.3%	11.2%	19.3%	28.9%	37.0%	45.6%	54.8%	61.5%	67.8%	72.0%	76.2%	80.0%	83.8%	86.6%	88.6%	89.5%	90.9%	91.6%
湖南	1.8%	4.6%	9.3%	15.6%	22.2%	31.3%	38.4%	45.9%	53.1%	59.1%	65.2%	70.2%	74.7%	78.1%	81.9%	84.8%	87.2%	89.0%	90.4%	91.9%
广东	0.9%	1.3%	5.8%	8.0%	13.5%	19.6%	26.4%	35.3%	42.5%	50.3%	55.0%	58.9%	63.0%	67.2%	70.7%	73.8%	77.5%	79.7%	83.2%	85.0%
重庆	0.0%	0.8%	2.2%	9.8%	16.0%	25.1%	33.7%	42.8%	51.8%	60.0%	65.2%	74.9%	79.7%	84.8%	87.7%	90.2%	92.3%	93.8%	95.0%	95.6%
四川	3.7%	9.4%	14.3%	22.8%	31.3%	37.9%	43.9%	50.4%	58.6%	63.6%	69.6%	73.4%	78.1%	81.6%	83.7%	86.8%	88.9%	91.1%	92.2%	93.5%
云南	2.2%	3.7%	7.9%	16.1%	25.7%	40.3%	48.8%	57.7%	66.0%	74.1%	80.2%	84.4%	87.9%	90.2%	91.9%	93.4%	95.0%	95.8%	96.0%	96.3%
甘肃	2.8%	8.8%	20.3%	34.8%	50.7%	61.0%	71.3%	76.6%	80.7%	85.3%	88.2%	90.6%	92.2%	93.9%	94.8%	95.4%	96.4%	97.0%	97.2%	98.0%
内蒙古	3.9%	6.2%	12.0%	19.0%	27.5%	37.3%	46.1%	51.1%	56.6%	60.7%	66.8%	69.5%	72.6%	76.6%	80.1%	83.0%	83.7%	84.5%	85.5%	86.1%
	以中位收入的 X% 为低收入标准																			
	5%	10%	15%	20%	25%	30%	35%	40%	45%	50%	55%	60%	65%	70%	75%	80%	85%	90%	95%	100%
农村	1.6%	3.9%	8.1%	14.2%	21.0%	29.3%	36.5%	44.3%	51.8%	58.5%	64.2%	69.2%	73.3%	77.0%	79.9%	82.6%	85.2%	86.9%	88.6%	89.9%
北京	0.0%	0.3%	0.3%	2.1%	3.3%	3.3%	4.6%	8.1%	12.1%	15.6%	18.3%	21.6%	27.2%	30.4%	34.8%	39.2%	43.4%	47.8%	52.7%	56.6%
山西	0.6%	3.0%	10.5%	17.4%	26.6%	35.2%	44.2%	49.9%	56.7%	65.4%	73.6%	78.6%	82.1%	84.6%	87.3%	88.4%	89.8%	91.4%	91.7%	93.2%
辽宁	3.0%	7.7%	10.8%	17.4%	24.0%	32.6%	40.4%	47.7%	56.2%	62.2%	68.6%	75.2%	78.8%	82.5%	85.1%	87.1%	87.7%	89.1%	89.9%	91.8%

江苏	0.2%	0.2%	1.5%	3.8%	7.7%	12.0%	16.4%	22.9%	29.0%	35.5%	40.9%	46.4%	49.8%	54.5%	57.8%	61.6%	66.4%	69.0%	72.4%	74.7%
安徽	1.0%	4.0%	7.6%	15.1%	21.6%	32.7%	43.0%	51.4%	56.7%	63.9%	67.4%	71.0%	73.7%	77.3%	79.7%	82.6%	86.6%	88.0%	89.6%	90.5%
山东	3.2%	4.9%	8.8%	14.4%	17.7%	24.1%	29.9%	36.6%	45.0%	50.3%	56.6%	63.7%	69.7%	75.3%	78.6%	82.1%	84.2%	86.3%	88.8%	90.1%
河南	0.5%	2.1%	5.1%	11.7%	18.2%	28.1%	35.7%	45.9%	54.3%	63.2%	69.8%	75.1%	79.3%	81.9%	84.4%	86.9%	89.4%	90.9%	92.2%	93.7%
湖北	0.4%	2.3%	7.3%	11.2%	19.3%	28.9%	37.0%	45.6%	54.8%	61.5%	67.8%	72.0%	76.2%	80.0%	83.8%	86.6%	88.6%	89.5%	90.9%	91.6%
湖南	1.8%	4.6%	9.3%	15.6%	22.2%	31.3%	38.4%	45.9%	53.1%	59.1%	65.2%	70.2%	74.7%	78.1%	81.9%	84.8%	87.2%	89.0%	90.4%	91.9%
广东	0.9%	1.3%	5.8%	8.0%	13.5%	19.6%	26.4%	35.3%	42.5%	50.3%	55.0%	58.9%	63.0%	67.2%	70.7%	73.8%	77.5%	79.7%	83.2%	85.0%
重庆	0.0%	0.8%	2.2%	9.8%	16.0%	25.1%	33.7%	42.8%	51.8%	60.0%	65.2%	74.9%	79.7%	84.8%	87.7%	90.2%	92.3%	93.8%	95.0%	95.6%
四川	3.7%	9.4%	14.3%	22.8%	31.3%	37.9%	43.9%	50.4%	58.6%	63.6%	69.6%	73.4%	78.1%	81.6%	83.7%	86.8%	88.9%	91.1%	92.2%	93.5%
云南	2.2%	3.7%	7.9%	16.1%	25.7%	40.3%	48.8%	57.7%	66.0%	74.1%	80.2%	84.4%	87.9%	90.2%	91.9%	93.4%	95.0%	95.8%	96.0%	96.3%
甘肃	2.8%	8.8%	20.3%	34.8%	50.7%	61.0%	71.3%	76.6%	80.7%	85.3%	88.2%	90.6%	92.2%	93.9%	94.8%	95.4%	96.4%	97.0%	97.2%	98.0%
内蒙古	3.9%	6.2%	12.0%	19.0%	27.5%	37.3%	46.1%	51.1%	56.6%	60.7%	66.8%	69.5%	72.6%	76.6%	80.1%	83.0%	83.7%	84.5%	85.5%	86.1%

附表5 “农村一条线”下农村整体及各省份农村低收入发生率

	农村																			
	以人均收入的X%为低收入标准																			
	5%	10%	15%	20%	25%	30%	35%	40%	45%	50%	55%	60%	65%	70%	75%	80%	85%	90%	95%	100%
农村	1.2%	1.8%	2.9%	4.5%	6.5%	9.4%	12.7%	16.8%	20.2%	24.7%	28.9%	33.1%	37.1%	41.3%	45.5%	49.6%	53.3%	57.1%	60.4%	63.7%
北京	0.0%	0.0%	0.3%	0.3%	0.3%	0.3%	2.1%	2.1%	3.1%	3.3%	3.3%	4.2%	4.8%	6.2%	8.9%	10.0%	12.1%	14.0%	15.6%	17.0%
山西	0.0%	0.6%	1.4%	4.2%	9.2%	12.2%	14.5%	19.9%	24.8%	31.6%	35.0%	40.0%	44.2%	46.2%	51.4%	54.9%	59.9%	63.8%	68.7%	72.8%
辽宁	2.1%	3.4%	5.6%	7.9%	10.2%	13.1%	14.3%	20.2%	24.0%	26.9%	32.6%	38.5%	41.1%	45.0%	50.1%	54.3%	57.8%	60.9%	65.5%	68.3%
江苏	0.2%	0.2%	0.2%	0.2%	0.8%	1.9%	3.3%	5.4%	7.5%	9.8%	12.0%	13.5%	16.4%	20.5%	23.6%	27.2%	29.8%	33.5%	37.4%	40.7%
安徽	0.8%	1.3%	2.6%	4.7%	6.7%	8.6%	13.6%	18.1%	21.0%	27.1%	32.6%	37.4%	43.0%	48.0%	51.8%	55.5%	57.9%	63.1%	65.3%	66.9%
山东	2.9%	3.4%	4.3%	5.1%	7.4%	10.6%	13.5%	15.7%	16.9%	20.7%	24.1%	27.5%	30.1%	34.2%	37.7%	43.3%	46.5%	49.2%	51.3%	55.6%
河南	0.5%	0.6%	1.0%	2.6%	3.6%	5.8%	10.2%	13.8%	17.6%	22.3%	27.5%	32.1%	37.0%	41.8%	47.4%	50.9%	56.4%	61.2%	65.5%	69.5%
湖北	0.2%	0.4%	1.5%	3.1%	5.3%	8.3%	10.7%	15.2%	18.6%	23.4%	28.3%	31.8%	37.3%	43.0%	47.9%	52.3%	56.5%	60.7%	63.7%	67.0%
湖南	1.5%	1.9%	3.2%	5.2%	8.0%	10.3%	14.9%	18.2%	21.9%	26.2%	30.8%	35.5%	39.1%	42.5%	46.7%	50.8%	54.8%	58.1%	60.6%	64.3%
广东	0.5%	1.0%	1.3%	1.5%	2.8%	6.1%	7.5%	10.3%	12.3%	16.6%	19.0%	23.2%	27.2%	32.2%	36.3%	40.8%	44.2%	48.6%	51.6%	55.0%
重庆	0.0%	0.0%	0.6%	1.2%	1.6%	4.3%	8.4%	11.7%	16.0%	20.8%	25.1%	29.9%	34.1%	37.5%	44.9%	49.6%	54.8%	58.2%	62.3%	65.0%
四川	2.5%	4.7%	7.2%	10.5%	12.7%	16.0%	20.1%	26.5%	30.6%	34.2%	37.5%	41.6%	44.8%	48.4%	51.5%	55.9%	59.5%	62.5%	65.5%	68.2%
云南	0.5%	2.3%	3.0%	3.8%	6.4%	10.0%	13.5%	18.9%	24.5%	30.9%	39.5%	44.8%	49.4%	53.6%	58.7%	63.6%	67.4%	71.9%	76.3%	79.6%
甘肃	1.5%	2.9%	6.5%	10.8%	16.7%	25.3%	32.6%	41.5%	48.7%	56.7%	60.9%	67.0%	71.4%	74.9%	78.4%	80.1%	82.0%	83.8%	86.2%	88.0%
内蒙古	2.4%	3.9%	4.8%	6.9%	9.8%	14.0%	16.5%	20.2%	25.9%	30.7%	36.8%	40.9%	46.7%	49.0%	52.4%	55.4%	57.8%	60.1%	63.2%	66.8%
	以中位收入的X%为低收入标准																			
	5%	10%	15%	20%	25%	30%	35%	40%	45%	50%	55%	60%	65%	70%	75%	80%	85%	90%	95%	100%
农村	1.2%	1.8%	2.9%	4.5%	6.5%	9.4%	12.7%	16.8%	20.2%	24.7%	28.9%	33.1%	37.1%	41.3%	45.5%	49.6%	53.3%	57.1%	60.4%	63.7%
北京	0.0%	0.0%	0.3%	0.3%	0.3%	0.3%	2.1%	2.1%	3.1%	3.3%	3.3%	4.2%	4.8%	6.2%	8.9%	10.0%	12.1%	14.0%	15.6%	17.0%
山西	0.0%	0.6%	1.4%	4.2%	9.2%	12.2%	14.5%	19.9%	24.8%	31.6%	35.0%	40.0%	44.2%	46.2%	51.4%	54.9%	59.9%	63.8%	68.7%	72.8%
辽宁	2.1%	3.4%	5.6%	7.9%	10.2%	13.1%	14.3%	20.2%	24.0%	26.9%	32.6%	38.5%	41.1%	45.0%	50.1%	54.3%	57.8%	60.9%	65.5%	68.3%

江苏	0.2%	0.2%	0.2%	0.2%	0.8%	1.9%	3.3%	5.4%	7.5%	9.8%	12.0%	13.5%	16.4%	20.5%	23.6%	27.2%	29.8%	33.5%	37.4%	40.7%
安徽	0.8%	1.3%	2.6%	4.7%	6.7%	8.6%	13.6%	18.1%	21.0%	27.1%	32.6%	37.4%	43.0%	48.0%	51.8%	55.5%	57.9%	63.1%	65.3%	66.9%
山东	2.9%	3.4%	4.3%	5.1%	7.4%	10.6%	13.5%	15.7%	16.9%	20.7%	24.1%	27.5%	30.1%	34.2%	37.7%	43.3%	46.5%	49.2%	51.3%	55.6%
河南	0.5%	0.6%	1.0%	2.6%	3.6%	5.8%	10.2%	13.8%	17.6%	22.3%	27.5%	32.1%	37.0%	41.8%	47.4%	50.9%	56.4%	61.2%	65.5%	69.5%
湖北	0.2%	0.4%	1.5%	3.1%	5.3%	8.3%	10.7%	15.2%	18.6%	23.4%	28.3%	31.8%	37.3%	43.0%	47.9%	52.3%	56.5%	60.7%	63.7%	67.0%
湖南	1.5%	1.9%	3.2%	5.2%	8.0%	10.3%	14.9%	18.2%	21.9%	26.2%	30.8%	35.5%	39.1%	42.5%	46.7%	50.8%	54.8%	58.1%	60.6%	64.3%
广东	0.5%	1.0%	1.3%	1.5%	2.8%	6.1%	7.5%	10.3%	12.3%	16.6%	19.0%	23.2%	27.2%	32.2%	36.3%	40.8%	44.2%	48.6%	51.6%	55.0%
重庆	0.0%	0.0%	0.6%	1.2%	1.6%	4.3%	8.4%	11.7%	16.0%	20.8%	25.1%	29.9%	34.1%	37.5%	44.9%	49.6%	54.8%	58.2%	62.3%	65.0%
四川	2.5%	4.7%	7.2%	10.5%	12.7%	16.0%	20.1%	26.5%	30.6%	34.2%	37.5%	41.6%	44.8%	48.4%	51.5%	55.9%	59.5%	62.5%	65.5%	68.2%
云南	0.5%	2.3%	3.0%	3.8%	6.4%	10.0%	13.5%	18.9%	24.5%	30.9%	39.5%	44.8%	49.4%	53.6%	58.7%	63.6%	67.4%	71.9%	76.3%	79.6%
甘肃	1.5%	2.9%	6.5%	10.8%	16.7%	25.3%	32.6%	41.5%	48.7%	56.7%	60.9%	67.0%	71.4%	74.9%	78.4%	80.1%	82.0%	83.8%	86.2%	88.0%
内蒙古	2.4%	3.9%	4.8%	6.9%	9.8%	14.0%	16.5%	20.2%	25.9%	30.7%	36.8%	40.9%	46.7%	49.0%	52.4%	55.4%	57.8%	60.1%	63.2%	66.8%

附表6 “城镇一条线”下城镇整体及各省份城镇低收入发生率

	城镇																			
	以人均收入的 X% 为低收入标准																			
	5%	10%	15%	20%	25%	30%	35%	40%	45%	50%	55%	60%	65%	70%	75%	80%	85%	90%	95%	100%
城镇	0.2%	0.6%	1.4%	2.8%	4.9%	7.2%	10.4%	14.0%	18.3%	23.2%	28.3%	33.1%	37.6%	41.9%	46.2%	50.1%	53.6%	57.0%	60.1%	63.2%
北京	0.1%	0.1%	0.3%	0.3%	0.4%	1.2%	1.5%	1.8%	2.3%	3.4%	4.9%	5.9%	7.4%	9.1%	12.7%	14.4%	16.5%	18.2%	20.3%	22.6%
山西	0.1%	0.5%	1.5%	3.7%	9.1%	13.9%	19.7%	24.0%	31.3%	36.4%	41.4%	46.5%	51.1%	55.0%	59.6%	63.1%	66.9%	70.0%	71.9%	74.7%
辽宁	0.4%	0.6%	2.1%	2.9%	4.8%	6.7%	10.3%	14.6%	18.7%	22.2%	28.0%	33.5%	38.9%	43.1%	48.0%	51.1%	56.3%	60.5%	63.9%	68.6%
江苏	0.1%	0.3%	1.0%	2.1%	4.0%	5.2%	7.4%	9.9%	13.9%	18.8%	22.4%	26.0%	31.0%	35.7%	39.8%	44.5%	47.5%	51.3%	54.3%	58.2%
安徽	0.2%	0.8%	2.3%	3.4%	5.1%	7.3%	10.5%	15.1%	20.4%	25.0%	30.9%	35.5%	39.7%	44.9%	49.8%	53.9%	58.5%	61.8%	65.0%	69.8%
山东	0.0%	0.2%	0.9%	1.7%	4.1%	6.6%	10.6%	15.2%	20.2%	25.5%	31.8%	36.8%	40.9%	45.6%	50.5%	54.6%	57.9%	61.6%	65.0%	68.8%
河南	0.0%	0.3%	0.8%	2.4%	6.4%	10.5%	15.6%	20.8%	27.2%	34.5%	40.9%	46.6%	52.7%	56.6%	60.4%	64.3%	67.5%	70.7%	73.9%	76.1%
湖北	0.1%	0.8%	1.8%	3.9%	5.1%	7.0%	11.5%	15.8%	21.6%	27.4%	32.1%	37.0%	41.2%	46.3%	49.7%	55.0%	58.8%	61.3%	64.5%	67.7%
湖南	0.3%	0.4%	1.4%	3.2%	5.0%	8.2%	10.8%	15.3%	18.8%	23.4%	28.4%	34.0%	39.1%	42.5%	47.9%	52.2%	54.8%	58.0%	60.7%	63.1%
广东	0.1%	0.2%	0.4%	1.3%	1.9%	3.4%	5.3%	7.7%	11.0%	15.3%	19.5%	23.8%	27.0%	31.3%	34.3%	37.4%	40.8%	43.8%	47.1%	50.3%
重庆	0.2%	0.5%	0.8%	1.5%	2.4%	3.1%	6.0%	8.9%	12.5%	16.6%	23.5%	23.4%	34.9%	42.8%	49.4%	53.1%	57.4%	62.2%	55.8%	67.7%
四川	0.4%	0.8%	1.5%	3.0%	5.0%	6.9%	9.0%	12.4%	15.9%	21.1%	27.1%	33.8%	38.9%	42.7%	48.4%	52.9%	56.2%	60.3%	63.6%	66.5%
云南	0.6%	2.3%	3.5%	6.6%	11.3%	15.0%	19.3%	21.8%	25.2%	29.9%	34.5%	38.9%	43.5%	48.4%	51.5%	54.1%	55.7%	57.3%	60.0%	62.1%
甘肃	0.5%	1.6%	6.8%	11.7%	15.4%	19.8%	24.6%	28.0%	31.2%	34.3%	40.8%	44.3%	49.3%	53.3%	54.9%	58.9%	63.6%	68.2%	71.0%	72.8%
内蒙古	1.8%	2.6%	5.1%	6.5%	9.1%	10.8%	12.4%	15.7%	18.7%	23.2%	27.6%	31.1%	35.3%	38.3%	42.8%	48.0%	52.3%	55.1%	58.6%	60.9%
	以中位收入的 X% 为低收入标准																			
	5%	10%	15%	20%	25%	30%	35%	40%	45%	50%	55%	60%	65%	70%	75%	80%	85%	90%	95%	100%
城镇	0.2%	0.6%	1.4%	2.8%	4.9%	7.2%	10.4%	14.0%	18.3%	23.2%	28.3%	33.1%	37.6%	41.9%	46.2%	50.1%	53.6%	57.0%	60.1%	63.2%
北京	0.1%	0.1%	0.3%	0.3%	0.4%	1.2%	1.5%	1.8%	2.3%	3.4%	4.9%	5.9%	7.4%	9.1%	12.7%	14.4%	16.5%	18.2%	20.3%	22.6%
山西	0.1%	0.5%	1.5%	3.7%	9.1%	13.9%	19.7%	24.0%	31.3%	36.4%	41.4%	46.5%	51.1%	55.0%	59.6%	63.1%	66.9%	70.0%	71.9%	74.7%
辽宁	0.4%	0.6%	2.1%	2.9%	4.8%	6.7%	10.3%	14.6%	18.7%	22.2%	28.0%	33.5%	38.9%	43.1%	48.0%	51.1%	56.3%	60.5%	63.9%	68.6%

江苏	0.1%	0.3%	1.0%	2.1%	4.0%	5.2%	7.4%	9.9%	13.9%	18.8%	22.4%	26.0%	31.0%	35.7%	39.8%	44.5%	47.5%	51.3%	54.3%	58.2%
安徽	0.2%	0.8%	2.3%	3.4%	5.1%	7.3%	10.5%	15.1%	20.4%	25.0%	30.9%	35.5%	39.7%	44.9%	49.8%	53.9%	58.5%	61.8%	66.0%	69.8%
山东	0.0%	0.2%	0.9%	1.7%	4.1%	6.6%	10.6%	15.2%	20.2%	25.5%	31.8%	36.8%	40.9%	45.6%	50.5%	54.6%	57.9%	61.6%	65.0%	68.8%
河南	0.0%	0.3%	0.8%	2.4%	6.4%	10.5%	15.6%	20.8%	27.2%	34.5%	40.9%	46.6%	52.7%	56.6%	60.4%	64.3%	67.5%	70.7%	73.9%	76.1%
湖北	0.1%	0.8%	1.8%	3.9%	5.1%	7.0%	11.5%	15.8%	21.6%	27.4%	32.1%	37.0%	41.2%	46.3%	49.7%	55.0%	58.8%	61.3%	64.5%	67.7%
湖南	0.3%	0.4%	1.4%	3.2%	5.0%	8.2%	10.8%	15.3%	18.8%	23.4%	28.4%	34.0%	39.1%	42.5%	47.9%	52.2%	54.8%	58.0%	60.7%	63.1%
广东	0.1%	0.2%	0.4%	1.3%	1.9%	3.4%	5.3%	7.7%	11.0%	15.3%	19.5%	23.8%	27.0%	31.3%	34.3%	37.4%	40.8%	43.8%	47.1%	50.3%
重庆	0.2%	0.5%	0.8%	1.5%	2.4%	3.1%	6.0%	8.9%	12.5%	16.6%	23.5%	29.4%	34.9%	42.8%	49.4%	53.1%	57.4%	62.2%	65.8%	67.7%
四川	0.4%	0.8%	1.5%	3.0%	5.0%	6.9%	9.0%	12.4%	15.9%	21.1%	27.1%	33.8%	38.9%	42.7%	48.4%	52.9%	56.2%	60.3%	63.6%	66.5%
云南	0.6%	2.3%	3.5%	6.6%	11.3%	15.0%	19.3%	21.8%	25.2%	29.9%	34.5%	38.9%	43.5%	48.4%	51.5%	54.1%	55.7%	57.3%	60.0%	62.1%
甘肃	0.5%	1.6%	6.8%	11.7%	15.4%	19.8%	24.6%	28.0%	31.2%	34.3%	40.8%	44.3%	49.3%	53.3%	54.9%	58.9%	63.6%	68.2%	71.0%	72.8%
内蒙古	1.8%	2.6%	5.1%	6.5%	9.1%	10.8%	12.4%	15.7%	18.7%	23.2%	27.6%	31.1%	35.3%	38.3%	42.8%	48.0%	52.3%	55.1%	58.6%	60.9%

附表7 不同低收入线之下的建档立卡低收入人口规模和比例

	提取人均纯收入低于绝对贫困线（<2952元）的卡户人口规模(万人)	按照建档立卡贫困户分类下的贫困户绝对数（万人）			低收入人口-1（中位数）；提取人均纯收入低于下行标准的人口规模（单位：万人）					低收入人口-2（均值）；提取人均纯收入低于下行标准的人口规模（单位：万人）				
		未脱贫户	脱贫户	脱贫监测户	<3920元	<4573元	<5226元	<5880元	<6533元	<4385元	<5116元	<5847元	<6578元	<7309元
全部农村	127.1	266.3	8316.2	167.8	524.6	1110.7	1872.9	2778.5	3555.9	936.8	1692.4	2738.1	3604.5	4348.9
东部	0.4	1.4	319.2	2.3	2.1	27.9	67.6	115.5	150.9	19.3	57.1	113.5	152.9	183.1
中部	21.7	87.1	3451.6	49.6	191.0	374.1	627.5	959.5	1260.2	319.8	563.2	944.5	1279.6	1583.1
西部	105.0	177.8	4545.4	115.9	331.5	708.7	1177.8	1703.5	2144.8	597.7	1072.0	1680.1	2172.0	2582.7
重点县	97.0	185.0	4628.3	116.2	366.5	746.5	1197.5	1709.4	2146.6	636.3	1096.6	1686.5	2173.8	2587.9
深度县	77.3	131.8	2367.5	71.3	246.6	483.1	752.6	1040.7	1269.3	415.1	693.4	1028.2	1283.2	1489.1
“三区三州”	10.2	42.7	592.5	24.6	33.2	94.7	171.1	249.5	310.9	76.3	154.3	246.1	314.6	369.9
连片特困地区	101.4	184.9	4683.2	121.2	377.9	773.0	1245.6	1772.2	2219.9	657.4	1141.5	1748.5	2247.9	2669.6
少数民族区（少数民族贫困县）	48.9	95.5	2098.3	64.6	184.7	401.1	629.6	854.4	1041.3	339.9	584.2	844.3	1052.9	1228.7

资料来源：建档立卡数据（2019年），作者计算整理。

附表8　建档立卡户中低收入户的社会安全网覆盖：2019年

	建档立卡贫困户			绝对贫困 / 低收入群体（只参照人均纯收入标准作为识别信息，提取人均纯收入低于下行标准的人口进行计算）										
	全部样本	未脱贫户	脱贫户	绝对贫困	3000-3500元	3500-4000元	4000-4500元	4500-5000元	5000-5500元	5500-6000元	6000-6500元	6500-7000元	7000-7500元	7500-8000元
参加城乡居民养老保险人口比例（16岁及以上的人口）	89.8%	91.7%	89.7%	89.1%	86.3%	84.4%	87.2%	88.4%	89.6%	89.9%	89.8%	90.1%	90.2%	90.1%
参加大病保险人口比例	99.9%	100.0%	99.9%	99.7%	99.1%	99.3%	99.7%	99.8%	99.9%	99.9%	99.9%	99.9%	99.9%	99.9%
享受农村居民最低生活保障人口比例	22.6%	56.8%	21.5%	34.2%	27.6%	20.5%	21.4%	23.7%	21.4%	22.8%	22.9%	24.0%	24.1%	24.0%
参加商业补充医疗保险人口比例	46.1%	41.6%	46.3%	23.8%	28.3%	26.7%	30.9%	35.2%	44.7%	45.6%	47.1%	48.0%	48.7%	49.7%
接受医疗救助人口比例	4.0%	6.3%	4.0%	3.6%	2.7%	2.5%	3.1%	3.5%	3.7%	3.9%	4.0%	4.1%	4.3%	4.4%

资料来源：建档立卡数据（2019年），作者计算整理。

附表9　全部致贫原因，统计各类致贫原因下的人口占比

		建档立卡贫困户			绝对贫困 / 低收入群体（只参照人均纯收入标准作为识别信息，提取人均纯收入低于下行标准的人口进行计算）										
		全部样本	未脱贫户	脱贫户	收入低于2999元的人群	3000-3500元	3500-4000元	4000-4500元	4500-5000元	5000-5500元	5500-6000元	6000-6500元	6500-7000元	7000-7500元	7500-8000元
致贫原因-2，同时取全部致贫原因，统计各类致贫原因下的人口占比	因病	31.7%	37.3%	31.5%	24.7%	24.6%	23.9%	27.3%	29.6%	33.9%	33.6%	33.2%	33.6%	33.7%	33.4%
	因残	13.8%	25.1%	13.5%	12.6%	9.9%	8.9%	10.4%	12.1%	13.0%	13.9%	14.3%	15.0%	15.4%	15.5%
	因学	12.2%	11.9%	12.2%	14.4%	11.5%	11.0%	10.9%	11.2%	11.3%	11.5%	11.9%	11.9%	12.1%	12.4%
	因灾	1.8%	1.5%	1.9%	1.8%	2.2%	2.3%	2.2%	2.0%	1.8%	1.8%	1.8%	1.7%	1.7%	1.7%
	缺土地	3.4%	3.6%	3.4%	3.7%	4.2%	4.4%	4.0%	3.7%	3.4%	3.3%	3.3%	3.2%	3.2%	3.2%
	缺水	0.6%	0.5%	0.6%	0.7%	0.8%	0.9%	0.7%	0.6%	0.6%	0.6%	0.6%	0.6%	0.5%	0.5%
	缺技术	42.3%	30.1%	42.7%	43.1%	42.7%	44.3%	44.6%	44.4%	42.8%	42.4%	42.2%	41.5%	41.0%	40.9%
	缺劳力	15.4%	26.3%	15.0%	15.3%	15.5%	15.7%	16.7%	17.0%	17.4%	17.1%	16.6%	16.6%	16.6%	16.1%
	缺资金	31.4%	17.4%	31.9%	30.7%	36.6%	39.1%	38.2%	35.9%	34.3%	33.2%	32.2%	31.3%	30.5%	30.0%
	交通落后	5.8%	9.7%	5.7%	14.4%	9.6%	7.4%	7.7%	7.5%	6.6%	6.3%	6.1%	5.9%	5.6%	5.4%
	动力不足	10.1%	8.6%	10.1%	11.8%	10.6%	10.8%	11.4%	11.2%	10.1%	10.0%	10.0%	9.8%	9.7%	9.6%

附表10　2018年贫困县的省份分布：按县域居民收入划分

		人均收入最低 X% 的县							
		最低 5% 的县	最低 10% 的县	最低 15% 的县	最低 20% 的县	最低 25% 的县	最低 30% 的县	最低 35% 的县	最低 40% 的县
东部 8 省份（原 11，去掉京津沪）	河北	0%	0%	0%	0%	0%	0%	1%	3%
	辽宁	0%	0%	0%	0%	0%	0%	1%	1%
	江苏	0%	0%	0%	0%	0%	0%	0%	0%
	浙江	0%	0%	0%	0%	0%	0%	0%	0%
	福建	0%	0%	0%	0%	0%	1%	1%	1%
	山东	0%	0%	0%	0%	0%	0%	1%	2%
	广东	0%	0%	0%	0%	0%	0%	1%	2%
	海南	0%	0%	0%	0%	1%	2%	1%	1%
中部 8 省份	山西	40%	23%	18%	15%	13%	13%	11%	9%
	吉林	0%	0%	0%	0%	0%	0%	0%	1%
	黑龙江	0%	0%	0%	0%	0%	0%	2%	3%
	安徽	0%	0%	0%	1%	5%	5%	5%	4%
	江西	0%	2%	5%	7%	6%	7%	6%	5%
	河南	0%	1%	2%	5%	9%	10%	9%	8%
	湖北	0%	0%	4%	5%	5%	5%	4%	4%
	湖南	7%	10%	10%	10%	8%	7%	6%	6%
西部 12 省份	内蒙古	0%	3%	6%	7%	7%	6%	5%	5%
	广西	0%	0%	0%	0%	0%	0%	1%	2%
	重庆	0%	1%	1%	2%	2%	2%	2%	1%
	四川	0%	0%	0%	0%	0%	1%	4%	4%
	贵州	5%	20%	17%	15%	13%	12%	10%	9%
	云南	7%	15%	17%	19%	18%	17%	14%	13%
	西藏	0%	0%	0%	0%	0%	0%	1%	3%
	陕西	0%	0%	0%	0%	0%	0%	1%	2%
	甘肃	40%	25%	17%	14%	11%	10%	9%	8%
	青海	0%	0%	0%	0%	0%	0%	0%	1%
	宁夏	1%	3%	2%	2%	2%	2%	1%	1%
	新疆	0%	0%	0%	0%	0%	0%	2%	3%

附表11　收入导向法下得到的我国欠发达地区县名单
(单列内排名不分先后)

省份	按县域人均收入排序最低 300 县
山西	阳曲县
	娄烦县
	阳高县
	天镇县
	广灵县
	灵丘县
	浑源县
	平顺县
	黎城县
	壶关县
	武乡县
	沁县
	陵川县
	右玉县
	榆社县
	左权县
	和顺县
	昔阳县
	万荣县
	闻喜县
	绛县
	垣曲县
	夏县
山西	平陆县
	五台县
	代县
	繁峙县
	宁武县
	静乐县
	神池县
	五寨县
	岢岚县
	河曲县
	保德县
	偏关县
	安泽县
	浮山县
	吉县
	乡宁县
	大宁县
	隰县
	永和县
	蒲县
	汾西县
	文水县
	交城县
	兴县

山西	临县
	石楼县
	岚县
	方山县
	中阳县
	交口县
内蒙古	清水河县
	武川县
	阿鲁科尔沁旗
	巴林左旗
	巴林右旗
	林西县
	翁牛特旗
	莫力达瓦达斡尔族自治旗
	鄂伦春自治旗
	化德县
	商都县
	兴和县
	察哈尔右翼中旗
	阿尔山市
	科尔沁右翼前旗
	科尔沁右翼中旗
	扎赉特旗
	突泉县
安徽	石台县
江西	修水县
	都昌县
	上犹县
	崇义县

江西	安远县
	定南县
	全南县
	石城县
	永新县
	铜鼓县
	乐安县
	广昌县
	上饶县
	横峰县
	鄱阳县
河南	鲁山县
	范县
	台前县
	舞阳县
	卢氏县
	淮阳县
湖北	郧阳区
	郧西县
	竹山县
	竹溪县
	房县
	五峰土家族自治县
	利川市
	建始县
	巴东县
	宣恩县
	咸丰县
	来凤县

湖南	茶陵县
	炎陵县
	隆回县
	绥宁县
	新宁县
	城步苗族自治县
	平江县
	桑植县
	安化县
	宜章县
	汝城县
	桂东县
	双牌县
	江永县
	新田县
	中方县
	沅陵县
	辰溪县
	会同县
	靖州苗族侗族自治县
	通道侗族自治县
	新化县
	涟源市
	泸溪县
	凤凰县
	花垣县
	保靖县
	古丈县
	永顺县

湖南	龙山县
重庆	城口县
	巫山县
	巫溪县
	酉阳土家族苗族自治县
贵州	水城县
	盘州市
	正安县
	道真仡佬族苗族自治县
	务川仡佬族苗族自治县
	习水县
	平坝区
	普定县
	镇宁布依族苗族自治县
	关岭布依族苗族自治县
	紫云苗族布依族自治县
	大方县
	黔西县
	金沙县
	织金县
	纳雍县
	威宁彝族回族苗族自治县
	赫章县
	江口县
	石阡县
	思南县
	印江土家族苗族自治县
	德江县
	沿河土家族自治县

贵州	松桃苗族自治县
	兴仁市
	普安县
	晴隆县
	贞丰县
	望谟县
	册亨县
	安龙县
	黄平县
	施秉县
	三穗县
	镇远县
	岑巩县
	天柱县
	锦屏县
	剑河县
	台江县
	黎平县
	榕江县
	从江县
	雷山县
	麻江县
	丹寨县
	荔波县
	平塘县
	罗甸县
	长顺县
	三都水族自治县
云南	禄劝彝族苗族自治县
云南	寻甸回族彝族自治县
	会泽县
	施甸县
	鲁甸县
	巧家县
	盐津县
	大关县
	永善县
	绥江县
	镇雄县
	彝良县
	威信县
	宁蒗彝族自治县
	墨江哈尼族自治县
	江城哈尼族彝族自治县
	孟连傣族拉祜族佤族自治县
	澜沧拉祜族自治县
	西盟佤族自治县
	沧源佤族自治县
	双柏县
	牟定县
	永仁县
	武定县
	屏边苗族自治县
	元阳县
	红河县
	金平苗族瑶族傣族自治县
	绿春县
	西畴县

云南	麻栗坡县
	马关县
	丘北县
	广南县
	富宁县
	弥渡县
	南涧彝族自治县
	巍山彝族回族自治县
	永平县
	云龙县
	剑川县
	鹤庆县
	梁河县
	陇川县
	泸水市
	福贡县
	贡山独龙族怒族自治县
	兰坪白族普米族自治县
	香格里拉市
	德钦县
	维西傈僳族自治县
甘肃	榆中县
	靖远县
	会宁县
	清水县
	秦安县
	甘谷县
	武山县
	张家川回族自治县

甘肃	古浪县
	天祝藏族自治县
	泾川县
	灵台县
	崇信县
	庄浪县
	静宁县
	华亭市
	庆城县
	环县
	华池县
	合水县
	正宁县
	宁县
	镇原县
	通渭县
	陇西县
	渭源县
	临洮县
	漳县
	岷县
	成县
	文县
	宕昌县
	康县
	西和县
	礼县
	徽县
	两当县

甘肃	临夏县
	康乐县
	永靖县
	广河县
	和政县
	东乡族自治县
	积石山保安族东乡族撒拉族自治县
	合作市
	临潭县
	卓尼县
	舟曲县
	迭部县
	玛曲县
	碌曲县
	夏河县
宁夏	同心县
	西吉县
	隆德县
	泾源县
	彭阳县
	海原县

省份	按县域人均收入排序（从低到高）301-600县
河北	安平县
山西	左云县
	平定县
	盂县
	沁水县
	阳城县
	应县
	寿阳县
山西	平遥县
	临猗县
	稷山县
	新绛县
	芮城县
	永济市
	河津市
	定襄县
	原平市
	翼城县
	襄汾县
	洪洞县
	古县
	霍州市
	柳林县
内蒙古	和林格尔县
	固阳县
	克什克腾旗
	喀喇沁旗
	宁城县
	敖汉旗
	科尔沁左翼中旗
	科尔沁左翼后旗
	库伦旗
	奈曼旗
	卓资县
	凉城县
	察哈尔右翼前旗
	察哈尔右翼后旗

内蒙古	四子王旗
	丰镇市
	苏尼特右旗
	太仆寺旗
	正镶白旗
吉林	乾安县
安徽	寿县
	濉溪县
	枞阳县
	太湖县
	宿松县
	望江县
	岳西县
	潜山市
	来安县
	全椒县
	定远县
	凤阳县
	明光市
	临泉县
	太和县
	阜南县
	颍上县
	界首市
	砀山县
	萧县
	灵璧县
	泗县
	霍邱县

安徽	舒城县
	金寨县
	霍山县
	涡阳县
	蒙城县
	利辛县
	绩溪县
	旌德县
福建	光泽县
	松溪县
	政和县
	寿宁县
江西	莲花县
	南康区
	赣县区
	信丰县
	大余县
	龙南县
	宁都县
	于都县
	兴国县
	会昌县
	寻乌县
	瑞金市
	吉安县
	峡江县
	遂川县
	万安县
	井冈山市

江西	万载县
	黎川县
	资溪县
	铅山县
	弋阳县
	余干县
	万年县
	婺源县
山东	兰陵县
	阳谷县
	临清市
河南	祥符区
	杞县
	尉氏县
	兰考县
	孟津县
	栾川县
	嵩县
	汝阳县
	宜阳县
	洛宁县
	叶县
	郏县
	滑县
	内黄县
	原阳县
	封丘县
	南乐县
	濮阳县

河南	南召县
	方城县
	内乡县
	淅川县
	社旗县
	唐河县
	桐柏县
	民权县
	睢县
	宁陵县
	柘城县
	虞城县
	夏邑县
	罗山县
	光山县
	新县
	商城县
	固始县
	潢川县
	淮滨县
	息县
	扶沟县
	西华县
	商水县
	沈丘县
	郸城县
	太康县
	鹿邑县
	项城市

河南	西平县
	上蔡县
	平舆县
	正阳县
	确山县
	泌阳县
	汝南县
	遂平县
	新蔡县
湖北	阳新县
	丹江口市
	兴山县
	秭归县
	长阳土家族自治县
	保康县
	孝昌县
	大悟县
	团风县
	红安县
	罗田县
	英山县
	浠水县
	蕲春县
	麻城市
	通山县
	恩施市
	鹤峰县
湖南	新邵县
	邵阳县

湖南	洞口县
	武冈市
	石门县
	慈利县
	临武县
	安仁县
	祁阳县
	江华瑶族自治县
	溆浦县
	洪江市
	双峰县
	吉首市
广东	遂溪县
	平远县
	和平县
广西	平果县
	天峨县
	龙州县
	定安县
	五指山市
	屯昌县
	临高县
	白沙黎族自治县
	昌江黎族自治县
	乐东黎族自治县
	陵水黎族自治县
	保亭黎族苗族自治县
	琼中黎族苗族自治县
重庆	武隆区

重庆	丰都县
	云阳县
	奉节县
	石柱土家族自治县
	秀山土家族苗族自治县
	彭水苗族土家族自治县
四川	犍为县
	丹巴县
贵州	桐梓县
	绥阳县
	凤冈县
	湄潭县
	余庆县
	赤水市
	仁怀市
	玉屏侗族自治县
	兴义市
	凯里市
	都匀市
	福泉市
	贵定县
	瓮安县
	独山县
	龙里县
	惠水县
云南	沾益区
	马龙区
	师宗县
	富源县

云南	宣威市
	江川区
	华宁县
	易门县
	峨山彝族自治县
	新平彝族傣族自治县
	元江哈尼族彝族傣族自治县
	龙陵县
	昌宁县
	腾冲市
	水富市
	玉龙纳西族自治县
	永胜县
	华坪县
	宁洱哈尼族彝族自治县
	景东彝族自治县
	景谷傣族彝族自治县
	镇沅彝族哈尼族拉祜族自治县
	凤庆县
	云县
	永德县
	镇康县
	双江拉祜族佤族布朗族傣族自治县
	耿马傣族佤族自治县
	楚雄市
	南华县
	姚安县
	大姚县
	元谋县

云南	禄丰县
	蒙自市
	弥勒市
	建水县
	石屏县
	泸西县
	河口瑶族自治县
	文山市
	砚山县
	勐海县
	勐腊县
	漾濞彝族自治县
	祥云县
	洱源县
	瑞丽市
	芒市
	盈江县
陕西	太白县
	府谷县
甘肃	永登县
	皋兰县
	永昌县
	景泰县
	民勤县
	民乐县
	高台县
	山丹县
	临夏市
宁夏	永宁县
	盐池县
	中宁县

省份	按县域人均收入排序（从低到高）601-800县
河北	灵寿县
	平山县
	元氏县
	滦南县
	乐亭县
	昌黎县
	临漳县
	武安市
	南和县
	宁晋县
	沙河市
	安新县
	曲阳县
	涿州市
	高碑店市
	沽源县
	尚义县
	赤城县
	兴隆县
	丰宁满族自治县
	海兴县
	任丘市
	文安县
	霸州市
	枣强县
	景县
	深州市

内蒙古	牙克石市
辽宁	长海县
	瓦房店市
	抚顺县
	本溪满族自治县
	东港市
	黑山县
	辽阳县
	开原市
	建平县
吉林	九台区
	榆树市
	德惠市
	永吉县
	桦甸市
	舒兰市
	东丰县
	东辽县
	长白朝鲜族自治县
	图们市
黑龙江	依兰县
	方正县
	尚志市
	龙江县
	依安县
	林甸县
	铁力市
	海林市
	兰西县
黑龙江	海伦市
江苏	金坛区
山东	广饶县
	龙口市
	莱阳市
	莱州市
	蓬莱市
	昌乐县
	寿光市
	微山县
	梁山县
	沂水县
	陵城区
	庆云县
	莘县
	邹平市
	郓城县
	鄄城县
河南	建安区
	济源市
广东	增城区
	仁化县
	恩平市
	徐闻县
	廉江市
	怀集县
	大埔县
	阳西县
	阳山县

广东	潮安区
广西	横县
	灵川县
	灌阳县
	平乐县
	苍梧县
	合浦县
	上思县
	东兴市
	博白县
	富川瑶族自治县
	凤山县
	罗城仫佬族自治县
	环江毛南族自治县
重庆	开州区
四川	双流区
	金堂县
	崇州市
	简阳市
	荣县
	广汉市
	北川羌族自治县
	江油市
	青川县
	苍溪县
	射洪县
	井研县
	马边彝族自治县
	蓬安县

四川	阆中市
	长宁县
	筠连县
	武胜县
	开江县
	万源市
	黑水县
	壤塘县
	若尔盖县
	红原县
	西昌市
	盐源县
	德昌县
	会理县
	宁南县
	布拖县
	金阳县
	越西县
	甘洛县
西藏	林周县
	桑珠孜区
	南木林县
	萨迦县
	聂拉木县
	左贡县
	边坝县
	察隅县
	加查县
	错那县

西藏	色尼区
	比如县
	聂荣县
	申扎县
陕西	蓝田县
	凤翔县
	岐山县
	千阳县
	长武县
	武功县
	兴平市
	白水县
	华阴市
	安塞区
	延长县
	富县
	城固县
	洋县
	镇巴县
	靖边县
	定边县
	吴堡县
	紫阳县
	岚皋县
	丹凤县
甘肃	嘉峪关市
青海	大通回族土族自治县
	湟源县
	泽库县

青海	同德县
	兴海县
	曲麻莱县
	德令哈市
新疆	乌鲁木齐县
	哈密市
	伊吾县
	温泉县
	尉犁县
	和静县
	和硕县
	阿克苏市
	库车县
	乌恰县
	英吉沙县
	麦盖提县
	伽师县
	墨玉县
	策勒县
	于田县
	奎屯市
	沙湾县
	和布克赛尔蒙古自治县
	布尔津县
	五家渠市
	铁门关市

附表12 发展导向法下得到的我国欠发达地区县名单（单列内排名不分先后）

四个指标遭受剥夺的县	
江苏	海安市
安徽	太湖县
	宿松县
	望江县
	岳西县
	休宁县
	黟县
	祁门县
	定远县
	明光市
	临泉县
	砀山县
	泗县
	舒城县
	金寨县
	石台县
	青阳县
	绩溪县
	旌德县
福建	明溪县
	清流县
	将乐县
	泰宁县
陕西	建宁县
	长泰县
	东山县
	华安县
	顺昌县
	光泽县
	松溪县
	政和县
	漳平市
	屏南县
	寿宁县
	周宁县
	柘荣县
广西	隆安县
	马山县
	上林县
	三江侗族自治县
	阳朔县
	全州县
	永福县
	灌阳县
	龙胜各族自治县
	资源县
	恭城瑶族自治县

广西	苍梧县
	藤县
	蒙山县
	岑溪市
	上思县
	东兴市
	浦北县
	桂平市
	那坡县
	凌云县
	乐业县
	田林县
	西林县
	隆林各族自治县
	靖西市
	昭平县
	宜州区
	天峨县
	凤山县
	东兰县
	罗城仫佬族自治县
	环江毛南族自治县
	巴马瑶族自治县
	都安瑶族自治县
	大化瑶族自治县
	忻城县
	象州县
	金秀瑶族自治县
	合山市
	天等县

广西	凭祥市
海南	五指山市
四川	青川县
	金川县
陕西	宜君县
	凤翔县
	眉县
	陇县
	千阳县
	麟游县
	凤县
	太白县
	泾阳县
	永寿县
	长武县
	淳化县
	华州区
	潼关县
	华阴市
	安塞区
	延长县
	志丹县
	吴起县
	甘泉县
	富县
	洛川县
	宜川县
	黄龙县
	略阳县
	留坝县

陕西	佛坪县
	吴堡县
	石泉县
	宁陕县
	岚皋县
	镇坪县
	白河县
	柞水县
甘肃	泾源县
三个指标遭受剥夺的县	
吉林	图们市
	龙井市
	和龙市
	汪清县
	安图县
黑龙江	方正县
	通河县
	萝北县
	绥滨县
	友谊县
	饶河县
	林甸县
	嘉荫县
	桦川县
	抚远市
	绥芬河市
	海林市
	东宁市
	孙吴县
	漠河市
	呼玛县
	塔河县
江苏	江阴市
	宜兴市
	丰县
	沛县
	睢宁县
	新沂市
	邳州市
	溧阳市
	常熟市
	张家港市
	昆山市
	太仓市
	如东县
	启东市
	如皋市
	海门市
	东海县
	灌云县
	灌南县
	涟水县
	盱眙县
	金湖县
	响水县
	滨海县
	阜宁县
	射阳县
	建湖县
	东台市

江苏	宝应县
	仪征市
	高邮市
	丹阳市
	扬中市
	句容市
	兴化市
	靖江市
	泰兴市
	沭阳县
	泗阳县
	泗洪县
安徽	长丰县
	肥东县
	肥西县
	芜湖县
	繁昌县
	南陵县
	五河县
	固镇县
	凤台县
	当涂县
	含山县
	和县
	濉溪县
	枞阳县
	怀宁县
	桐城市
	潜山市
	歙县

安徽	来安县
	全椒县
	凤阳县
	天长市
	界首市
	霍山县
	东至县
	郎溪县
	广德县
	泾县
	宁国市
福建	长乐区
	闽侯县
	连江县
	罗源县
	闽清县
	永泰县
	平潭县
	宁化县
	大田县
	尤溪县
	沙县
	永安市
	惠安县
	永春县
	德化县
	石狮市
	云霄县
	漳浦县
	诏安县

福建	南靖县
	龙海市
	建阳区
	浦城县
	邵武市
	武夷山市
	建瓯市
	永定区
	长汀县
	上杭县
	武平县
	连城县
	霞浦县
	古田县
	福安市
	福鼎市
山东	长岛县
河南	修武县
	义马市
湖北	阳新县
	大冶市
	郧阳区
	郧西县
	竹山县
	竹溪县
	房县
	丹江口市
	远安县
	兴山县
	秭归县

湖北	长阳土家族自治县
	五峰土家族自治县
	宜都市
	当阳市
	枝江市
	南漳县
	谷城县
	保康县
	老河口市
	枣阳市
	宜城市
	沙洋县
	钟祥市
	京山市
	孝昌县
	大悟县
	云梦县
	应城市
	安陆市
	汉川市
	公安县
	江陵县
	石首市
	洪湖市
	松滋市
	团风县
	红安县
	罗田县
	英山县
	浠水县

湖北	蕲春县
	黄梅县
	麻城市
	武穴市
	嘉鱼县
	通城县
	崇阳县
	通山县
	赤壁市
	随县
	广水市
	恩施市
	利川市
	建始县
	巴东县
	宣恩县
	咸丰县
	来凤县
	鹤峰县
	潜江市
湖南	麻阳苗族自治县
	新化县
广西	武鸣区
	宾阳县
	柳江区
	柳城县
	鹿寨县
	融安县
	融水苗族自治县
	灵川县

广西	兴安县
	平乐县
	荔浦市
	合浦县
	容县
	陆川县
	兴业县
	田阳县
	田东县
	平果县
	德保县
	钟山县
	富川瑶族自治县
	南丹县
	武宣县
	扶绥县
	宁明县
	龙州县
	大新县
宁夏	琼海市
	文昌市
	万宁市
	东方市
	定安县
	屯昌县
	澄迈县
	白沙黎族自治县
	昌江黎族自治县
	乐东黎族自治县
	陵水黎族自治县

宁夏	保亭黎族苗族自治县
	琼中黎族苗族自治县
重庆	大足区
	璧山区
	铜梁区
	潼南区
	荣昌区
	梁平区
	武隆区
	城口县
	丰都县
	垫江县
	忠县
	云阳县
	奉节县
	巫山县
	巫溪县
	石柱土家族自治县
	秀山土家族苗族自治县
	酉阳土家族苗族自治县
	彭水苗族土家族自治县
四川	理县
	松潘县
	小金县
	丹巴县
	稻城县
陕西	高陵区
	鄠邑区
	蓝田县
	周至县
陕西	岐山县
	扶风县
	三原县
	乾县
	礼泉县
	旬邑县
	武功县
	兴平市
	彬州市
	大荔县
	合阳县
	澄城县
	蒲城县
	白水县
	富平县
	韩城市
	延川县
	子长县
	黄陵县
	南郑区
	城固县
	洋县
	西乡县
	勉县
	宁强县
	镇巴县
	横山区
	府谷县
	靖边县
	定边县

陕西	绥德县
	米脂县
	佳县
	清涧县
	子洲县
	神木市
	汉阴县
	紫阳县
	平利县
	旬阳县
	洛南县
	丹凤县
	商南县
	山阳县
	镇安县
甘肃	会宁县
	景泰县
	肃南裕固族自治县
	泾川县
	肃北蒙古族自治县
	迭部县
宁夏	隆德县
二个指标遭受剥夺的县	
山西	娄烦县
	古交市
	广灵县
	灵丘县
	平顺县
	黎城县
	壶关县
	沁县
	陵川县
	应县
	榆社县
	万荣县
	稷山县
	绛县
	夏县
	平陆县
	芮城县
	定襄县
	繁峙县
	静乐县
	神池县
	五寨县
	翼城县
	吉县
	大宁县
	隰县
	永和县
	汾西县
	文水县
	石楼县
	岚县
吉林	伊通满族自治县
	双辽市
	集安市
	抚松县
	长白朝鲜族自治县
	镇赉县

吉林	大安市
黑龙江	依兰县
	木兰县
	延寿县
	依安县
	泰来县
	甘南县
	富裕县
	克山县
	克东县
	拜泉县
	鸡东县
	虎林市
	集贤县
	宝清县
	杜尔伯特蒙古族自治县
	铁力市
	桦南县
	汤原县
	同江市
	勃利县
	林口县
	宁安市
	穆棱市
	逊克县
	北安市
	五大连池市
	庆安县
	明水县
	绥棱县

浙江	淳安县
	建德市
	洞头区
	文成县
	泰顺县
	磐安县
	常山县
	开化县
	龙游县
	岱山县
	嵊泗县
	遂昌县
	松阳县
	云和县
	庆元县
	景宁畲族自治县
	龙泉市
安徽	庐江县
	无为县
福建	仙游县
	安溪县
	晋江市
	平和县
山东	利津县
	栖霞市
河南	舞钢市
	滑县
	淇县
	孟州市
湖南	长沙县

湖南	浏阳市
	宁乡市
	醴陵市
	湘乡市
	衡阳县
	衡南县
	祁东县
	耒阳市
	邵东县
	隆回县
	平江县
	汉寿县
	澧县
	桃源县
	安化县
	桂东县
	祁阳县
	宁远县
	中方县
	溆浦县
	新晃侗族自治县
	洪江市
	涟源市
	吉首市
	古丈县
海南	临高县
四川	蒲江县
	平武县
	西充县
	汉源县

四川	宝兴县
	马尔康市
	汶川县
	茂县
	黑水县
	壤塘县
	阿坝县
	若尔盖县
	泸定县
	雅江县
	道孚县
	炉霍县
	甘孜县
	新龙县
	白玉县
	理塘县
	乡城县
	得荣县
云南	大关县
	绥江县
	华坪县
	镇沅彝族哈尼族拉祜族自治县
	江城哈尼族彝族自治县
	孟连傣族拉祜族佤族自治县
	西盟佤族自治县
	镇康县
	双江拉祜族佤族布朗族傣族自治县
	牟定县
	姚安县
	屏边苗族自治县

云南	漾濞彝族自治县
	南涧彝族自治县
	永平县
	剑川县
	梁河县
	陇川县
甘肃	皋兰县
	靖远县
	临泽县
	灵台县
	华亭市
	金塔县
	庆城县
	正宁县
	通渭县
	漳县
	成县
	康县
	徽县
	两当县
	永靖县
	和政县
	碌曲县
	夏河县
宁夏	贺兰县
	灵武市
	平罗县
	盐池县
	青铜峡市
	彭阳县

新疆	柯坪县
	阿合奇县
	巩留县
	特克斯县
	青河县

附表13　综合导向法下得到的我国欠发达地区县名单（单列内排名不分先后）

第一类区域	
湖南	新化县
重庆	城口县
	巫溪县
甘肃	会宁县
	泾川县
	迭部县
宁夏	隆德县
	泾源县
第二类区域	
山西	阳曲县
	娄烦县
	阳高县
	天镇县
	广灵县
	灵丘县
	浑源县
	平顺县
	黎城县
	壶关县
	武乡县
	沁县
	陵川县
	右玉县
	榆社县

山西	左权县
	和顺县
	垣曲县
	夏县
	平陆县
	五台县
	代县
	繁峙县
	宁武县
	静乐县
	神池县
	五寨县
	岢岚县
	河曲县
	保德县
	偏关县
	浮山县
	吉县
	大宁县
	隰县
	永和县
	蒲县
	汾西县
	临县
	石楼县

山西	岚县
	方山县
	中阳县
	交口县
内蒙古	清水河县
	武川县
	化德县
河南	鲁山县
湖南	炎陵县
	城步苗族自治县
	平江县
	桑植县
	安化县
	桂东县
	双牌县
	新田县
	中方县
	沅陵县
	通道侗族自治县
	泸溪县
	花垣县
	保靖县
	古丈县
	永顺县
	龙山县
贵州	紫云苗族布依族自治县
	织金县
	威宁彝族回族苗族自治县
	赫章县
	江口县

贵州	沿河土家族自治县
	黄平县
	施秉县
	三穗县
	镇远县
	岑巩县
	锦屏县
	剑河县
	台江县
	黎平县
	榕江县
	从江县
	雷山县
	麻江县
	丹寨县
云南	禄劝彝族苗族自治县
	寻甸回族彝族自治县
	鲁甸县
	巧家县
	盐津县
	大关县
	永善县
	绥江县
	镇雄县
	彝良县
	威信县
	宁蒗彝族自治县
	屏边苗族自治县
	元阳县
	红河县

云南	金平苗族瑶族傣族自治县
	绿春县
	西畴县
	广南县
	南涧彝族自治县
	剑川县
	梁河县
	陇川县
	福贡县
	贡山独龙族怒族自治县
甘肃	靖远县
	清水县
	秦安县
	甘谷县
	武山县
	张家川回族自治县
	古浪县
	天祝藏族自治县
	灵台县
	崇信县
	庄浪县
	静宁县
	华亭市
	庆城县
	华池县
	合水县
	宁县
	镇原县
	通渭县
	陇西县

甘肃	渭源县
	临洮县
	漳县
	岷县
	成县
	文县
	宕昌县
	康县
	西和县
	礼县
	徽县
	两当县
	临夏县
	康乐县
	永靖县
	广河县
	和政县
	东乡族自治县
	积石山保安族东乡族撒拉族自治县
	合作市
	临潭县
	卓尼县
	舟曲县
	玛曲县
	碌曲县
	夏河县
宁夏	同心县
	西吉县
	海原县

第三类区域	
山西	应县
	昔阳县
	万荣县
	闻喜县
	稷山县
	绛县
	芮城县
	古县
	安泽县
	文水县
	交城县
内蒙古	库伦旗
	卓资县
	察哈尔右翼前旗
	察哈尔右翼后旗
	阿尔山市
	正镶白旗
安徽	寿县
	阜南县
	霍邱县
河南	卢氏县
	宁陵县
	郸城县
	淮阳县
湖南	新邵县
	邵阳县
	隆回县
	洞口县
	绥宁县
湖南	新宁县
	汝城县
	安仁县
	江永县
	辰溪县
	溆浦县
	会同县
	洪江市
	涟源市
	吉首市
	凤凰县
贵州	务川仡佬族苗族自治县
	荔波县
	长顺县
云南	马龙区
	会泽县
	施甸县
	水富市
	永胜县
	宁洱哈尼族彝族自治县
	墨江哈尼族自治县
	景东彝族自治县
	镇沅彝族哈尼族拉祜族自治县
	江城哈尼族彝族自治县
	孟连傣族拉祜族佤族自治县
	澜沧拉祜族自治县
	西盟佤族自治县
	凤庆县
	永德县
	镇康县

云南	双江拉祜族佤族布朗族傣族自治县
	沧源佤族自治县
	双柏县
	牟定县
	南华县
	姚安县
	永仁县
	麻栗坡县
	马关县
	丘北县
	富宁县
	漾濞彝族自治县
	弥渡县
	巍山彝族回族自治县
	永平县
	云龙县
	洱源县
甘肃	皋兰县
	正宁县
宁夏	盐池县
	彭阳县

后记

本书建立在2019年中国国际扶贫中心（International Poverty Reduction Center in China, IPRCC）的委托课题“中国贫困发生机制研究”之上。谭卫平副主任，张琦、徐丽萍、沈扬扬带队完成本项研究，并形成了本书稿。

通观全书，研究以定量分析为主体，力求具有对前沿问题的探索特性，探讨了中国贫困的发生机制，并重点对基于相对标准所确定的低收入群体特征，以及欠发达区域的贫困发生特点进行了定量探索。本书在中国国际扶贫中心的专家鉴定中得到了专家的较高评价，肯定了本书的研究价值和政策意义。

可以说，本书的完成离不开各方的支持。在此，我们首先要感谢中国国际扶贫中心领导对本项研究的支持。在课题完成过程中，中国国际扶贫中心的谭卫平副主任、徐丽萍副处长、贺胜年博士、陈玉洁和登高超等均对课题给出了多轮有益意见和建议。

其次，我们要感谢本课题研究的评审专家。这些专家来自比尔及梅琳达·盖茨基金会、中国社会科学院、中国农业大学、北京师范大学、中国人民大学。是他们每一轮的评审意见，加强了文章的意义。

第三，我们还要感谢参与课题的主要成员，他们是：中国国际扶贫中心副主任李昕、中国国际扶贫中心合作处处长卢立群、中央网信办信息化局张涛（本书写作期间其为北京师范大学统计学院博士后），以及北京师范大学经济与资源管理研究院的博士研究生杨铭宇。

第四，我们还要感谢经济日报出版社及其编辑们，感谢他们为这部著作的出版所作出的努力。

本书在写作过程中得到了比尔及梅琳达·盖茨基金会对课题研究的资助，感谢比尔及梅琳达·盖茨基金会北京代表处对课题成果出版的支持。

对上述各方的支持，我们表示衷心的感谢。

谭卫平　张　琦　徐丽萍　沈扬扬

2021年8月